GRETZKY

GRETZKY

•mon histoire•

**Wayne Gretzky
et Rick Reilly**

Traduit de l'anglais
par Michel Buttiens,
Normand Paiement
et Michel Rudel-Tessier

ÉDITION DU CLUB QUÉBEC LOISIRS INC.
© Avec l'autorisation des Éditions Sogides Ltée

Dépôt légal — 4e trimestre 1991
ISBN 2-89430-012-3
(publié précédemment sous ISBN 2-7619-0931-3)

En mémoire de John Mowat,
qui a inspiré plusieurs
jeunes athlètes ontariens.
— W.G.

À Betty Jane,
la championne des mères.
— R.R.

Avant-propos

Mon dos me faisait souffrir le martyre. Nous venions de nous faire écraser par les Flames de Calgary dans la cinquième partie de notre série éliminatoire. À tout point de vue, ç'avait été une saison pénible et, en plus, il restait encore deux heures d'avion à faire. Pourtant, malgré tout, je me sentais bien.

Je songeais aux deux dernières années de ma vie. Je pensais à tous ceux qui me croyaient complètement fou d'avoir consenti à être échangé à une équipe qui n'avait jamais réussi à gagner quoi que ce soit en 22 ans d'histoire, moi qui quittais une des plus formidables dynasties de l'histoire de la Ligue nationale de hockey. Tous ces gens n'avaient aucune idée de ce qui s'était *vraiment* passé quand j'avais quitté Edmonton. Et je doute qu'ils aient eu la moindre idée de ce qui motive un athlète ou de ce qui fait les grandes équipes.

Nous étions à bord du 727 que notre propriétaire, Bruce McNall, avait acheté pour nous rendre la vie plus agréable. Les voyages représentent le pire aspect de la vie d'un athlète professionnel: toujours en avion, la plupart du temps en pleine nuit. Départs retardés, repas infects, bagages perdus. Mais au moins, dans l'avion de l'équipe, chacun des 60 fauteuils est un fauteuil de première classe — du premier au dernier.

Après chaque série de cinq ou six rangées de sièges, il y a un moniteur télé où l'on peut regarder la vidéo d'une partie — ou bien un film — et Bruce a déjà décidé d'ajouter un studio vidéo ultrasophistiqué où les entraîneurs pourront étudier les cassettes et même faire du montage. Il a aussi décidé d'aménager une pièce à l'arrière de l'avion à l'usage exclusif de Jurgin, notre massothérapeute, qui pourra y donner tous les traitements voulus.

Mais il ne s'agit pas que de l'avion. C'est de Bruce qu'il s'agit, de Bruce et de sa façon de faire les choses. Contrairement à la situation du propriétaire des Oilers, Peter Pocklington, les finances de McNall ne dépendent pas des Kings. Bruce est propriétaire d'une équipe d'abord et avant tout parce qu'il aime le hockey. À la différence de Peter Pocklington, ce qui intéresse vraiment Bruce McNall, c'est le résultat de la prochaine partie. C'est un amateur qui veut voir l'équipe s'améliorer coûte que coûte et pour arriver à ses fins, on dirait que ses ressources sont inépuisables.

Voilà pourquoi il a acheté cet avion. Il n'était pas obligé de le faire. Combien d'équipes professionnelles peuvent-elles se vanter d'en posséder un? Certainement pas beaucoup et en tout cas aucune autre équipe de la LNH. Évidemment, il s'en trouve toujours pour critiquer les extravagances de Bruce. Que ces gens-là songent seulement que lorsque les Canadiens de Montréal nous affrontent à Los Angeles le lundi soir, il leur faut, pour rentrer chez eux, passer toute la journée de mardi dans les airs jusque tard le soir. Résultat: ils ne peuvent s'entraîner ce jour-là et il est plus que probable qu'ils se traînent les pieds pendant leur séance d'exercice du mercredi parce que le voyage les a épuisés. En revanche, si nous sommes à Montréal le lundi soir, nous sommes dans nos lits le soir même grâce au décalage horaire. Résultat: nous prenons le mardi de congé et sommes en grande forme pour notre entraînement du mercredi! Par-dessus le marché, Bruce a économisé une nuit d'hôtel pour une cinquantaine de personnes. Tout ça ne représente peut-être que quatre ou cinq victoires de plus durant la saison, mais quatre ou cinq victoires de plus par année peuvent vous procurer l'avantage de la glace pendant les éliminatoires, soit la différence entre une élimination rapide et... la Coupe Stanley.

Remarquez que ça n'a pas toujours été ainsi à Los Angeles. Je me souviens de mon premier camp d'entraînement avec les Kings en septembre 1988; Bruce n'avait acheté l'équipe que depuis quelques mois et j'ai tout de suite compris que la défaite faisait partie de l'ordinaire du club. On s'y était habitué. Ce sont des choses qu'on perçoit bien vite même si mon premier jour là-bas, en raison de l'omniprésence des médias, tenait beaucoup plus du cirque que du sport. Bien que notre camp ait eu lieu à Victoria en Colombie-Britannique, mes pires craintes se vérifièrent: la glace était remplie de photographes qui voulaient à tout prix immortaliser mon premier jour dans l'uniforme des Kings.

L'échange avait suscité une couverture médiatique à laquelle je n'aurais jamais osé rêver et je ne voulais surtout pas que quiconque puisse croire que je me présentais au camp comme si l'équipe m'appartenait. Je voulais que tout se passe simplement et que personne ne se sente mal à l'aise, mais les médias s'emparèrent de ce camp comme s'il s'agissait de la septième partie de la finale de la Coupe Stanley... Ça n'allait pas du tout.

C'est alors que Mike Allison, un de nos centres, patina vers moi en se frayant un chemin à travers la horde de journalistes et de photographes, me tendit la main et me dit: «Ouf! Ils ont enfin déniché un gars capable de patiner à mon rythme!» C'était comme si un poids immense tombait de mes épaules.

Si le Grand Cirque médiatique ressemblait à la septième partie de la finale, moi je me sentais comme si je devais jouer la huitième! L'échange — et tous ses à-côtés — m'avait littéralement épuisé. Depuis mon arrivée à Los Angeles, j'avais subi pendant 10 jours d'affilée interviews, séances de photos, tribunes téléphoniques à la radio, reportages et entrevues à la télé avec ce qui semblait être chaque représentant de chaque média de la Californie et même des États-Unis tout entiers.

Ça m'a permis en tout cas de comprendre bien vite que la plupart de mes interlocuteurs ne connaissaient pas grand-chose au hockey! Par exemple, lors d'une séance de photos pour un magazine de L.A., la photographe voulut absolument tirer mon chandail hors de mes culottes! Bon, d'accord, je ne suis peut-être pas l'athlète le plus célèbre au monde, mais tous les amateurs de hockey qui m'ont vu jouer quelques fois savent que je laisse toujours le côté droit de mon chandail rentré dans ma culotte. Ce n'est peut-être que de la superstition, mais j'y tiens. À tel point que je fixe mon chandail à l'intérieur de ma culotte avec du velcro.

«Vous ne voudriez pas être photographié comme ça», disait-elle en tirant de plus belle sur mon chandail. «Ça fait tellement débraillé.» Je confesse qu'à ce moment-là je me suis dit, en mon for intérieur, à propos de ma nouvelle ville: «Oh, oh! Il y a encore bien du chemin à faire...»

Quand mon agent et ami Michael Barnett arriva à Victoria pour me voir, il eut un choc: «Tu as l'air aussi fatigué qu'au mois de février!» Et il avait bien raison. J'avais déjà commencé à maigrir, ce qui ne m'arrive habituellement que lorsque s'amorce le dernier droit de la saison. Je me posais aussi des questions au sujet de ma nouvelle équipe. Je me faisais du souci. Robbie Ftorek, notre entraîneur, avait l'air compétent — je le connaissais depuis les années de la défunte AMH où, à ma première saison, il était champion compteur. Mais Robbie ne nous faisait pas assez travailler.

Il y avait aussi un autre problème: notre profondeur. Bien sûr on pouvait compter sur Luc Robitaille, un ailier gauche qui venait d'être sacré recrue de l'année; Bernie Nicholls, un excellent — et sous-estimé — joueur de centre; Dave «Stitch» Taylor et quelques autres joueurs de qualité, mais nous restions une équipe sans grand talent. Et une équipe qui n'attirait pas grand monde non plus! Parmi les 10 plus petites assistances recensées l'année précédente à travers le circuit, six impliquaient «vous savez qui». Malgré tout ça, sans que je puisse l'expliquer, je savais dès ce moment-là que nous allions arriver à bâtir une grande équipe à Los Angeles et que, même si les Oilers me manquaient encore, un nouveau chapitre de ma vie commençait.

Deux ans plus tard, alors que notre avion amorçait son atterrissage, je me disais qu'on n'était pas si mauvais après tout. L'année précédente, à la surprise générale, nous avions réussi à éliminer mes anciens coéquipiers, qui étaient aussi les champions défendants de la Coupe Stanley, dès la première ronde des séries éliminatoires. En dépit d'une saison décevante, nous avions la chance de jouer le même tour aux Flames, qui avaient tout brûlé sur leur passage tout au long de l'année.

Et c'est très exactement ce qui arriva: nous avions réussi à éteindre les Flames dans ce qui fut l'une des parties les plus fameuses que j'ai jamais disputées. Devant nos partisans, nous avons mis le point final à tous les rêves de Calgary de remporter une deuxième Coupe consécutive. Évidemment, par la suite, les Oilers devaient nous éliminer en quatre parties pour remporter le précieux trophée décerné à la meilleure équipe du circuit. C'est d'ailleurs sans l'ombre d'un doute ce que les Oilers sont devenus: la meilleure équipe de la LNH. Et croyez moi, je sais à quel point ils ont travaillé pour arriver où ils sont.

Quoi qu'il en soit, pour mille et une raisons, j'étais assis dans mon fauteuil d'avion aussi heureux qu'on peut l'être. Les gens pouvaient bien continuer à prédire que les Kings ne gagneraient jamais la Coupe Stanley et que je ne reverrais plus jamais mon nom gravé sur le trophée Hart.

Voilà en plein le genre de pression que j'aime avoir sur les épaules. De toute façon, j'y suis habitué: j'ai passé toute ma vie sous pression.

CHAPITRE PREMIER

Les contes de l'oie bleue

Je l'avoue: j'ai été un enfant pas comme les autres. Je savais patiner à deux ans. J'étais connu dans tout le pays à six ans. Je signais des autographes à 10 ans. Un magazine à diffusion nationale me consacra un article alors que je n'avais que 11 ans; la télévision nationale tourna un reportage de 30 minutes sur moi alors que je n'avais que 15 ans. J'allais encore à l'école lorsque j'ai signé mon premier contrat professionnel!

Mais n'importe quel père au pays n'arrose-t-il pas sa cour arrière chaque hiver, n'y installe-t-il pas un système d'éclairage et des filets et n'y organise-t-il pas des parties de hockey de midi jusqu'à 10 heures du soir? N'importe quel enfant ne joue-t-il pas à la crosse, au base-ball, au hockey — sans parler du hockey-bottine —, n'importe quel petit Canadien n'est-il pas un adepte du cross-country?

C'est en tout cas ce que j'ai longtemps cru. Au fond, à bien y réfléchir, je n'ai jamais pris vraiment le temps de me poser des questions. Je pensais simplement que j'étais l'enfant le plus heureux au Canada. Jusqu'à ce que j'aie 12 ans et que je réalise que j'étais sans doute le plus malheureux.

Quand j'étais enfant, mon héros était un homme qui avait toujours des maux de tête, des ulcères d'estomac et des bourdonnements dans les oreilles. C'était un drôle de petit bonhomme qui restait debout à boire du café toutes les nuits jusqu'à trois heures du matin même s'il devait être au boulot le lendemain dès huit heures. Aujourd'hui il n'est d'ailleurs pas obligé de travailler pour vivre, mais il ne manque jamais une journée d'ouvrage. Il peut aujourd'hui s'offrir tout ce qu'il désire — n'importe quelle voiture, n'importe quelle maison — mais ça ne l'intéresse pas. Il habite toujours la même maison, il conduit la même voiture, il enseigne aux enfants comme il l'a toujours fait et il croit toujours aux mêmes choses.

Il a été mon premier instructeur au hockey. C'est lui aussi qui m'a enseigné mes premiers rudiments de crosse, de baseball, de basket-ball et de cross-country. Sans parler du fait qu'il a aussi été mon chauffeur et mon soigneur. Il est encore mon professeur mais c'est aussi mon agent, mon manager, mon conseiller juridique, mon partenaire en affaires et mon meilleur ami. Il n'a pas de diplôme mais c'est probablement le gars le plus intelligent que je connaisse. Il a aussi appris des choses à d'autres bons joueurs de hockey. Il a un drôle de nez pointu, un sourire un peu croche et ses cheveux forment parfois des épis comiques sur sa tête. Où qu'il aille au pays, les gens l'arrêtent et le saluent.

Il s'appelle Walter, mais pour moi ce sera toujours Wally — ou papa. Je suis aussi amoureux fou de sa femme, Phyllis. J'ai déjà dit que tout ce que j'avais, je le devais au hockey. Mais j'avais tort: tout ce que j'ai, c'est à eux que je le dois.

«Ne fais jamais ta tête enflée avec moi», avait-il l'habitude de me lancer. «Tout extraordinaire que tu sois, il y a toujours quelqu'un, quelque part, qui est encore meilleur que toi.» Je me suis toujours souvenu de ces paroles.

«Quand tu t'engages dans quelque chose, vas-y à fond!» Combien de fois papa m'a-t-il aboyé ça? En tout cas, j'essaie de suivre ses conseils: en 11 ans de hockey professionnel, je crois n'avoir manqué que 26 parties et un seul discours de l'entraîneur.

Papa a toujours tenté de me transmettre ses valeurs. Un jour, j'avais environ 11 ans, j'ai joué une partie vraiment atroce. Je ne l'avais vraiment pas, comme on dit, et mon père me prit à part dans un coin. La vapeur lui sortait des oreilles. «Tu ne peux pas te permettre de jouer comme ça», me hurla-t-il. «Les gens te jugent sur tes performances de *chaque soir*. N'oublie jamais ça!» Et c'est ce que j'ai essayé de faire.

Je me rappelle d'un jour, 10 ans plus tard, pendant les éliminatoires de 1983, où nous venions de perdre les trois premières parties de notre série contre les Islanders. Nous venions d'achever notre séance d'entraînement lorsque mon père surgit d'un couloir et m'apostropha: «Pourquoi t'es-tu présenté à l'entraînement ce matin?

— Parce qu'il le fallait, lui répondis-je. Tout le monde devait s'entraîner.

— Eh bien, tu n'aurais pas dû. Tu as perdu ton temps et tu as fait perdre du temps à ton équipe. Tu n'as fourni aucun effort.»

On ne se reparla de l'incident que beaucoup plus tard, durant l'été. Nous étions réunis chez ma grand-mère qui travaillait dans son jardin lorsque papa s'approcha de moi et dit: «Regarde-moi ça! Elle a 79 ans et toi, quand tu es en pleine finale de la Coupe Stanley, tu ne daignes même pas t'entraîner.»

Depuis ce jour, le plus beau compliment qu'on puisse me faire c'est de dire que je trime dur tous les jours, que ce soit aux exercices ou pendant les matches. Bobby Orr a déjà dit, au sujet de Mario Lemieux: «En ce qui concerne la pure habileté, Mario est assez bon pour remporter le championnat des pointeurs avec un bâton brisé. Si on parle de talent brut, il est sans conteste le meilleur. Mais Wayne, lui, ne vous déçoit pratiquement jamais. Quand il se présente sur la patinoire, c'est pour y travailler.» Si cela est vrai, c'est à mon père que je le dois.

D'un autre côté, tout ce que papa disait n'était pas forcément brillant. Il avait joué jadis dans le junior B — il avait même été invité au camp des Marlboroughs de Toronto, l'équipe junior la plus célèbre du Canada à l'époque, mais il avait attrapé la varicelle et avait été retranché — et il se débrouillait ma foi fort bien. C'était un joueur tout en finesse et en habileté mais trop petit et trop frêle pour la LNH. À l'âge de quatre, puis de cinq ans, j'étais préposé à l'équipement — *stick boy* — de l'équipe pour laquelle il évoluait et, déjà, il ne ménageait pas ses conseils. Je me souviens qu'il me disait toujours: «Ne te place jamais derrière le filet.» Je le regardais un soir pendant la période de réchauffement et voilà que je le vois patiner le nez en l'air derrière son but. Au même moment, bang! un de ses coéquipiers décoche un puissant tir frappé et il reçoit la rondelle directement sur la caboche! Une autre fois, il me dit: «Si tu t'échappes au centre pour recevoir une passe, ne regarde jamais en arrière! Le gars en face de toi va se faire un plaisir de te rentrer dedans et tu vas te retrouver les quatre fers en l'air avant même d'avoir eu le temps de dire ouf!» Et bien sûr, un soir que je le regardais jouer, le voilà qui tourne la tête pour cueillir une rondelle et bang! le gars en face de lui le sonne pour le compte! Cette fois-là, non seulement perdit-il connaissance sous l'impact, mais en plus il perdit toutes ses dents d'en avant. C'est vraiment ça que tu voulais dire, p'pa?

Vous ne croiriez jamais tout ce que mon père doit parfois subir à cause de moi. Un jour, alors qu'il était dans un bureau à réparer un téléscripteur — c'est son métier — la secrétaire lui demanda d'où il venait. Il répondit: «Brantford». Alors elle lui demanda s'il connaissait Wayne Gretzky et il lui répondit: «Ouais.» Et voilà qu'elle se mit à déblatérer contre moi, disant à quel point j'étais surpayé, surévalué, sur-ci et sur-ça. Wally se contentait d'écouter sans dire un mot. Puis le téléphone se mit à sonner et la femme décrocha.

C'était le bureau de mon père qui appelait et on demandait à parler à Walter Gretzky. La pauvre femme devint écarlate, tourna les talons et s'enfuit à toutes jambes!

C'est une anecdote que mon père adore raconter!

Mon père pourrait avoir un ego gros comme ça — après tout, les choses ont plutôt bien tourné pour nous — mais il est demeuré le même gars qui m'enseignait à patiner quand j'étais enfant. Quand il me voit arriver avec un nouveau costume très chic, il me dit: «Oh, oh! Et tu as payé combien pour ça?

— À peu près 1000 dollars...

— Mille dollars? Es-tu fou?»

Et il part dans des discours comme quoi je jette mon argent par les fenêtres et que je pourrais trouver un très beau complet (avec deux pantalons s'il vous plaît) pour 200 dollars au coin de la rue. Il ne changera jamais... et c'est très bien comme ça.

Quand j'ai commencé à gagner beaucoup d'argent, j'ai réussi à le persuader de quitter son emploi. J'allais pouvoir très bien m'occuper de lui et il pourrait enfin se relaxer un peu. Il a été victime d'un accident, il y a de ça très longtemps, qui a causé des dommages à son oreille interne et depuis ce temps il entend des bourdonnements sans arrêt. Il souffre aussi d'ulcères d'estomac et quand il est fatigué, ce qui revient à dire toujours puisqu'il n'arrive pas à s'endormir avant trois heures du matin, il a des migraines épouvantables.

Il accepta finalement d'abandonner le boulot. Il demanda un congé sans solde de six mois à Bell Canada.

Le jour fatidique, il me téléphona: «Wayne, comment pourrais-je continuer à dire à mes enfants de ne jamais lâcher alors que moi-même j'abandonne tout?» Le lendemain matin, à huit heures précises, il était de retour au travail. Ses collègues n'en crurent pas leurs yeux!

Mes parents ne changeront jamais. Chaque fois que je leur achète quelque chose, ils s'empressent de le refuser. Mon père a conduit le même vieux modèle de Chevrolet familiale bleue pendant des années et des années. Il baptisait ses voitures l'Oie bleue. Il les usait jusqu'à la corde, jusqu'à ce qu'il n'en reste plus que quatre vieux pneus et un silencieux, et puis il se décidait à en acheter une autre. Chaque fois qu'il tombait en panne, il me disait: «Wayne, ça n'arrivera plus quand j'aurai enfin ma grosse Cadillac noire!» Alors dès que j'ai eu des sous, je me suis pointé à la maison avec une grosse Cadillac noire.

Il l'a plus ou moins utilisée pendant deux ans. «La vieille Oie fait encore l'affaire, disait-il. Elle a à peine 180 000 milles au compteur!»

Une autre fois, j'ai voulu leur acheter un magnifique manoir à Brantford. Notre maison est bien jolie mais elle est très petite. Ils n'ont jamais voulu mon cadeau: «Bien trop luxueux!» déclarèrent-ils en chœur. Alors je leur ai acheté un terrain et je leur ai dit d'y faire construire la maison de leurs rêves — je me chargerais des coûts. Ils me dirent qu'ils y réfléchiraient. J'avais dû entre-temps faire un court voyage en Europe et quand je revins au pays, je constatai qu'ils avaient revendu le terrain et qu'ils avaient fait construire une rallonge à leur propre maison avec l'argent. Wally me dit: «C'est ici ma maison. C'est ici que je veux habiter.» Finalement, je lui ai acheté un bateau pour qu'il puisse aller à la pêche et un cottage au bord d'un lac près de Brantford. Aux dernières nouvelles, il ne les avait pas encore vendus...

Mon père est le fils têtu d'immigrants qui, en 1932, entreprirent de faire pousser des légumes à une vingtaine de minutes de Brantford, en Ontario. Mary, ma grand-mère, émigra de Pologne à l'âge de 26 ans. Mon grand-père, Tony, arriva de Russie juste avant la Première Guerre mondiale et juste à temps pour s'enrôler. Tony et Mary étaient pleins d'énergie. Quand j'étais enfant, j'adorais suivre mon grand-père comme un petit chien. Sa routine du matin commençait à sept heures précises. Il descendait tout d'abord au cellier où il se servait un petit verre de vin maison à même une immense et vieille barrique. C'était un véritable tord-boyaux qui aurait réveillé les morts! Après quoi il remontait prendre son petit déjeuner où, invariablement, ma grand-mère lui reniflait l'haleine et lui faisait la morale.

Grand-mère était une dure de dure. Son idole était Frank Mahovlich et elle aimait écouter la lutte Grand-Prix, si vous voyez ce que je veux dire. Je me souviens d'un jour où je jouais à Brantford et que mon couvreur était un certain Paul Reinhart. Il eut le malheur de me rudoyer un peu trop en me collant contre la bande, juste sous les yeux de grand-maman.

Profitant du fait qu'il n'y avait pas de baie vitrée à cet endroit, elle lui donna des grands coups de sac à main sur la tête tout en lui criant: «Laisse mon gars tranquille!» Après Dave Semenko, grand-maman est le meilleur garde du corps que j'ai jamais eu!

Mon grand-père mourut en 1973 et ce fut le jour le plus triste de toute ma vie jusqu'à ce que ma grand-mère meure à son tour. Atteinte de leucémie pendant 13 ans, elle finit par succomber à l'âge de 85 ans. Pendant la majeure partie de ces 13 ans, ma mère et ma sœur Kim prirent soin de ma grand-mère pendant que mon père s'occupait de la ferme. Mes parents se sont dévoués pour garder grand-maman en vie et pour ne pas être obligés de vendre la ferme. Voilà pourquoi je considère que je n'en ferai jamais assez pour eux. Ces gens-là ont tout sacrifié pour moi, pour mes frères et sœurs, et pour le reste de la famille. Après la mort de ma grand-mère, maman a recueilli notre tante Ellen; elle s'en occupe encore aujourd'hui. Et ce n'est pas une mince tâche que de prendre soin de tante Ellen: elle est atteinte du syndrome de Down. Aujourd'hui âgée de 45 ans environ, elle fréquente une association qui s'occupe des gens âgés et des personnes handicapées.

Tout le monde connaît mon père mais bien peu de gens sont au courant des sacrifices que ma mère a dû faire pour que je puisse atteindre la Ligue nationale. Oublier les sorties du vendredi soir parce qu'il fallait m'acheter une nouvelle paire de patins. Attendre avant de remplacer les rideaux du salon parce que j'avais besoin de nouveaux bâtons. Les longues heures de route d'un aréna à l'autre, attendre que l'exercice soit terminé pour me ramener à la maison. Voilà de quoi était fait le quotidien de ma mère. Pourtant, elle ne s'en est jamais plainte.

Le plus drôle c'est que ma mère n'aime pas plus le hockey qu'il faut! Tout ce qu'elle a jamais voulu c'est que ses enfants soient heureux... et protégés. Je me souviens de cette fois où, après que j'aie signé un contrat avec Indianapolis, mes parents prirent l'avion pour venir assister à notre partie d'ouverture contre Winnipeg, l'équipe de Bobby Hull. Ils logeaient à l'hôtel; il était environ 4 h 30 l'après-midi du match lorsque ma mère aperçut Bobby Hull en compagnie de quelques autres joueurs assis dans un coin. Elle traversa la salle, se dirigea droit vers lui et lui dit: «Je m'appelle Phyllis Gretzky et je vous interdis de faire mal à Wayne ce soir.» Depuis ce jour-là, chaque fois que je le rencontre, Bobby me taquine là-dessus.

Et si vous croyez que ma mère se souciait trop de ce qui pouvait m'arriver dans les coins de patinoire, vous auriez dû la voir avec Glen, mon petit frère! Je suis l'aîné de la famille, suivi de ma sœur Kim, qui est de deux ans ma cadette. Vient ensuite Keith, qui a cinq ans de moins que moi, puis Glen et Brent, qui ont respectivement 7 et 12 ans de moins que moi. À la naissance, Glen avait les pieds bots. Il a subi trois opérations et on lui a même enfoncé une tige de métal dans les os. Rien n'y fit. Le hockey était devenu impossible pour lui: ses pieds le faisaient trop souffrir. Pourtant personne, y compris moi, ne s'est jamais entraîné aussi fort que Glen. Quand tous les autres enfants avaient déserté la glace parce qu'il faisait trop froid et trop sombre pour jouer, Glen était encore là, contournant des obstacles imaginaires.

Cette infirmité a été très difficile à accepter pour Glen qui rêvait de devenir un aussi bon joueur de hockey que moi. Un jour qu'une équipe de télévision était à la maison pour faire un reportage sur toute la famille, on demanda à mon père pourquoi tous les enfants avaient commencé à patiner à deux ans alors que Glen avait dû patienter jusqu'à six ans. Mon père répondit évasivement que Glen avait eu des ennuis avec ses pieds. Et au fond du salon, il y avait ce pauvre Glen la tête enfoncée dans les épaules qui pleurait toutes les larmes de son corps.

Plus Glen semblait déterminé à vouloir jouer au hockey, plus mes parents étaient angoissés. Un jour, finalement, la douleur devint si insupportable que Glen dut se résigner à abandonner. Il est aujourd'hui agent immobilier à Edmonton, profession qui correspond bien à son tempérament de beau parleur. D'ailleurs, Glen a toujours été le plus malin de la famille. Mon frère Brent dit toujours que c'est Glen qui rapportait des livres à la maison. Il ajoute ensuite: «Nous en apportions nous aussi mais Glen, lui, les *ouvrait.*»

Brent n'avait que trois ans quand j'ai quitté la maison et ce n'est donc que tout récemment que j'ai appris à le connaître vraiment. Quand je revenais chez mes parents, j'avais l'impression d'avoir devant moi un amateur beaucoup plus qu'un frère. Un amateur qui me réclamait à grands cris des autographes pour ses copains d'école. Je regrette de ne pas l'avoir mieux connu plus tôt parce que c'est un garçon vraiment bien! Il bondit du lit comme un ressort tous les matins à 6 h 30 et il se promène toute la journée avec un grand sourire accroché au visage, beau temps, mauvais temps. Nous nous ressemblons beaucoup, lui et moi. Nous avons tous les deux une confiance inébranlable en nos moyens. Un jour que je lui dis: «Brent, la prochaine voiture que je gagne, eh bien, elle sera pour toi», il me répondit: «Oublie ça, Wayne. J'en gagnerai une moi-même.» Et il refuse toujours que je lui en offre une!

Brent a vraiment tout ce qu'il faut pour briller dans la LNH. D'abord, c'est un sacré joueur. Et puis aussi, et c'est important, il ne se laisse pas déranger par ceux qui lui en veulent de s'appeler Gretzky. À la cafétéria de l'école, les enfants l'ont repoussé de la file d'attente en lui criant: «Tu n'es qu'un Gretzky!» Et comme tous mes autres frères, il a eu à supporter des entraîneurs qui lui faisaient passer des tours sur la glace à cause de son nom. Mais Brent ne s'en fait pas pour ça. C'est plutôt mon frère Keith qui a dû subir la pression et les grandes expectatives associées au nom de Gretzky. C'était lui qui devait être mon successeur. Keith a déjà déclaré qu'il y avait deux choses qu'il refuserait toujours: primo, jouer à Edmonton et secundo, porter le numéro 99. Je le comprends! Keith a un talent énorme. À 12 ans, il a marqué 115 buts en une saison, alors qu'au même âge je n'en avais réussi que 105. S'il s'était appelé Keith Smith ou Keith Jones, il serait considéré comme une future étoile du hockey professionnel. Au lieu de ça, les gens lui demandent comment il se fait qu'il n'a pas encore battu tous mes records. Je trouve ça vraiment injuste.

Kim est probablement la seule d'entre nous qui n'ait jamais songé un jour ou l'autre à changer de patronyme! Comme tous ses frères, Kim avait d'excellentes capacités athlétiques. C'était une grande coureuse, élancée et rapide comme le vent, qui laissait ses adversaires loin derrière elle à la ligne d'arrivée d'un 100 mètres. On voyait en elle une future candidate aux Jeux olympiques jusqu'au jour où elle dérapa dans un virage glacé. Elle se fractura une cheville et sa blessure ne réussit jamais à guérir tout à fait. Mais elle n'est pas amère; elle travaille maintenant à l'Institut national canadien pour les aveugles sans penser au passé. Elle a trouvé la recette du bonheur.

Kim habite maintenant dans la vieille maison de ferme qui appartenait à ma grand-mère et, tout récemment, il lui est arrivé des choses pour le moins bizarres. Tout a commencé un beau matin alors qu'elle brancha sa bouilloire pour se faire un thé. Lorsqu'elle revint après une longue douche, elle découvrit la cuisinière qui fonctionnait et la bouilloire qui, elle, était débranchée! Quelques jours plus tard, encore le matin, elle se rendit dans la salle à manger et constata que toutes les chaises qui entouraient la grande table avaient été tirées de sous le meuble, exactement comme si des invités s'y étaient assis. «On aurait dit que grand-maman avait organisé une rencontre cette nuit-là», nous dit-elle. Une autre fois, en pleine nuit, Kim fut réveillée en sursaut par son chien qui avait sauté dans son lit. Elle entendit un bruit comme si quelqu'un avait tourné les pages d'un journal quelque part dans la maison. Elle alluma la lumière et, courageusement, entreprit d'inspecter les lieux. Elle ne trouva rien d'anormal mais le chien n'arrêtait pas de gémir. Mon père dit que grand-mère n'a jamais apprécié la présence de chiens dans la maison.

Pour ma part, en tout cas, j'espère que c'est ma grand-mère. Elle appartient à ces murs. J'aimerais qu'elle sache que j'ai maintenant une petite fille et que sa vieille maison représente encore quelque chose de spécial pour moi. Ne serait-ce que parce que c'est là que j'ai compté mon premier but. J'avais déjoué grand-maman du côté du bâton avec une petite balle en caoutchouc et un de ces mini-bâtons souvenirs qu'elle m'avait rapporté de Chicago. J'avais fait de grand-maman mon gardien de but officiel. Nous allions tous écouter religieusement *Hockey Night in Canada* chez les grands-parents, à leur ferme sur la rivière Nith située à 20 minutes de Brantford. Nous ne manquions *jamais* une partie. Grand-maman faisait semblant que ses jambes étaient les poteaux des buts et elle essayait de stopper mes élans. La pauvre a récolté plus que sa part de bleus à cause de nos petits jeux!

J'ai appris à patiner sur la rivière Nith durant les longs hivers. L'été, je prenais des rondelles et j'exerçais mon lancer frappé sur les murs de la maison de mes grands-parents. Un jour, alors que mon grand-père venait tout juste de remplacer une vitre que j'avais fracassée avec un tir un peu hors cible, une de mes rondelles fit voler le résultat de ses efforts en éclats. Je vous jure que ce digne représentant du troisième âge avait encore de sacrées bonnes jambes!

J'avais déjà un très fort penchant pour le hockey. Mon père m'accompagnait tous les jours au parc et il devait rester là à m'attendre, à se geler les fesses jusqu'à l'heure du coucher. Il a fini par avoir tellement froid qu'il a fait une vraie folie: il a décidé de transformer notre cour en patinoire de hockey: le Wally Coliseum! Il a pris cette décision l'année de mes quatre ans. À l'automne, il a tondu l'herbe le plus ras possible, il a attendu que le sol gèle pour le recouvrir d'un demi-pouce de neige; il a installé l'arrosoir rotatif et l'a fait fonctionner toute la nuit. La patinoire occupait toute la cour. Les gens trouvaient que mon père était fou, mais comme ça, au moins, il pouvait me surveiller dans le confort douillet de sa cuisine... chauffée.

Une autre fois, au beau milieu de l'hiver, il a envoyé ma mère à la quincaillerie acheter un nouvel arrosoir. Lorsqu'elle est revenue à la maison, elle était en beau fusil! «Ne me fais plus *jamais* faire des choses comme ça, dit-elle à mon père, j'avais l'air d'une vraie folle d'acheter un arrosoir en plein mois de février!»

À 13 ans, j'ai décidé avec mon ami John Mowat de fabriquer les filets de notre patinoire pour aider papa. Durant tout un long samedi après-midi, nous avons construit ce qui semblait être la réplique parfaite du filet réglementaire de la LNH. Nous étions vraiment fiers de nous! Jusqu'au moment où on s'est rendu compte que le filet était trop grand pour passer par la porte! Il a fallu qu'on le coupe en trois morceaux pour arriver à le sortir de la maison. Sans doute que tout ce temps passé sur la glace nous avait gelé le cerveau...

L'hiver, je n'avais qu'une chose en tête: être sur la glace. Je me réveillais le matin, je patinais de 7 h à 8 h 30, je partais pour l'école, je revenais à 3 h 30 et je patinais de nouveau jusqu'à ce que ma mère ait assez insisté pour que j'accepte finalement de rentrer manger — toujours chaussé de mes patins — puis je repartais jusqu'à 9 heures. Les samedis et dimanches, on organisait de grandes parties, mais le soir, j'étais sur la glace, seul ou avec mon père. Je «tricotais» à travers de vieilles bouteilles d'eau de Javel que mon père avait installées là; puis, je fixais des cibles aux filets et j'essayais de les atteindre — lancers du poignet, revers, etc. Et puis après, je recommençais, mais cette fois avec une balle de tennis, qui est beaucoup plus difficile à contrôler qu'une rondelle.

J'étais tellement enragé de hockey que mon père invitait des enfants bien plus vieux que moi à venir m'affronter. Quand ils étaient fatigués et qu'ils voulaient rentrer chez eux, je les suppliais de rester! Je suppose que ces affrontements m'ont habitué à bien faire contre des gars nettement plus costauds que moi. De toute façon, c'étaient les seuls qui voulaient jouer contre moi!

Je n'oublierai jamais notre maison de l'avenue Varadi. Elle avait trois chambres: une pour mes parents, une pour ma sœur et une petite pièce de huit pieds sur six pour mes deux frères et moi. À cette époque, Brent était encore un bébé et il dormait avec mes parents. Tout ce que j'espérais alors de la vie se résumait aux deux bâtons que mon père m'achèterait pour 1,99 $ au Woolco du coin; deux bâtons qui dureraient deux mois.

Régulièrement, des gens viennent me voir en traînant leur fils derrière eux. «Wayne, dites à mon gars qu'il faut qu'il s'exerce trois heures par jour comme vous l'avez fait!» Et moi, je leur réponds toujours: «Ne comptez pas sur moi pour lui dire ça. S'il a envie d'aller faire un tour de bicyclette, laissez-le faire.» Personne ne m'a jamais dit qu'il fallait que je m'entraîne trois heures par jour. Si je passais mon temps sur les patinoires, c'est parce que j'aimais ça. Mes amis préféraient aller au cinéma, mais moi pas. Si vous voulez que votre enfant passe ses journées à s'entraîner, il faut que l'entraînement soit synonyme de plaisir et d'amusement — comme ça l'a été pour moi.

En attendant, j'étais en train de rendre mes parents complètement fous! Mon père se fendait en quatre pour trouver une équipe qui m'accepterait dans ses rangs. Le problème, c'était qu'il fallait avoir au moins 10 ans pour pouvoir jouer dans les ligues organisées de la région de Brantford. Finalement, on m'a accordé un essai dans le circuit atome de Brantford alors que je n'avais que six ans et j'ai réussi à faire l'équipe. Je jouais avec des gars de 10 ans et je trouvais que c'était la chose la plus amusante du monde! Je portais le numéro 11, je jouais sur le troisième trio et j'ai compté l'impressionnant total de un but cette année-là. Je me rappelle surtout du jour où j'ai eu mon premier *jock-strap*. Ce fut un grand moment.

Non seulement n'avais-je que six ans lorsque j'ai joint les rangs de cette équipe, mais en plus j'étais petit pour mon âge. Quand je portais mon chandail, j'avais l'air d'avoir une robe longue sur le dos! Il était tellement grand pour moi qu'il s'enroulait sans cesse autour de mon bâton. Mon père a décidé de prendre les choses en main et il a rentré le côté droit — le côté du bâton — de mon chandail dans ma culotte. Comme vous le savez, ça m'est resté. Mais n'allez surtout pas croire que je suis superstitieux...

À la fin de la saison, je me rappelle avoir pleuré dans la voiture au retour du banquet de fin d'année.

«Qu'est-ce qui ne va pas?» m'a demandé mon père.

«Je n'ai pas eu de trophée! Tout le monde a gagné un trophée sauf moi.» Mon père m'a dit à ce moment-là quelque chose que je n'oublierai jamais.

«Wayne, continue à travailler fort et un jour tu auras tellement de trophées qu'on ne saura plus où les mettre dans la maison!»

Et il disait vrai. Bien des enfants aussi doués que je l'étais n'ont pas eu la chance d'avoir quelqu'un comme lui pour les guider. Je ne sais pas ce que j'aurais fait sans lui, mais une chose est sûre: je ne serais pas dans la LNH.

L'année d'après, j'ai compté 27 buts toujours avec la même équipe, puis 104, puis 196!

Par la suite, j'ai connu ce qui a été à la fois une année de rêve et de cauchemar. C'était la première fois que je faisais connaissance avec le malheur. J'avais 10 ans, je ne mesurais que 4 pieds, 4 pouces, et j'ai compté 378 buts en 69 parties. J'ai gagné le championnat des compteurs par la marge de 238 buts. Les gens me demandent encore comment j'ai pu faire ça — c'est encore, et de loin, le record dans cette catégorie d'âge — et je ne sais pas trop quoi leur répondre. Sauf, peut-être, que c'est parce que j'avais une sacrée longueur d'avance — une avance de cinq ans sur la majorité des autres enfants. D'habitude, les enfants commencent à jouer au hockey à six ou sept ans. De la glace, ce n'est pas de l'herbe! Il faut apprivoiser la surface et tout le monde doit commencer à zéro. Que vous soyez âgé de 6 ou 36 ans, si vous patinez pour la première fois vous allez avoir l'air ridicule. À 10 ans, j'avais 8 ans de patinage derrière moi plutôt que 4 et l'équivalent de quelques saisons passées à jouer contre des gars de 10 ans. Alors oui, j'avais une sacrée longueur d'avance.

Mais ces 378 buts ont représenté le début de la fin pour moi à Brantford. Premièrement, ils ont fait de moi une curiosité nationale. À 10 ans, j'avais déjà donné plus d'interviews que certains joueurs de la LNH! C'est cette année-là qu'on me

baptisa «The Great Gretzky». Je dois ce surnom à un journaliste de London, en Ontario, John Herbert. Je n'aimais pas
beaucoup ce surnom à l'époque et il me met encore un peu
mal à l'aise aujourd'hui. Mes amis, eux, m'appellent Gretz.

Toujours est-il que ces 378 buts ont enflammé les esprits.
Toutes sortes de rumeurs folles ont commencé à surgir: les
Rangers de New York allaient acheter la concession pee-wee
de Brantford pour avoir les droits sur moi quand je deviendrais professionnel. Bien sûr.

C'était beaucoup de publicité pour un petit gars de 10 ans.
Le hockey n'était plus seulement une partie de plaisir: c'était
devenu un mélange de plaisir, de jalousie, de célébrité et de
mesquinerie. Je participais à des tournois dans d'autres villes
et je voyais des affiches qui disaient: «Venez voir l'as marqueur Wayne Gretzky ici même samedi prochain.» Vous savez,
quand ma femme regarde les films que nous tournions en
famille quand j'étais petit, elle n'en revient pas de voir à quel
point j'étais effacé et timide. «Tu ne dis jamais un mot!» me
dit-elle. Et c'est vrai, j'étais incroyablement discret. Alors,
imaginez à quel point tout ce tapage autour de moi me mettait
mal à l'aise.

Je me sentais si mal que, parfois, pendant des tournois,
j'échangeais mon chandail avec celui de Greg Stefan afin de
me soustraire à l'attention des gens. Le problème, c'était que
Greg ne savait pas écrire mon nom; quand les gens lui demandaient un autographe, il écrivait Gretzky avec un «s» plutôt
qu'avec un «z». Il y a sûrement, quelque part, des gens qui
croient que je suis tellement idiot que je ne sais même pas
écrire mon nom!

Ma gloire soudaine ne plaisait pas forcément aux parents
des autres enfants. Le problème, ce n'était pas les enfants,
c'était les (supposés) adultes. Ils m'accusaient de trop garder
la rondelle. Nous avions perdu seulement six parties durant
l'année, nos statistiques nous avaient valu une place au
Temple de la renommée du hockey, mais ils trouvaient que je
«mangeais la rondelle». Les gens venaient assister aux parties
avec des chronomètres pour calculer combien de temps

j'étais en possession du disque. Ils me huaient et je me rappelle cette fois où, lors d'un grand tournoi qui se tenait à
Brantford, sur ma propre patinoire, j'ai été hué quand on m'a
présenté. C'est difficile à admettre quand on a 10 ans.

Maintenant, quand j'y repense, je peux comprendre leur
attitude. J'avoue que j'étais *show-off*. Je n'avais que 10 ans,
mais j'avais déjà mis au point mon petit rituel d'après but. Je
levais mon genou bien haut et je faisais un grand moulinet du
bras droit. Mais je ne voulais pas paraître prétentieux. J'imitais en fait un gars qui jouait dans le Junior B où mon père
était instructeur. Il s'appelait Dave Pay et il jouait pour
St. Catherines. Je ne crois pas qu'il soit jamais devenu pro
mais Dave Pay était mon idole... et je l'imitais.

Je pense que les parents étaient tout simplement soucieux
du développement de leur propre enfant: quand j'avais la rondelle, ça voulait dire que leur fils ne l'avait pas. Et pourtant...
Quand on amasse 120 aides en 79 parties, on doit bien faire
quelques passes. Quand j'y songe, maintenant que je suis
adulte, je me dis que si j'avais été un joueur égoïste, mes coéquipiers ne m'auraient pas aimé. Mais ce n'était pas le cas;
c'étaient les parents qui ne m'aimaient pas.

Je me souviens d'une partie où notre gardien n'avait reçu
que cinq lancers durant toute la partie; il en avait laissé passer trois et nous avions perdu 3 à 2. Son père était venu me
voir après la partie pour me lancer toutes les bêtises qu'il
connaissait. Les autres parents étaient assis dans les
estrades et criaient aussi après moi. Je n'ai jamais pu comprendre comment des gens pouvaient faire ça. Est-ce qu'ils
avaient seulement jamais réfléchi à comment *leur* fils réagi-
rait à tout ça?

Les gens ne pouvaient tout simplement pas admettre ce
qu'ils voyaient: mon jeu, mes statistiques... Ils voyaient les
chiffres — les 378 buts — et ils refusaient d'y croire. «Ça ne
peut être que de la chance», disaient-ils. Quand j'avais 10 ans,
ils prédisaient que je serais fini à 12. Quand j'ai eu 12 ans, ils
disaient que je serais fini à 14. À 14, ce serait à 15. À la maison, c'était devenu comme un porte-bonheur: tant et aussi

longtemps que les gens continueraient à me prédire le pire, on savait que les choses continueraient à bien aller.

Taper sur la tête de Gretzky était devenu chose courante dans tous les sports que je pratiquais: crosse, base-ball, hockey, n'importe quoi. Les gens étaient impitoyables. Un jour, l'entraîneur d'une équipe de base-ball rivale était venu me voir avant la partie et m'avait dit: «Tu ne vivras pas assez vieux pour voir Noël prochain, Gretzky.» Peut-être qu'un adulte aurait trouvé ça drôle, mais l'enfant que j'étais a trouvé ça difficile à prendre.

Je me souviens d'une partie de crosse où j'avais compté deux buts et amassé neuf passes. Nous avions gagné 11 à 2 et j'avais préparé les six buts d'un de mes coéquipiers. Le lendemain, nous avions encore gagné mais, cette fois, ç'avait été l'inverse: j'avais compté neuf buts et obtenu deux passes. Ce jour-là, j'avais eu le choix entre jouer cette partie ou bien disputer un match de base-ball; comme nous étions en éliminatoires, j'avais opté pour la partie de crosse. Après le match, pendant que je rigolais avec les autres dans le vestiaire, la mère du garçon en question était venu me trouver pour me dire: «Wayne, tu aurais dû aller jouer au base-ball aujourd'hui.» Lorsque j'étais rentré chez moi, je m'étais enfermé dans ma chambre et j'avais pleuré toute la nuit.

Je découvrais que l'excellence a un prix. Le truc, c'est d'arriver à être bon dans quelque chose sans que le reste du monde ne vous en veuille. Sauf que quand on est enfant, c'est bien difficile; on devient tout mêlé. Et on a mal.

Mon père était assez fort pour supporter tout ça, mais pas ma mère. Elle a préféré arrêter d'assister aux parties avec lui. Si mon père était une célébrité locale, à peu près personne ne connaissait ma mère. Mon père se faisait insulter par les gens durant les matches et ça rendait ma mère tellement malade qu'elle préférait aller s'asseoir quelques rangées plus loin. Habitude qu'elle a d'ailleurs conservée. Ma mère a beaucoup de mémoire: quand certains visages à deux faces de cette époque viennent lui faire les yeux doux aujourd'hui, elle ne se gêne pas. «Comment osez-vous penser que je vais vous parler alors qu'il y a 10 ans vous injuriez mon fils?» Elle n'est pas commode, la mère!

Je pense que tout cela a façonné ma personnalité. D'abord, j'ai vieilli très vite. Je pense avoir eu l'enfance la plus courte au monde. À 13 ans, j'avais un agent. J'avais voyagé à travers le Canada. Toujours à 13 ans, j'ai joué devant 15 000 personnes. On m'a raconté que le grand Jean Béliveau est même venu me voir jouer. J'ai vu ce qu'il y avait de meilleur mais aussi de pire chez les adultes. J'ai appris que la mesquinerie était le plus grand fléau de l'humanité. J'ai aussi appris qu'il se trouverait toujours des gens pour vous mettre sur un piédestal et qu'il y en aurait toujours d'autres qui voudraient vous lyncher. Il ne faut accorder trop d'attention ni aux uns ni aux autres. Comme je ne voulais pas qu'on me trouve prétentieux, je suis devenu encore plus timide. Il y avait assez de gens comme ça qui ne m'aimaient pas parce que je jouais bien au hockey, je ne voulais pas commencer à parler et ainsi leur donner une autre raison de ne pas m'aimer. J'ai décidé que j'en avais assez d'avoir mal.

Et il y a une autre chose que j'ai décidé: il fallait que je parte de cette ville.

La pression, la médisance et les insultes étaient telles qu'elles affectaient mon jeu. À l'âge de 14 ans, je portais des gants blancs; les gens ont alors commencé à m'appeler la Tornade blanche. Les gens criaient à l'entraîneur: «Pourquoi est-ce qu'il porte des gants blancs? Il ne joue pas la nuit!» Mais il se trouvait que ces gants étaient tout simplement les meilleurs sur le marché. Ils étaient légers et confortables. Même si ces raisons étaient suffisantes, je ne les ai portés qu'une saison.

Cette année-là et celle qui suivit ont été les pires de toute ma vie. Ni mon père ni moi-même ne savions quoi faire. Rien n'y faisait, on ne parvenait pas à s'en sortir.

Mais un jour, je reçus un coup de téléphone de Heaven. Un ami à moi, Sam McMaster, me demandait si j'aimerais déménager à Toronto. Je pourrais y jouer au hockey et être pensionnaire chez un coéquipier. J'avais 14 ans à l'époque.

«Es-tu sérieux? lui répondis-je, *j'adorerais* ça!»

Malheureusement, mes parents étaient contre cette idée.

«Pas question, me répondit mon père.

— Pourquoi?

— Parce que.

— Je sais pourquoi tu me dis ça. Tu as peur que je tourne mal. Tu as peur que je commence à prendre de la drogue dans la grande ville. C'est ça, hein?»

À voir sa tête, je savais que j'avais mis dans le mille.

«Laisse-moi te dire une chose, lui dis-je. Donne-moi de l'argent maintenant, dis-moi quelle sorte de drogue tu veux, et d'ici une demi-heure je reviens avec le produit. N'importe quelle drogue.»

Mon père a tourné la tête, il a jeté un coup d'œil à ma mère, il a soupiré et il a fini par dire: «Ça va.»

Le plus drôle, c'est que je bluffais. Je n'avais aucune idée où trouver de la drogue à Brantford...

À 14 ans, je suis donc parti de la maison. J'étais supposé jouer pour l'équipe bantam à Toronto, mais les instructeurs ont décidé que j'étais assez bon pour tenter ma chance dans le junior B. J'ai été accepté dans l'équipe! J'avais 14 ans, je jouais pour le Toronto Young Nationals, et j'essayais désespérément d'éviter les mises en échec de gars de 20 ans qui payaient l'hypothèque de leur maison! Moi, je pesais 135 livres mais j'ai compté deux buts à ma première partie et j'ai su que ça irait.

Quand je repense à ces années-là, je me dis que ce n'était vraiment pas une vie pour un enfant. Je me sentais affreusement seul. Je vivais dans une famille étrangère et je ne rentrais à la maison que les week-ends. J'essayais malgré tout de rester en contact avec mes parents en leur téléphonant le plus souvent possible. Mais je n'avais pas le choix. Je n'avais pas quitté Brantford pour améliorer mon hockey; j'étais parti parce qu'on m'en avait chassé. À Toronto, je pouvais aller à l'école et personne, à l'exception du directeur, ne savait qui j'étais. Quand je jouais au hockey, le soir, il n'y avait personne pour me huer ou pour amener un chronomètre. Personne

pour se soucier de la couleur de mes gants. En fait, j'étais ter-
rifié à l'idée d'être reconnu. Brian Mizzi, un grand copain de
classe, est venu assister un jour à une partie où j'avais
compté quatre buts. Le jour suivant, il m'a arrêté dans le couloir et il m'a dit: «C'était bien toi, n'est-ce pas?!» Je l'ai supplié
de n'en parler à personne: l'anonymat dont je jouissais était
trop précieux.

Quand j'y repense maintenant, je suis encore tout triste.
Je suis parti pour de bon de la maison à 14 ans. Je me suis
ennuyé pour mourir de papa, de maman et de toute la famille
— nous étions tellement proches. Je n'ai pas eu la chance de
voir Brent grandir. Pendant longtemps, à ses yeux, j'ai bien
peur de n'avoir été qu'une super-vedette de hockey qui passait de temps en temps une nuit à la maison. Rien à voir avec
le grand frère idéal, n'est-ce pas?

Et vous voulez savoir ce qu'il y a de plus triste? Depuis ces
années-là et jusqu'à ce jour, je n'ai passé que deux Noël à la
maison.

CHAPITRE 2

La vie en Skalbanie

Sault-Sainte-Marie était bien le dernier endroit au monde où je voulais commencer ma carrière professionnelle. Tout le monde le savait. Mon père avait même écrit une lettre à la direction de l'équipe pour les prévenir de ne pas me repêcher parce qu'il était hors de question que je joue pour eux. Mais, évidemment, je fus repêché par Sault-Sainte-Marie. C'était en 1977.

Mon père a toujours dit que j'étais né sous une bonne étoile et que, quoi qu'on fasse, on s'en tirerait toujours bien. L'épisode de Sault-Sainte-Marie a confirmé sa théorie; mon séjour là-bas s'est avéré la meilleure chose qui pouvait m'arriver.

L'équipe locale, les Greyhounds, était dirigée par Angelo Bumbacco, un gars formidable qui aimait le hockey au moins autant que les linguini! Nous avons sauté dans un avion pour aller dire à Angelo que nous ne voulions pas jouer pour lui. Mais, dès que je l'ai rencontré et que j'ai vu la ville, j'ai su que j'allais accepter son offre. D'abord, j'allais vivre chez les Bodnar, une famille que j'aimais. (J'avais connu Steve Bodnar quand nous jouions ensemble dans les circuits pee-wee et novice.) Ensuite, Muzz MacPherson, l'entraîneur, m'a promis tout le temps de glace que je voudrais. Enfin, le contrat stipulait que si je ne «faisais» pas l'équipe ou que si j'étais blessé, on me payerait quatre années d'étude dans n'importe quelle université de mon choix en Amérique du Nord. Ma famille a adoré cette clause!

J'aimais vraiment beaucoup M. Bumbacco. La première semaine, il est venu me voir et m'a dit: «Qu'est-ce que c'est que ce manteau?» Celui que je portais faisait vraiment pitié. Alors, il m'a emmené dans un beau magasin et m'a acheté un superbe paletot. Je n'en revenais pas de voir un directeur général se préoccuper autant de moi. Ce manteau représentait vraiment beaucoup à mes yeux.

C'est à Sault-Sainte-Marie que j'ai commencé à porter le numéro 99. J'avais toujours voulu porter le numéro 9, comme Gordie Howe, mais Brian Gualazzi l'avait déjà. Alors j'ai commencé par porter le 19, et ensuite le 14. Cette année-là, Phil Esposito et Ken Hodge avaient été échangés par les Bruins aux Rangers de New York. Comme Rodrigue Gilbert avait déjà le numéro 7, Esposito choisit de porter le 77; Hodge, lui, adopta le 88. C'était la première fois, de mémoire d'homme, qu'on osait dépasser le n° 31. C'est Muzz qui m'a dit un jour: «Pourquoi est-ce que tu ne porterais pas le 99?»

Je me disais que tout le monde rirait de moi — et ce fut le cas. La première fois que je l'ai porté, à Niagara Falls, quelqu'un me cria: «Hé, Gretzky, tu ne joues pas au football!» Mais j'ai réussi trois buts ce soir-là et à partir de ce jour, ma décision fut prise: ce serait le 99 pour toujours. Mais n'allez surtout pas croire que je suis superstitieux...

J'étais un vrai coq de village à l'époque. À mon premier exercice, j'ai demandé à Muzz le nombre de points qu'avait récoltés le champion compteur du circuit, Mike Kaszycki, la saison précédente.

«Cent soixante-dix, m'a-t-il répondu.

— Aucun problème. Les records sont faits pour être battus!»

Je crois que pendant la première semaine, l'instructeur s'est demandé s'il n'avait pas gaspillé un premier choix au repêchage en choisissant ce chétif garçon de 16 ans. Effectivement, j'étais un peu nerveux et je ne faisais rien qui vaille pendant les entraînements. Mais j'ai réussi trois buts et récolté trois passes à notre première partie. À partir de là, Muzz est devenu mon admirateur numéro un.

Je me rappelle qu'à cette première partie, j'ai reçu une bouteille de «Brut» pour avoir été choisi première étoile.

J'ai demandé à mon copain Doug Kimbell: «Qu'est-ce que c'est que ce truc-là?

— C'est de la lotion après-rasage.

— Et qu'est-ce que je suis censé faire avec de la lotion après-rasage?»

Je gagnais 25 dollars par semaine, ce qui représentait beaucoup d'argent pour moi à l'époque. Au fond, je n'avais pas besoin de grand-chose. J'avais assez d'argent pour m'acheter un morceau de tarte aux pommes avec de la crème glacée tous les jours après la classe. Que demander de plus à la vie? Je n'ai jamais eu de petite amie lorsque j'étudiais au secondaire, faute de temps. Je jouais dans le junior A et j'allais à l'école. Où aurais-je trouvé le temps de m'occuper d'une fille? J'avais le temps d'étudier (très fort en maths, nul en anglais) et de jouer au hockey, c'est tout. Bien sûr, tout cela n'était pas facile. Lorsque nous revenions de voyage, je rentrais à la maison à 3 heures du matin, dormais à peu près quatre heures et me rendais à l'école à 8 h. Un jour, de retour d'un match épouvantable, Muzz était tellement furieux qu'il nous a obligés à aller directement à l'aréna à 3 heures du matin! Il nous a fait patiner en veston et cravate! Le soir suivant, nous avons gagné notre match et j'ai remercié le Ciel que Muzz ne soit pas superstitieux!

C'est peut-être une des raisons qui ont fait que je n'ai jamais obtenu mon diplôme du secondaire. Il me manque un crédit. Un jour, j'ai reçu une lettre dans laquelle on me disait que je n'avais qu'à envoyer 35 dollars pour qu'on m'envoie mon diplôme. Mais quelle est la valeur d'un diplôme qu'on peut *acheter* pour 35 dollars? Voyez-vous, je sais à quel point l'instruction est précieuse. Je crois que les hockeyeurs qui décident de poursuivre leurs études et de jouer dans les collèges et les universités font le bon choix. Quant à moi, je considère que je ne me suis pas trop mal débrouillé jusqu'ici sans diplôme. Je vais donc continuer comme ça.

Je jouais pour les Greyhounds quand j'ai utilisé pour la première et la dernière fois la phrase «Je suis Wayne Gretzky» pour essayer d'obtenir quelque chose. L'équipe avait une tradition: les recrues devaient — vêtues de leur seul *jock strap* et d'un bas placé sur la figure — dévaler la rue Queen! Et c'est ce que je faisais lorsque j'ai été intercepté par une voiture de police. J'allais être arrêté pour indécence! Moi qui n'avais jamais eu d'ennui, qui avais toujours été sage comme une image! Alors, en dernier recours, j'ai essayé ceci:

«Tout va bien, M. l'agent. Je suis Wayne Gretzky.

— Wayne Gretzky? Je connais Muzz MacPherson et je sais qu'il ne tolère pas ce genre de comportement débile. Tu ne peux pas être Wayne Gretzky.»

On m'a amené au poste et jeté dans une cellule. Tout s'écroulait. Je sentais que j'allais pleurer. Soudainement, j'ai eu une idée: «Hé, j'ai droit à un coup de téléphone, non?» C'est alors que Muzz, les vétérans du club et les policiers sont apparus, tous morts de rire. Évidemment, ç'était un coup monté et j'avais mordu à l'hameçon comme un vrai poisson!

Les gars de Sault-Sainte-Marie m'ont baptisé Pretzel parce que je me tenais très penché quand je patinais. Mais, d'une façon ou d'une autre, ça devait être efficace: cette année-là, à ma première saison, j'ai battu le record de points de la ligue junior A. Malheureusement, Bobby Smith, qui jouait pour Ottawa, a choisi cette même année pour fracasser le record: il a amassé 192 points. L'année suivante, il a été proclamé recrue de l'année dans la LNH avec les North Stars du Minnesota. Moi, je pensais bien rester avec Sault-Sainte-Marie. Ce qui fut le cas jusqu'à ce que Muzz s'en aille.

Muzz a démissionné parce qu'il avait certains problèmes avec la direction. Je n'ai jamais connu la nature exacte de ces problèmes; tout ce que j'ai su c'est qu'un jour il avait été remplacé par Paul Thériault, qui, immédiatement, a entrepris de changer mon style. Il voulait que je garde toujours ma position, ce qui, dans mon cas, représente très exactement la chose à ne pas faire. Moi, je me place là où la rondelle *sera,* et non pas où elle *était.* Ce sont les milliards de jeux possibles qui font du hockey un sport aussi fantastique. Pour bien jouer, vous devez pouvoir improviser. Forcez-moi à me placer *ici* à ce *moment-là* et c'est comme si vous m'attachiez les patins. Je détestais Thériault. Sans Muzz, le club avait perdu un peu de son âme.

Je voulais être pro et je croyais que j'étais prêt à faire le saut. Mon agent Gus Badali, un ami de la famille qui travaillait pour moi depuis que j'avais 15 ans, a donné des coups de fil. Puisque la LNH refusait d'embaucher les joueurs de moins de 18 ans, ma seule chance était de joindre les rangs de l'Association mondiale de hockey. Les gens se moquaient de l'AMH et de ses rondelles orange fluo, mais si l'AMH n'avait pas existé je ne serais peut-être jamais parvenu au hockey professionnel: j'aurais végété pendant trois ans à Sault-Sainte-Marie avec un instructeur que je détestais et j'aurais peut-être été dégoûté du hockey à tout jamais. Mais, comme mon père le dit si bien, le destin fait parfois bien les choses...

Mais les choses ne s'annonçaient pas si bien que ça. Après le Championnat mondial junior tenu à Montréal, le regretté John Bassett, des Bulls de Birmingham, m'a offert un contrat d'un an à 80 000 dollars. Sur les conseils de Gus j'ai refusé cette offre. Gus avait d'autres projets en tête. Les Whalers de la Nouvelle-Angleterre (aujourd'hui de Hartford), où évoluait Gordie Howe, m'offraient un contrat de huit ans assorti d'une prime de 200 000 dollars à la signature. Ils se sont cependant rétractés à la dernière minute, car ils croyaient avoir une chance d'être admis dans la LNH et ils ne voulaient pas aligner un joueur trop jeune pour évoluer dans ce circuit.

Heureusement, l'entrepreneur Nelson Skalbania a décidé de tenter sa chance avec moi. Il nous a invités, mes parents, Gus et moi, à venir le rencontrer chez lui à Vancouver. Il nous a accueilli à l'aéroport au volant d'une Rolls Royce. Aucun de nous n'était jamais monté dans une telle voiture. Mais le moteur de la Rolls a fumé pendant tout le trajet. Une fois arrivé chez lui, M. Skalbania a sauté hors de la voiture, la mine dégoûtée. Il y avait une autre Rolls dans l'allée, elle aussi en panne. Il s'est retourné vers mon père et lui a dit: «Walter, n'achetez jamais de Rolls Royce.»

Papa lui a répondu, très flegmatique: «Ne vous inquiétez pas pour moi, je n'en achèterai jamais.» Il a tenu parole.

Nelson Skalbania avait une façon bien à lui d'interviewer les gens: il les emmenait courir jusqu'à ce qu'ils soient prêts à s'écrouler. Je suppose que si vous arriviez à ne pas vous évanouir devant lui, il vous engageait! Selon lui, les joueurs de hockey n'étaient pas en forme. Mais il ignorait que j'adorais courir. Nous avons couru à peu près sept milles avant de nous retrouver devant une côte vraiment abrupte. J'ai sprinté jusqu'au sommet, et je l'ai attendu. Je faisais de mon mieux pour qu'il ne s'aperçoive pas que mes poumons étaient sur le point d'exploser.

Ma performance a semblé l'impressionner. De retour dans ma chambre, je me suis effondré sur le lit. «Oh mon Dieu, je vais mourir!» Mon père m'a chuchoté: «Ferme-la; il va penser que tu n'es pas en forme.»

J'ai réussi à me rendre à son bureau, suivi de mes parents et de Gus. Skalbania s'est aussitôt adressé à Gus: «Combien voulez-vous?»

Nous nous sommes mis d'accord pour une prime de 250 000 dollars à la signature et pour un salaire de 100 000 dollars pendant la première année, de 150 000 dollars pendant les deux suivantes et de 175 000 dollars pendant la quatrième année. Je signais un contrat personnel avec Skalbania: s'il vendait l'équipe, je continuerais à travailler pour lui.

Bien des années plus tard, cet arrangement particulier poussera Peter Pocklington à vendre mon contrat aux Kings. Quand Peter a voulu se procurer de l'argent par la vente d'actions des Oilers, il a vite réalisé que les gens trouveraient bizarre qu'il vende des actions de l'équipe tout en gardant mon contrat pour lui-même. Et diverses lois lui interdisaient de simplement transférer mon contrat à l'équipe.

Et voilà. J'avais à peine 17 ans et un gros contrat en poche. L'année précédente j'avais travaillé tout l'été à remplir des nids de poule avec du gravier pour cinq dollars l'heure. Cette signature marque un tournant important pour moi, pour mes parents et pour Gus. Le hockey avait jusque-là représenté un tas de choses: plaisir, travail, excitation, tracas. Jamais encore n'avait-il été synonyme d'argent.

Juste avant d'apposer sa signature sur le contrat, Skalbania avait levé les yeux vers moi et m'avait dit: «Tu es *sûr* d'être prêt?» Je lui avais répondu: «Oui m'sieur. Je suis certain.»

Ça, je pouvais jouer; mais où?

Skalbania n'arrivait pas à se décider s'il allait me faire jouer à Indianapolis, pour son équipe de l'AMH, ou bien à Houston, pour l'équipe qu'il se proposait d'acheter. Nous étions à bord de son jet privé en route pour Edmonton — il avait choisi Edmonton pour donner sa conférence de presse parce qu'il avait une dette envers quelqu'un là-bas — et il n'avait toujours pas décidé où je jouerais. Entre-temps, pendant que nous volions, il m'a fait transcrire — à la main — tout mon contrat. Je me souviens d'avoir glissé sous ma feuille du papier ligné pour écrire bien droit. J'étais vraiment prêt pour les ligues majeures!

Toujours dans l'avion, Skalbania a téléphoné à l'instructeur du Houston.

«Est-ce que Gretzky est prêt à passer pro?

— Eh bien, j'ai des doutes sur son coup de patin. J'ai entendu dire qu'il était lent.

— Très bien, merci.»

Finalement, Skalbania n'a pas acheté cette équipe, l'avion a atterri à Indianapolis et c'est comme ça que je suis devenu membre des Racers d'Indianapolis.

Beaucoup plus tard, après mon échange aux Kings, les journalistes ont écrit que la LNH deviendrait enfin populaire aux États-Unis «maintenant que Gretzky joue pour une équipe américaine». Ces gens-là avaient sûrement oublié mon glorieux séjour avec les Racers. À vrai dire, je ne les blâme pas; j'aimerais moi aussi avoir oublié cet épisode de ma vie.

Il se peut que ce soit moi qui aie tué le hockey professionnel à Indianapolis. En huit parties là-bas, j'ai compté trois buts et j'ai fourni trois passes. On a attiré 11 000 personnes à la partie d'ouverture et 6000 ou moins après ça. Je suppose que le petit nouveau de Sault-Sainte-Marie ne les excitait pas plus que ça...

J'ai eu le sentiment que les choses iraient mal là-bas quand on m'envoya signer des autographes et vendre des billets de saison à un centre commercial. Après deux heures, j'avais signé environ quatre autographes et je n'avais pas vendu un seul billet.

Peu de temps après, Skalbania m'a téléphoné: «Wayne, ça ne va pas. Je perds 40 000 dollars par match. Il faut que je t'échange.» Il m'a dit qu'Edmonton et Winnipeg étaient intéressées et qu'il prendrait en considération ma préférence. Deux vétérans de l'équipe, Peter Driscoll, un marqueur de 50 buts, et Eddie Mio, un jeune et talentueux gardien, faisaient également partie de la transaction. Je me sentais malheureux: moi, un jeunot de 17 ans, j'étais responsable d'un bouleversement dans la carrière et dans la vie de deux adultes. Mais au moins, j'étais échangé.

Je ne connaissais absolument rien d'Edmonton ni de Winnipeg. J'ai appelé Gus pour lui demander conseil: «Choisis Edmonton», m'a-t-il dit. Il m'a expliqué que, grâce au pétrole, c'était une ville en plein essor, avec une équipe qui avait attiré les plus grosses foules de l'AMH l'année précédente. Et pour la LNH — qui comptait accueillir bientôt quelques équipes de l'AMH dans ses rangs — deux choses comptaient vraiment: le stade et les assistances. J'ai donc choisi Edmonton.

Vous auriez dû voir la tête de Peter et d'Eddie quand Whitey Stapleton, notre entraîneur, leur annonça qu'ils avaient deux heures pour se rendre à l'aéroport.

«Vous avez été échangés.

— Échangés? Mais où?

— Je n'en ai aucune idée.»

Encore une fois, je me retrouvais dans l'avion de Skalbania sans connaître sa destination. Edmonton ou Winnipeg? Je n'aurais pas aimé être un de ses pilotes.

À bien y penser, ce n'était pas commode non plus d'être un de ses passagers. Arrivé à une certaine altitude, le pilote se tourna vers nous et dit: «O.K. les gars, qui est-ce qui paye pour le vol?»

Heureusement, Eddie avait une carte de crédit! Il la tendit à contrecœur au pilote. L'envolée coûtait 4000 dollars et sa limite de crédit était de 600 dollars, mais la facture a été réglée.

Enfin, ce fut officiel: nous étions échangés à Edmonton. J'ai su plus tard que Skalbania avait proposé à Michael Gobuty, le propriétaire des Jets, de jouer mon contrat au backgammon! Si Gotuby avait gagné, j'aurais joué à Winnipeg. S'il avait perdu, Skalbania aurait empoché une bonne partie des actions des Jets. Gotuby n'a pas osé accepter le marché, mais il a probablement eu tort: Skalbania n'était pas très fort au backgammon.

Lorsque nous avons atterri à Edmonton, j'avais pour tout bagage mon équipement de hockey, les vêtements que je portais sur moi, une paire de pantalon de rechange et ma brosse à dents. Bienvenue dans les grandes ligues! Il n'y avait personne pour nous accueillir à l'aéroport: pas de journalistes, pas de représentant des Oilers — personne. Nous nous étions trompés d'aéroport! Il a fallu remonter dans l'avion. Nous sommes finalement arrivés au bon aéroport et à la bonne conférence de presse complètement affamés. Nos réponses devaient être difficiles à comprendre: nous avions la bouche pleine de hors-d'œuvre!

Le lendemain matin, Glen Sather, l'instructeur-chef, m'a fait venir dans son bureau. Il m'a offert de m'héberger chez lui le temps que je m'installe. C'était vraiment très gentil de sa part. J'ai habité chez lui pendant environ trois semaines. Glen m'a dit aussi quelque chose qui m'a fait très plaisir: «Un jour, on fera partie de la LNH et tu seras capitaine de cette équipe. Souviens-toi de ça.»

Ça me paraissait un peu difficile à croire. J'avais 17 ans et le plus jeune de l'équipe après moi, Dave Hunter, avait 20 ans. La plupart des autres gars étaient beaucoup plus vieux. Je me souviens d'un séminaire de trois jours organisé par Peter Pocklington peu de temps après mon arrivée. Au programme: comment élever les enfants et comment gérer son argent. Au bout des trois jours, j'ai pensé: «Parfait. Dès que j'aurai le droit de vote, je me préoccuperai de l'éducation de mes enfants et du budget de ma famille...»

Le plus drôle c'est que Pocklington m'avait fait signer un contrat alors qu'il ne m'avait jamais vu jouer. Le jour de mes 18 ans — c'était au mois de janvier 1979 — il a apporté un énorme gâteau en forme de 99 au beau milieu de la glace. Il avait aussi avec lui un nouveau contrat: trois millions de dollars pour les 10 prochaines années, plus une option jusqu'en... 1999. Comme mon numéro!

Je n'arrivais pas à me décider. 1999? C'était dans 20 ans! Gus me conseillait d'accepter, ne serait-ce que pour me protéger en cas de blessure sérieuse. Je pouvais difficilement le contredire là-dessus. J'ai demandé l'avis de Ace Bailey, mon compagnon de chambre.

«Si tu as des doutes, ne signe pas.

— Mais il le faut. Ils organisent une cérémonie ce soir avec tout le tralala.

— Alors signe Bob Smith.»

Le moment fatidique est finalement arrivé. J'étais accompagné de Peter et de mes parents; toutes les caméras de télévision étaient braquées sur moi. J'ai commencé à tracer le B de Bob mais, au dernier moment, j'ai changé d'idée. Cela a donné un très curieux W! Pour ce qui est du gâteau, je n'ai jamais su ce qu'il y avait dedans. Les gars l'avaient amené au vestiaire et un des joueurs s'était assis dessus. Nous formions une équipe très sentimentale!

Ace m'a appris un tas de choses. Il avait 33 ans, était marié et père d'un garçon — Todd —, mais il m'a pris sous son aile et nous sommes devenus les meilleurs amis du monde. Il m'a d'abord conseillé de me munir d'un deuxième trousseau de clés pour ma voiture. Comme ça je pouvais laisser tourner le moteur de mon auto pendant que je jouais une partie. Il fait *vraiment* très froid à Edmonton.

Je faisais un jour ma sieste d'avant-match à l'hôtel, quand Ace m'a réveillé brusquement: «Gretz! GRETZ! Il est près de sept heures!» Nous étions «passés tout droit» et la partie était à 7 h 30! J'étais complètement paniqué. Une recrue ne pouvait tout simplement pas se permettre de tels écarts de conduite. «Vas-y, toi, me dit-il. Je ne leur manquerai pas beaucoup.»

Il m'a aidé à m'habiller, m'a traîné hors de l'hôtel et m'a poussé dans un taxi. Je suis arrivé une minute avant que ne commence la séance de patinage d'avant-match. Ça avait marché pour moi mais que faisait Ace? Quarante-cinq minutes plus tard, toujours aucun signe de vie. De retour au vestiaire, j'ai vu Ace, en sueur, l'équipement sur le dos.

«Ace, je ne t'ai pas vu sur la patinoire. Où étais-tu?»

Il m'a fait signe de m'approcher et il m'a soufflé à l'oreille: «Ça fait cinq minutes que je suis là. J'ai mis mon équipement et j'ai pris une douche: comme ça, je suis tout mouillé. Ils ne se sont rendu compte de rien!»

Ace avait une solution à tous les problèmes. Un jour — je crois que c'était contre Winnipeg — j'étais accroché et retenu sans arrêt par mon couvreur, une véritable sangsue. Je n'arrivais pas à m'en débarrasser. Ace m'a dit: «Je vais m'occuper de lui. Organise-toi pour l'attirer vers notre banc.»

Parfait! J'ai saisi la rondelle, j'ai attiré le gars vers le banc et j'ai aussitôt entendu un coup de sifflet. Je me suis retourné et j'ai vu le pauvre type étendu de tout son long, aussi sonné qu'une cloche! Ace, debout au banc, l'avait assommé d'un coup de bâton! Tout le monde s'est retourné pour voir qui avait fait ça. Ace pointait son doigt vers les estrades et criait au meurtre: «Faites quelque chose! Vite! Quelqu'un a lancé un objet des gradins. Expulsez-le!» Sacré Ace!

L'organisation des Oilers lui avait déniché une maison et il l'avait louée sans même l'avoir vue. Le soir du déménagement, après avoir bu quelques bières avec les copains, il s'est rendu à sa nouvelle demeure et a essayé d'ouvrir, mais la clé ne rentrait pas dans la serrure. Il a alors entrepris d'enfoncer la porte du garage pendant que Bill «Cow-boy» Flett tentait d'entrer par un puits de lumière sur le toit. C'est à ce moment-

là que les flics sont arrivés. Ace s'était trompé de maison!
Cette maison-là appartenait à un vieux couple de retraités qui
ont été retrouvés blottis l'un contre l'autre au milieu du salon,
complètement terrorisés!

Mais Ace n'était pas le seul bon côté de l'AMH. J'ai tout de
suite été convaincu que j'y serais à l'aise. Le jeu était plus
rapide — j'aimais ça — et surtout beaucoup plus propre que
dans le junior — j'*adorais* ça. Je ne pesais que 155 livres: un
coup sournois aurait suffi à m'expédier à Brantford.

Je me souviens d'une partie contre les Stingers de Cincinnati. Ça a été mon match le plus important cette année-là. J'ai
d'abord été directement responsable d'un but des Stingers et
Sather m'a cloué au banc. On ne m'avait pas fait ça depuis
l'âge de six ans! J'étais furieux, contre lui et contre moi-même.
Il s'est finalement décidé à me faire jouer en troisième
période. J'ai compté trois buts et on a fini par remporter le
match 5-2. Sather m'a confié plus tard qu'il considérait que ce
match avait été le point tournant de ma carrière. «Tu aurais
pu bouder, m'a-t-il dit, mais au lieu de ça tu es revenu plus
fort.» Personnellement, j'étais persuadé que ma carrière irait
très bien. Si j'avais compté ces trois buts, c'était pour que
Sather ait l'air idiot. Mais de toute façon, Sather avait gagné
son pari.

C'était la première fois que Sather exerçait une quelconque pression sur moi. Jusque-là, il m'avait très bien traité.
Autant lui que Anne, sa femme, faisaient tout ce qu'ils pouvaient pour m'être agréables. Anne préparait même mes
repas quand j'habitais chez eux. C'est une personne char-
mante et nos relations ont toujours été excellentes quand
j'étais à Edmonton. J'aimais aussi beaucoup Glen. En toutes
circonstances, il gardait son calme et sa désinvolture. Plus
l'enjeu d'une partie était grand, plus il gardait son sang-froid.
On le retrouvait dans le fond du vestiaire à astiquer ses souliers ou à recoudre les revers de ses pantalons. Glen était —
et de loin — le meilleur couturier de l'AMH! Il nous disait toujours: «Hé! Tu as un petit accroc à ta manche. Viens dans mon
bureau et nous allons arranger ça tout de suite!»

C'était un homme qui paraissait ne jamais transpirer. Même quand on jouait à Boston — là où le vestiaire est un véritable sauna — il restait assis, imperturbable, la cravate nouée et la veste boutonnée, avec son éternel gobelet de café à la main. En fait, il ne rougissait que lorsqu'un joueur abîmait ses souliers avec la lame d'un patin. Là, il devenait écarlate: «Hé! C'était des souliers flambant neufs!»

Sather savait rendre les choses amusantes. Nous avions établi un petit rituel d'avant-match. Glen commençait par annoncer l'alignement partant de l'équipe adverse. On se réunissait autour de lui et après chaque nom on criait «Chou!» ou bien «Salaud!» ou encore «Pourri!» Ensuite, il annonçait notre alignement. C'était alors un concert de «Bravo!», «Hourra!», «C'est le meilleur!» Ça peut paraître enfantin, mais que voulez-vous... Ça marchait!

J'ai bien vite appris que derrière cette façade de bon gars il y avait un homme qui ne supportait pas de perdre. À ses yeux, la défaite était impardonnable — que l'on ait bien ou mal joué. Quand on perdait à l'étranger, à notre visite suivante on changeait d'hôtel. Quand j'y repense, on a dû essayer tous les hôtels de Boston, parce qu'on ne gagnait pas souvent là-bas...

Son esprit de compétition lui faisait parfois commettre des gaffes. Ainsi, comme il aimait bien piquer ses adversaires, il criait à Marcel Dionne: «Dionne! Tu n'as plus de souffle!» Dionne devenait tellement enragé qu'il nous battait ensuite à lui tout seul.

À l'étranger, Sather aimait bien engueuler les spectateurs. Je ne me rappelle pas d'une partie où il n'a pas été impliqué dans un incident avec la foule. Comme il se tenait toujours debout sur le banc, les amateurs lui hurlaient de s'asseoir. «Va te faire...» Sather, bien sûr, leur répondait et en moins de temps qu'il ne faut pour le dire, des spectateurs grimpaient à la baie vitrée pour venir s'en prendre à lui.

Cette année-là nous avons gagné plus que notre part de parties, nous nous sommes même rendus jusqu'à la finale de la coupe Avco. Pas un grand exploit si l'on songe qu'il n'y avait que six clubs! Quoi qu'il en soit, la série finale qui nous opposait à Winnipeg nous a permis de découvrir une nouvelle facette de Pocklington. Peter a annoncé qu'il offrait à chacun de nous un laissez-passer (pour une personne) valide dans n'importe quel Club Med du monde. Sa façon de nous remercier d'avoir atteint la série finale. Nous tirions de l'arrière trois parties contre deux et juste avant le sixième match, il est arrivé dans le vestiaire avec une boîte dans les bras. Tout le monde pensait: Ah! Voilà les billets!

Pas du tout. Pocklington a sorti de sa boîte d'horribles maillots de bain bon marché et des bouteilles de Coppertone! Nous n'en croyions pas nos yeux! J'imagine que c'est tout ce qu'il avait trouvé pour nous motiver: nous rappeler sa promesse de vacances au Club Med! Après qu'il soit sorti du vestiaire, nous avons tellement ri que nous en avions mal au ventre. L'incident nous avait mis dans un tel état qu'on a joué notre pire partie de l'année. Les Jets ont marqué quatre buts en autant de lancers et à partir de là, c'en était fait de nous. Ça valait mieux comme ça parce que je ne voulais surtout pas voir Ace dans un de ces maillots de bain! Évidemment, on n'a jamais eu les fameux billets.

De toute façon, on n'avait que faire des petits cadeaux de Peter. Nous étions des joueurs de hockey et nous étions payés pour ça. Que demander de plus? On avait eu un plaisir fou, j'avais compté 43 buts et amassé 104 points, et j'avais été choisi recrue de l'année. Malgré tout, un peu partout dans la ligue, on s'obstinait à attribuer mes succès à la chance. Un journaliste a même écrit: «Bien sûr, il se débrouille bien dans les "ligues de garage", mais qu'est-ce qu'il va faire dans la LNH?»

Ça, il n'allait pas tarder à le découvrir...

CHAPITRE 3

Un miracle à Montréal

Gus avait vu juste. La LNH nous a accueillis dans ses rangs dès la saison suivante, en même temps que Québec, Winnipeg et Hartford. Adieu rondelles orange, bonjour LNH!

Une seule chose m'embêtait: pour la cinquième saison consécutive, j'allais être une recrue — d'abord dans le junior B, ensuite le junior A, l'OHA, l'AMH et maintenant la LNH. Ça faisait beaucoup d'initiations en peu de temps! Beaucoup trop. On m'avait déjà rasé les sourcils (ma logeuse avait dû m'en dessiner en attendant qu'ils repoussent — quatre semaines!), je m'étais réveillé dans des avions avec de la crème à raser plein les cheveux (la tradition voulait que tout le monde fasse comme si de rien n'était; comme ça vous aviez droit à un maximum de regards stupéfaits quand vous vous rendiez chercher vos bagages), on m'avait volé mes souliers pendant des envolées (j'ai dû un jour traverser l'aéroport de Montréal en entier sans mes chaussures), et plein d'autres taquineries très «matures».

Et pourtant, je me considère chanceux. Je me suis toujours débrouillé pour éviter le pire: le Grand Rasage.

La cérémonie du Grand Rasage consistait à attacher le gars et à lui raser le, hum! le... vous-savez-quoi! Le pire c'est qu'ils ne faisaient pas subir ça qu'aux joueurs; un jour, Ace et «Cow-boy» Flett ont même fait le coup à un journaliste!

49

La victime était le regretté Paul Rimstead, du *Toronto Sun*. Ace et Cow-boy avaient réussi à le convaincre qu'ils avaient besoin de lui pour être juge d'un pari. Cow-boy lui avait dit qu'il avait parié qu'il pouvait soulever trois personnes, soit environ 600 livres, installées dans un grand drap. Très vite, les paris ont commencé à fuser de partout. Ace dit à Rimstead: «On a besoin de trois gars là-dedans. Grimpe!» Ils ont alors installé Rimstead, Peter Driscoll et Dave Semenko dans le drap, tous trois dûment déshabillés et pesés. Quand ils se sont mis à attacher les mains de tout ce beau monde, Rimstead a commencé à s'inquiéter.

«Pourquoi faites-vous ça? a-t-il demandé.

— Pour stabiliser le poids», a répondu Ace.

Dès que les mains de Rimstead ont été attachées, Semenko et Peter ont bondi hors du drap. Rimstead a compris que c'était un coup monté. L'heure du Grand Rasage avait sonné!

Le lendemain soir, environ une demi-heure avant la partie, Rimstead est apparu dans le vestiaire, muni d'une tronçonneuse! Le vacarme était assourdissant et Rimstead avait l'air de Freddy Kruger! Il s'est dirigé vers nos bâtons et il les a tous sciés en deux. Soixante bâtons! Cet incident resté dans les annales a été baptisé le «Massacre à la scie d'Edmonton».

Nous, les jeunes, avions décidé d'essayer d'éviter à tout prix ce genre d'incidents. Pour que l'équipe progresse, il fallait que tous, jeunes et vétérans, soient sur un pied d'égalité. Sauf qu'on n'est pas sur un pied d'égalité quand on doit sans cesse se méfier d'un éventuel rasage...

Le futur de l'équipe s'annonçait bien. La première ronde du repêchage de 1979 nous avait valu notre meilleur défenseur, Kevin Lowe, et nous avions obtenu l'excellent Mark Messier au troisième tour. Ce qu'il y a d'ironique, c'est que Skalbania avait utilisé l'argent qu'il avait empoché en vendant mon contrat pour acheter celui de Messier du Cincinnati. Le monde est petit. Messier avait connu une mauvaise saison à Indianapolis (lui, au moins, ils l'ont gardé un an!) et ils nous l'ont cédé. Les partisans des Oilers devraient envoyer chaque année des cadeaux à la ville d'Indianapolis pour sa contribution à l'essor du hockey à Edmonton!

Kevin et Messier sont devenus mes meilleurs amis. J'ai même partagé un appartement avec Kevin, qui était d'ailleurs un grand cuisinier: fondues, rôtis, lasagnes et gâteaux au fromage n'avaient pas de secrets pour lui.

La première fois que j'ai vu Messier patiner, je me suis dit: «Mon Dieu, comment ont-ils fait pour repêcher 47 gars avant lui?» «Moose», comme tout le monde l'appelait à l'époque, a un esprit fort. Il est aussi un compétiteur incroyable. Un jour, Jamie Macoun, du Calgary, lui a donné un coup salaud. Messier n'a pas oublié. Il a attendu la période suivante et dès qu'il a eu sa chance, il l'a écrasé dans la bande. Macoun était aplati comme une galette! Mais Messier n'avait pas terminé. Il lui est tombé dessus et il lui a brisé la mâchoire à coups de poings, ce qui a valu à Macoun un mois de repos forcé. Car Messier était ainsi fait! C'était en plein le genre de joueur que Sather aimait. C'était en fait son joueur favori parce qu'il retrouvait en lui le feu sacré qui l'avait lui-même caractérisé avec, en prime, cent fois plus de talent.

Si Messier est un véritable monstre sur la glace, dans la vie c'est un doux et le gars le plus généreux que je connaisse: non seulement il vous donnerait sa chemise, mais aussi ses chaussures, sa voiture et sa maison. Le père de Mark a déjà joué au hockey professionnel avec les Buckaroos de Portland. Messier avait été nommé «préposé à l'équipement». Je l'imagine, à sept ans, en train de crier: «Allez les gars! On va l'avoir!»

Sur la patinoire, tout ce qui l'intéresse c'est la victoire. À mes yeux, Mark illustre parfaitement la différence entre le joueur de hockey et le joueur de base-ball. Le hockeyeur veut remporter des championnats. Le joueur de base-ball, lui, rêve du jour où il sera élu au Temple de la renommée. Oubliez le Temple de la renommée; ce que Messier veut, lui, c'est la Coupe Stanley.

Même si on savait bien que l'on perdrait plus que notre part de parties, on sentait que ce morceau de charbon-là était à la veille de se changer en diamant. On débordait de talent. Mes ailiers étaient B.J. MacDonald et Brett Callighen. Nous avions Dave Hunter, le meilleur couvreur au monde, et Dave Semenko, le meilleur bagarreur au monde, qui pouvait aussi se débrouiller très honnêtement à l'aile. Nous comptions sur un groupe de vétérans aguerris: Ace et Cowboy Flett, Dave Dryden (le grand frère de Ken et ancien récipiendaire du trophée remis au joueur le plus utile à son équipe dans l'AMH), Paul Popiel, Ron Low et Lee Fogolin. Une bande de gars qui connaissaient tous les trucs du métier et qui tentaient de nous les apprendre. C'est mon vieil ami d'Indianapolis, Eddie Mio, qui était notre gardien de but. Dans cette véritable marmite à pression qu'était Edmonton, de solides amitiés se nouaient. Le hockey n'était pas qu'un travail pour nous, c'était une passion que nous vivions ensemble. Eddie et moi sommes devenus de très grands amis. Il a d'ailleurs été garçon d'honneur à mon mariage.

Notre rêve était enfin exaucé: nous étions dans la LNH. Je me souviens de la veille de notre première partie à Chicago. Messier et moi étions assis dans notre chambre d'hôtel. Nous nous regardions et répétions: «Ça y est! Nous sommes dans la LNH!» Nous avions tous les deux 18 ans. Kevin, lui, était bien plus vieux: il en avait 19.

Nous étions très nerveux à l'idée de nous retrouver dans la GRANDE ligue mais, heureusement, j'ai été réconforté de constater qu'on écrivait toujours les mêmes insanités sur moi. Dans une revue que j'avais ramassée, on pouvait lire: «Gretzky peut bien avoir été troisième compteur dans l'AMH, il ne réussira jamais ça dans la LNH.» J'ai jeté la revue à l'autre bout du vestiaire et me suis juré de finir au troisième rang des compteurs cette année-là! Je savais que je n'étais ni Dieu ni Jésus — je réservais ces noms-là à Marcel Dionne et à Guy Lafleur! — mais je savais aussi que j'étais aussi bon que n'importe qui. En tout cas, c'est ce que je me répétais tous les jours.

Notre première partie s'est soldée par une défaite et j'ai dû attendre jusqu'à notre cinquième match pour enfiler mon premier but. C'était contre Glen Hanlon, de Vancouver. J'avais raté mon tir et la rondelle s'était faufilée à travers ses jambières. Pas trop glorieux! Mais d'un autre côté, pour les statistiques, c'était aussi bon que si j'avais compté le plus beau but du siècle, non?

Ça a été une année de misère. J'avais une amygdalite tenace. Je faisais de la fièvre, j'avais très mal à la gorge et je ne pouvais pas parler. Un soir, à Saint Louis, j'ai même dû être hospitalisé. Il aurait fallu que je me fasse opérer mais je ne pouvais me résoudre à manquer une partie. Alors je me maintenais en suçant des pastilles pour la gorge, en prenant de l'aspirine et de la pénicilline.

Parfois, nous jouions vraiment bien. Nous avons même battu les Canadiens 9-1! À la pause du Match des étoiles, j'avais atteint ma vitesse de croisière. Un soir, j'ai récolté sept points et si Al Hamilton n'avait pas raté un but, j'aurais pu égaler le record de huit points en un match par une recrue! J'ai été nommé sur la deuxième équipe d'étoiles. J'étais tout excité! Tellement que j'ai même songé à apporter un appareil photo à la partie. Je me disais: «C'est peut-être la dernière fois que tu es invité...»

Après 50 parties, j'avais compté 28 buts et amassé 50 passes. Avec 18 parties à jouer, j'étais à 20 points de Marcel Dionne et de Guy Lafleur qui partageaient le premier rang.

J'ai dit à mon père: «Papa, tu vas penser que je suis fou, mais je crois que je peux les rattraper.»

Il m'a répondu: «Tu as raison. Je pense que tu es fou.»

Mais non, je n'étais pas fou! Le 2 avril, à l'âge de 19 ans et deux mois, je suis devenu le plus jeune joueur de l'histoire de la LNH à compter 50 buts. Alors qu'il ne restait plus que trois parties au calendrier, j'ai récolté deux buts et quatre passes à Toronto et j'ai réussi à rejoindre Marcel Dionne au premier rang avec 133 points. Le pire, c'est que j'ai manqué ce soir-là un but certain alors qu'il ne restait que quelques secondes dans le match. J'avais déjoué tout le monde, j'avais même réussi à faire coucher le gardien, tout ce qu'il restait à faire c'était de loger la rondelle dans le filet. Au lieu de ça, j'ai expédié le disque par-dessus la baie vitrée! Mon père me disait toujours: «Soulève la rondelle!» Mais celle-là, je l'ai envoyée directement dans le pigeonnier! Si j'avais réussi ce but-là, j'aurais remporté le championnat des pointeurs. Mais ça, je l'ai su plus tard.

Notre saison était terminée — nous avions réussi de justesse à nous tailler une place dans les séries en gagnant ou en annulant 9 de nos 10 dernières rencontres — et nous étions tous sortis pour fêter ça. Marcel jouait son dernier match ce soir-là mais comme c'était à Los Angeles, les résultats ne pourraient nous parvenir que plus tard. Finalement, incapable d'attendre plus longtemps, j'ai bondi hors de mon siège et j'ai décidé d'appeler là-bas. Marcel avait réussi assez de points pour me rejoindre en tête.

J'étais un peu déprimé mais j'ai tenté de ne pas le laisser paraître. C'est alors que les dirigeants du circuit ont annoncé qu'ils remettaient le trophé Art Ross à Marcel sous prétexte qu'il avait totalisé plus de buts que moi. Je n'étais pas au courant de cette règle et je ne la trouvais pas juste non plus. Après m'être fait répéter mille fois qu'«une passe est aussi importante qu'un but», c'était difficile à admettre.

J'ai beaucoup apprécié la réaction de Marcel. Il a dit qu'il polirait le trophée parce qu'il était convaincu que je le remporterais très souvent à l'avenir.

Marcel se fendrait en quatre pour aider la Ligue, mais il peut être extrêmement rancunier. Il a pris sa retraite depuis des années mais il en veut encore aux Kings de l'avoir échangé aux Rangers à la fin de sa carrière. Il refuse la permission aux Kings de donner une soirée en son honneur parce qu'il croit que ça ne ferait que les aider à vendre des billets!

Même si j'ai gagné le trophée Art Ross à neuf reprises, je crois toujours que cette règle devrait être changée pour que soit récompensé le jeu d'ensemble. À mon avis, les meilleurs joueurs de hockey sont ceux qui parviennent à faire bien paraître leurs coéquipiers, ceux qui font gagner leur équipe. Nous étions tous de fins marqueurs à nos années junior. Mais pour moi, un vrai professionnel, un gagnant, c'est celui qui pense «eux» plutôt que «moi». J'espère qu'on se souviendra de moi comme d'un gars qui a d'abord pensé à ses coéquipiers avant de penser à lui-même.

La meilleure solution serait de créer un trophée Gordie-Howe pour celui qui compterait le plus de buts en une saison. Qu'on donne le Art Ross au champion pointeur; en cas d'égalité, qu'on y grave les deux noms.

Cette même année, la Ligue a aussi annoncé que je ne pourrais gagner le trophée Calder remis à la recrue de l'année. On a décrété que ma saison dans l'AMH comptait pour une année de hockey professionnel même si on refusait de comptabiliser les points que j'y avais récoltés dans mes statistiques professionnelles. Ça illustre bien l'estime qu'avait à l'époque la LNH pour l'AMH.

Ils m'ont donné le Lady Bing, le trophée remis au joueur le plus «gentilhomme» du circuit. Il y a des gars qui auraient préféré recevoir une caisse de rouge à lèvres, mais moi j'en étais fier. Il y avait beaucoup de grands noms sur ce trophée: Marcel Dionne, Gilbert Perreault, Stan Mikita, Bobby Hull... Mais, surtout, cet honneur était important pour moi parce que je savais qu'il était important aux yeux de mes parents. Je pense que ça leur prouvait qu'ils avaient réussi à inculquer à leur fils un certain esprit sportif.

C'est alors que, sans que je ne m'y attende le moins du monde, j'ai reçu un appel qui m'informait que j'avais remporté le trophée Hart, remis au joueur le plus utile à son équipe. Personne n'en revenait, mais moi encore moins que les autres! Je n'arrivais pas à y croire. Je pense que je suis la seule «recrue» à l'avoir jamais gagné, même si ça ne semble vrai que pour Wally et moi. Le fait d'avoir reçu ce trophée à ma première année professionnelle représente une des choses dont je suis le plus fier, encore aujourd'hui. Et ça m'a aidé à oublier certaines petites injustices...

Évidemment, tout cela ne suffisait pas à faire taire certains critiques particulièrement acharnés. Un journaliste a écrit: «Oh, bien sûr il compte beaucoup de buts. Mais il n'en compterait jamais autant s'il jouait pour une équipe gagnante.»

C'est alors que Sather est venu à ma rescousse: «Foutaise! Quand vous jouez pour une équipe perdante, vous avez moins de gars capables de vous aider. Gretzky n'a pas la chance d'avoir un Bobby Orr pour lui passer la rondelle!» Merci Glen.

De toute façon, j'étais persuadé que les Oilers ne seraient pas longtemps une équipe perdante. Évidemment, si vous consultez les statitisques, vous constaterez que cette saison-là nous avons été balayés par les Flyers de Philadelphie dès la première ronde des éliminatoires. Mais les Flyers formaient la meilleure équipe de la Ligue et nous leur avons livré une chaude lutte. Les deux premières parties ont été très serrées et nous avons perdu la troisième en surtemps. Bobby Clarke, un vrai tueur sur patins, nous a causé bien des ennuis, mais après coup, il a déclaré: «Vous allez entendre parler de ces Oilers pendant très longtemps.»

Moi, j'étais convaincu qu'on entendrait parler de nous dès la saison suivante. Cette année-là, nous avons eu le meilleur repêchage de l'histoire de la Ligue. Au premier rang, nous avons choisi Paul Coffey puis, au second tour, Jari Kurri, un Finlandais qui devait devenir un des meilleurs ailiers droits de l'histoire du hockey. Glenn Anderson, la machine à compter des buts, arriva au troisième tour et le gardien Andy Moog au septième. Comment les autres équipes avaient-elles pu laisser passer ces gars-là?

Nous avons entrepris la saison 1980-1981 en lions. L'entraîneur a décidé de faire jouer Semenko sur mon trio. Il avait des ailes! Je me souviens qu'il a déjà compté six buts en sept parties consécutives! Semenko, bien sûr, faisait comme si ça lui arrivait tout le temps. Un soir qu'il avait compté deux buts, l'équipe adverse a retiré son gardien. Il s'est retourné vers Sather et lui a dit: «Ne me fais pas jouer, Coach; si j'en compte un autre, je vais avoir un tour du chapeau et ils vont m'en réclamer un autre demain soir...»

À la mi-saison, j'étais encore une fois ex aequo avec Dionne en tête des compteurs et on lui a remis — à lui seul — les 500 dollars de récompense. Toujours sur la même base: il avait plus de buts. Mais je ne m'en faisais pas à l'époque et je ne m'en fais toujours pas. Les passes: voilà ma marque de commerce. Je suis un fabricant de jeu. J'ai autant de frissons après avoir fourni une passe qu'après avoir marqué un but. Cette année-là, dans la même semaine, j'ai battu le record d'aides qui appartenait à Bobby Orr (102) et le record de points que détenait Phil Esposito (152). J'ai connu une excellente deuxième moitié de saison. J'ai obtenu 34 buts au cours de mes 40 dernières parties, dont une soirée de cinq buts et deux passes contre Mike Liut du Saint Louis. J'ai égalé le record de 152 points d'Esposito à 1 min 52 du début de la période et il était exactement 1 h 52 à Edmonton. Mon père et moi avons apprécié cette petite coïncidence.

En attendant, les équipes adverses continuaient à agir comme si ma chance allait bien finir par tourner un jour. Personne pour me couvrir, personne pour me harceler. C'était le bon temps!

1980 fut aussi l'année où les Américains ont battu les Soviétiques aux Olympiques de Lake Placid. Je pense que c'est ce qui est arrivé de meilleur au hockey ces 20 dernières années. Les gens continuent de s'interroger sur cette victoire surprise, mais pas moi. Les Américains ont joué comme des héros, les grandes vedettes soviétiques ont déçu et les Russes ont commis une grande erreur. À la première période, ils ont retiré celui qui a peut-être été le plus grand gardien de but de l'histoire du hockey, Vladislav Tretiak.

Ça m'a d'ailleurs désolé de voir qu'on lui réservait un tel sort. Tretiak et moi sommes bons amis. C'est un homme chaleureux et drôle. Chaque fois qu'il venait aux États-Unis, il me disait: «Wayne, trouvez-moi du travail comme footballeur américain.»

À chaque fois, il m'entraînait à un match de football. Il était fasciné par les arrières de la NFL et il était persuadé qu'il avait le gabarit et le talent nécessaires pour jouer dans cette ligue. Le gabarit, ça je lui accorde; mais le talent? Permettez-moi d'en douter.

Être le plus grand athlète d'Union soviétique ne lui suffisait-il pas? Un jour nous sommes allés tourner un documentaire là-bas, mon père, ma famille, Charlie Henry — un ami de la famille — et moi. Je n'arrivais pas à croire à quel point ce gars-là était populaire. Il ne pouvait faire trois pas dans la rue sans être reconnu. Sauf que quand nous sommes arrivés chez lui, nous avons constaté que l'appartement du grand homme, du héros du peuple, avait les dimensions d'une suite d'hôtel moyenne. C'était décoré avec goût, mais c'était vraiment petit.

Mais il était fier de sa maison. On pouvait y admirer ses médailles d'or et toutes sortes de bibelots de cristal qu'il avait soigneusement exposés derrière une vitrine. En Union soviétique, plus vous êtes célèbre, plus vous récoltez de bibelots de cristal... Il n'avait qu'une petite voiture mais il la conduisait comme s'il avait été Mario Andretti! Quand j'étais en auto avec lui, je fermais les yeux et je priais le bon Dieu! Si Vlad conduisait dans une zone de 35, il poussait allègrement jusqu'à 70! Et à chaque coin de rue, les soldats se contentaient de le saluer. Les héros ont quand même certains privilèges!

Pour en revenir à Lake Placid, j'étais vraiment très heureux pour les gars de l'équipe américaine. Mais Jim Craig, le gardien, n'avait plus les pieds sur terre depuis sa victoire olympique. Il a fait son entrée dans la LNH l'année suivante avec les Flames d'Atlanta. Je me souviens d'un match où il m'a dit: «Hé, Gretzky, mon (...), pour qui tu te prends au juste?»

Je ne lui ai pas répondu un mot, j'ai plutôt laissé ce soin à mon bâton. Si je me souviens bien, pendant les 30 minutes suivantes, j'ai récolté deux aides et marqué deux buts — ah oui, dont le but de la victoire. Je pense que Jim a appris par la suite que, dans la LNH, les actes pèsent plus lourd que les mots...

Nous avons terminé la saison 1980-1981 en quatorzième position; pour célébrer dignement l'événement, nous étions allés à un spectacle de Billy Joel. (Pendant une chanson, Billy a même revêtu un de mes chandails!) En plein milieu du concert, quelqu'un est venu nous trouver: «Hé les gars, vous

commencez les séries contre Montréal!» Montréal! Le Forum!
Les quatre Coupes Stanley consécutives de la fin des années
1970! Soudainement, le spectacle avait perdu beaucoup de
son intérêt...

Je me revois encore assis dans le vestiaire des visiteurs
avant la première partie au Forum, le temple du hockey. Je
revois le vieux tapis bleu et le vieux banc de bois. Il y avait
une vieille table au centre de la pièce et je me suis mis à
rêver à tous les grands joueurs qui s'étaient étendus là, souf-
frant — physiquement et moralement — après avoir subi la
défaite contre les Canadiens. Mais Doc, le préposé au vestiaire des équipes visiteuses, avait l'air encore plus vieux que
le Forum lui-même. Il portait toujours un blouson ou une cas-
quette aux couleurs de l'équipe qui vous avait précédé, peut-
être pour vous rappeler subtilement de lui laisser un petit
souvenir...

Assis dans le vestiaire, nous étions intimidés. En dépit du
long couloir et des deux ou trois portes qui nous séparaient
de la patinoire, nous parvenions à entendre les cris de la
foule. Nous avions des frissons. Nous nous sentions comme
les chrétiens qu'on allait livrer en pâture aux lions. Personne
ne nous prenait au sérieux. Nous étions les laissés-pour-
compte de l'AMH. Les Canadiens présentaient une fiche de
23-6 à leurs 29 dernières parties d'après-saison au Forum.
Lafleur était en forme et il était prêt. Richard Sévigny, le gardien de but, avait lancé son désormais célèbre: «Lafleur va
mettre Gretzky dans sa petite poche!» En plus, Sather avait
décidé de faire jouer Andy Moog, un illustre inconnu qui
n'avait pu faire mieux que de compiler une fiche de 14-13 à
Wichita la saison précédente.

Sather a joué son rôle de psychologue à la perfection. La
semaine durant, il a multiplié les déclarations du genre: «C'est
vraiment David contre Goliath!» ou «On n'a aucune chance,
mais ça sera une expérience formidable pour l'équipe.» Du
coup, la pression s'est envolée. Selon Sather, de toute façon,
on sortait gagnant: si on remportait la victoire, tant mieux; si
on perdait, l'expérience serait un acquis fantastique.

En plus, les gars semblaient donner toujours un petit effort supplémentaire contre Montréal. Et spécialement Kevin Lowe. Si Kevin jouait toujours très bien, contre les Canadiens il était franchement extraordinaire. Ça tenait peut-être au fait qu'il aimait jouer devant les siens. L'équipe tout entière jouait bien au Forum. Tellement bien que le lendemain, à Québec, on était encore sur notre erre d'aller et on se faisait battre régulièrement... Sather décida de remédier à la situation en changeant notre calendrier: il se débrouilla pour faire en sorte qu'on commence par affronter Québec avant de se mesurer aux Canadiens. Tout ça pour vous montrer à quel point il commençait à établir son pouvoir: normalement, ce ne sont pas les entraîneurs qui décident du calendrier de leur équipe. Mais il faut croire que Sather savait s'y prendre...

Toujours est-il que, contre toute attente, nous avons balayé notre série contre les Canadiens. Certains ont avancé que ça a été la plus grande surprise de toute l'histoire des séries de la Coupe Stanley et je suis bien prêt à le croire. Dès la première partie, j'ai établi un record des séries en récoltant cinq passes. Nous les avons battus 6-3 et après le sixième but, je me suis approché de leur filet et j'ai tapoté une «petite poche arrière» imaginaire en l'honneur de M. Sévigny...

Pendant la seconde partie, toujours à Montréal, Andy Moog a littéralement volé Guy Lafleur au moins trois fois. C'était vraiment de la grande escroquerie! Nous les avons encore battus — 3-1 — et cette fois, même les partisans montréalais se sont mis à applaudir. Nous avions réussi à remporter nos deux rencontres à Montréal! Jamais personne n'y avait même rêvé.

On les a achevés à Edmonton, avec un compte de 6-2. J'ai récolté trois buts et une passe, et Moog a joué la partie de sa vie. C'est alors qu'on a réalisé que notre récompense pour avoir gagné cette série historique serait d'affronter les champions défendants de la Coupe Stanley: les Islanders de New York.

Étions-nous effrayés? Nous étions pétrifiés. Allions-nous le laisser paraître? Pas question. On chantait sur le banc!

L'équipe au grand complet scandait: «Allons-y, Oilers, allons-y!» Bien sûr que c'était enfantin mais on sortait tous à peine des bancs d'école! Nous comptions six joueurs d'âge junior! Nous n'avions pas encore appris à être des professionnels imperturbables, froids et insensibles. Nous étions encore nerveux et excités. Chanter nous faisait du bien. Chaque fois qu'on était dans l'eau chaude, tout le monde se mettait à chanter!

Nous avons perdu la série, quatre parties contre deux. Je me souviens avoir hérité de plus que ma part de «bleus» pendant cette série. Dave Langevin et Bryan Trottier m'avaient tellement sonné que je craignais que mes enfants naissent tout étourdis! Malgré la défaite, nous étions fiers de nous. S'incliner 4-2 devant l'équipe la plus forte du circuit n'avait rien de honteux. Denis Potvin a été incroyable. C'était leur meilleur joueur. Tout le monde parlait de Mike Bossy mais Potvin était le cœur de cette équipe. J'ai toujours eu du respect pour le lancer de Bossy mais, à vrai dire, je n'aimerais pas tellement partager un taxi avec lui. Je ne sais pas trop pourquoi, mais lui et moi, on ne s'est jamais très bien entendus. Peut-être est-ce dû au fait que, lorsqu'il était au sommet de sa gloire, je connaissais moi-même ma part de succès et qu'il en prenait ombrage? Peut-être était-ce notre esprit de compétition qui faisait que nous pouvions difficilement être tous les deux dans la même pièce sans avoir envie de nous tirer les cheveux? Si je l'avais connu en dehors du hockey, peut-être l'aurais-je mieux aimé, mais très franchement j'en doute: il a composé, dans le livre qu'il a écrit, son «équipe de rêve de tous les temps de la LNH». Et il s'y est généreusement accordé la place d'ailier droit. Je considère que c'est vraiment *très* vaniteux de sa part.

Quoi qu'il en soit, on avait battu les Canadiens et tenu tête aux champions pendant six parties. Ces deux semaines nous ont valu l'équivalent de 10 ans d'expérience! Ça a été pour moi une saison exceptionnelle — la plus belle expérience de ma vie. Tout ce que j'avais toujours voulu se réalisait enfin. Je jouais dans la LNH pour une équipe qui ne cessait de s'améliorer et je prouvais à tous que j'étais capable de tenir mon bout dans les «grandes ligues». J'ai devancé de justesse Mike Liut par cinq voix et j'ai remporté mon second trophée Hart consécutif. Et, enfin! j'ai devancé Dionne dans la course au championnat des pointeurs — 164 à 135. Quand on m'a remis le trophée Art Ross, il a secoué la tête et dit: «Gretzky me donne l'impression d'être devenu un p'tit vieux!»

Marcel avait 29 ans.

CHAPITRE 4

Les pâtes molles

J'ai vieilli de 10 ans durant le tournoi de la Coupe Canada de 1981. Ce fut, et de loin, mon expérience la plus atroce au hockey. L'organisation, le coaching, l'atmosphère et mon propre jeu, tout clochait dans ce tournoi.

Pendant six semaines, on nous a fait patiner deux heures le matin et deux autres heures l'après-midi, après quoi on nous imposait 35 minutes de course à pied ou à vélo. Tout le monde était épuisé avant même que les matchs ne commencent! On ne peut pas s'entraîner comme ça pendant six semaines. Mais ça, ils l'ont compris plus tard: lors des tournois subséquents, ils ont réduit le temps d'exercice à une heure et demie par jour. Heureusement!

Et puis, il y avait trop de chefs et pas assez d'Indiens. Nous avions droit à quatre entraîneurs et à autant de directeurs généraux: huit hommes de pouvoir sans aucun pouvoir! Ils avaient nommé Scotty Bowman instructeur, mais le pauvre ne pouvait prendre de décisions! Car il y avait aussi Red Berenson, Pierre Pagé et Cliff Fletcher — sans parler des quatre directeurs généraux!

Nous avons battu les Américains 4-1 en demi-finale, mais quand nous sommes rentrés au vestiaire, le ciel nous est tombé sur la tête: on aurait juré que nous venions de nous faire défoncer 14 à 1. Les instructeurs et la clique d'Alan Eagleson nous engueulaient (Alan était l'organisateur du tournoi). Ils nous criaient tous qu'on allait se faire massacrer si on jouait comme ça contre les Russes.

Pour finir, ils eurent cette idée brillante de nous réunir la veille de la grande finale contre les Soviétiques; ils nous convoquèrent dans une des salles de l'hôtel à 7 h 30, sans nous dire pourquoi. Toujours est-il que nous avons attendu, attendu, sans que personne ne daigne se montrer. Nous restions assis à nous dévisager et à nous demander: «Qu'est-ce qu'il se passe au juste?» Ils nous laissèrent moisir là jusqu'à 10 h 30 et puis ils finirent par nous dire: «Ça va, vous pouvez vous en aller maintenant.» Qu'est-ce que ça voulait dire? Qu'on était sous Haute Surveillance? En tout cas j'ai trouvé ça représentatif de l'attitude de la direction. Ils nous traitaient comme si nous étions des enfants, en qui on ne pouvait avoir confiance, comme une équipe junior qu'il fallait tenir en laisse et non pas comme les professionnels que nous étions. Nous avions sacrifié deux mois de vacances pour jouer. Nous voulions être là. On n'allait pas essayer de s'évader!

Le soir de la grande partie arriva et les instructeurs n'avaient même pas encore décidé qui serait dans le filet. Il faut dire que les gardiens de but ne représentaient pas précisément notre grande force, cette année-là. Deux des instructeurs voulaient faire jouer Don Edwards et les deux autres, Mike Liut des Blues. Edwards était peut-être celui des deux qui connaissait les meilleurs moments, mais les entraîneurs ne parvenaient pas à s'entendre. Ils finirent par choisir Liut et celui-ci connut, chose inhabituelle chez lui, un match épouvantable. Nous tirions de l'arrière 0-1 après la première période, mais nous aurions pu et nous aurions dû être en avance. Tretiak, comme toujours, fut remarquable et invincible et il ne nous permit jamais de revenir dans la partie. Le problème, avec Tretiak, c'était ses... dimensions. Il était vif mais monstrueusement gros — presque aussi gros que le filet lui-même. Et le pire, c'est qu'il ne le quittait jamais, son filet.

J'étais tellement mauvais qu'ils auraient dû m'expédier en Sibérie! Je ratais tous mes jeux. J'avais les deux pieds dans le ciment. Je formais un trio avec Guy Lafleur et Gilbert Perreault et ces deux gars-là me dépassaient comme si j'avais été une tortue.

Mon ami Tretiak avait vraiment «mon numéro». Je n'aurais pas réussi à le déjouer même s'il avait gardé des buts de soccer! En plus, les deuxième et troisième trios des Soviétiques étaient bien plus rapides que les nôtres. Étrangement, ce ne sont pas leurs supervedettes Sergei Makarov et Vladimir Krutov qui nous ont coulé mais plutôt un de leurs joueurs moyens nommé Sergei Shepelev. Il fut tout simplement formidable dans cette partie: il réussit deux buts en contournant les défenseurs. Moi, je fus blanchi et les Soviétiques nous écrasèrent 8-1.

Bien sûr, notre défaite causa tout un émoi à la haute direction d'Équipe-Canada. Nous ne *devions* pas perdre, alors ils décidèrent de modifier les règlements! Ils se dirent: «Oh, oh! On aura besoin de plus d'une partie pour battre les Russes.» Alors ils changèrent la formule et la finale devint un «deux de trois».

Mais le pire restait à venir, croyez-le ou non! Alors qu'ils nous tendaient nos billets d'avion de retour, ils nous mentionnèrent — en passant — que nous étions invités à un dîner avec le Premier ministre du Canada. Comme c'était gentil de nous prévenir! Mais la plupart des gars avaient un avion à prendre, donc à peu près personne ne put y aller. Il n'y eut que Larry Robinson, Butch Goring et moi. Je pense que je n'ai jamais été aussi mal à l'aise de toute ma vie. Imaginez: le Premier ministre assis à une table dressée pour 30 convives mais qui n'en accueille que trois...

Toute cette histoire me déprima tant que j'allai me cacher pendant cinq jours dans un condo en Floride. Même mes parents ne savaient pas où j'étais.

Non seulement avais-je laissé tomber mon pays, mais en plus toutes les questions stupides que certains se posaient sur moi ressurgirent: «Ah oui, il peut marquer des buts contre tous les Winnipeg du monde. Mais peut-il en faire autant durant les *grrrosses* parties?» J'ai compris qu'il faudrait que je m'applique à prouver pendant toute la saison 81-82 que ma contre-performance de la Coupe Canada était, *elle,* un accident de parcours... et pas l'inverse.

Je décidai que pour ce faire, il fallait que je change de style puisque je choisissais dans 90 p. 100 des cas d'effectuer une passe. J'étais devenu trop prévisible. Je pris donc la décision de lancer plus souvent.

Mais avant même que la saison ne débute, il nous arriva quelque chose d'extraordinaire. Au premier tour de 1981, nous avons repêché Grant Fuhr, le meilleur gardien de but de tous les temps. Proposez-moi Ken Dryden, Tony Esposito ou qui vous voudrez, s'il fallait que je risque tout ce que je possède sur le résultat d'un seul match, c'est Grant que je choisirais pour garder le filet.

Tout le monde l'appelait Cacao parce qu'il disait qu'il avait toujours été surnommé ainsi. Mais moi, je l'appelais notre bouée de sauvetage. Quand le match était serré, quand c'était 4-4 ou 5-5 tard en troisième, vous pouviez compter sur lui pour fermer la porte. C'était un gars tranquille, réservé, mais il a gagné plus de matchs serrés que n'importe qui d'autre dans l'histoire. Il était aussi solide qu'un roc quand ça comptait vraiment. Contrairement aux autres gardiens que j'ai connus, Grant n'avait absolument pas peur de la rondelle. Pendant les entraînements, il tenait à stopper tous les lancers. Et si vous aviez le malheur de le déjouer, il vous jetait un de ces regards...

Si j'avais eu à affronter Cacao tous les soirs, je n'aurais jamais établi tant de records. Je travaillerais probablement pour Bell Canada, comme papa.

J'entrepris la saison sur les chapeaux de roues cette année-là. Après 13 parties, j'avais déjà marqué 13 buts. À mon quatorzième match, j'enfilai quatre buts contre les Nordiques. Les gens se mirent alors à me demander si je croyais être en mesure d'abaisser la marque de Phil Esposito: 76 buts en une saison. À eux, je répondais que je n'avais aucune chance mais, au fond de moi, je pensais: sait-on jamais...

Après 35 parties, j'avais 38 buts à ma fiche. Tout était possible. Mais à mesure que la saison progressait, j'avais l'impression que les rondelles grossissaient et que les filets rapetissaient! Juste avant la pause du Match des étoiles, soudainement, les choses se mirent à aller presque miraculeusement bien! C'était comme si les rondelles avaient été en vie! Elles me ricochaient dessus, déviaient sur mon bâton, peu importe comment, et se frayaient un chemin derrière les gardiens de but.

Je réussis 10 buts en quatre parties consécutives: trois contre Minnesota, deux contre Calgary, un contre Vancouver et quatre contre L.A. Après 38 parties, j'avais 45 buts. Personne jusque-là n'avait réussi à compter 50 buts en moins de 50 parties. Je n'avais besoin que de cinq buts en 11 parties pour établir un nouveau record.

Le 30 décembre 1981, nous affrontions Philadelphie à la maison. Je me rendais au Coliseum en compagnie de Pat Hughes, un de nos ailiers, quand brusquement je me sentis tout drôle. Je dis à Pat: «J'ai un pressentiment bizarre... je pourrais bien en enfiler un ou deux ce soir.» Je n'ai pas souvent de ces «prémonitions» mais quand ça m'arrive, je les prends au sérieux.

Ce fut une des plus extraordinaires soirées de toute ma vie. En première période, la rondelle a rebondi sur la clôture, je l'ai lancée à l'aveuglette de derrière le filet mais elle a ricoché sur la jambière de Peete Peeters: premier but. Pour être franc, je ne me souviens plus du tout du deuxième mais je me rappelle parfaitement avoir réussi le troisième grâce à un tir frappé sur une échappée. Avec cinq minutes écoulées en troisième, pendant un avantage numérique, j'ai marqué mon quatrième en décochant un boulet à partir de la droite. Ça m'en faisait 49! Il ne me manquait plus qu'un but et j'aurais marqué 50 buts en 39 parties!

Mais, tout d'un coup, la magie m'abandonna. Pendant les 10 dernières minutes du match, j'eus trois chances en or mais Peeters me frustra trois fois.

Mais — heureusement — nous menions 6-5. Alors, avec 10 secondes à écouler dans le match, les Flyers retirèrent Peeters. La rondelle se retrouva à côté de notre filet. Grant sauta dessus et aussitôt, je démarrai comme si j'avais un autobus à rattraper! Sept secondes... Grant envoya la rondelle à la ligne rouge où se trouvait Glenn Anderson. Cinq secondes... Je criai à Andy: «PASSE-LA-MOI! PASSE-LA-MOI!» Je dois dire que je ne me souciais plus du tout des bonnes manières! Il me remit la rondelle et... trois secondes... je l'expédiai, derrière un Bill Barber étendu de tout son long, dans les cordages du plus beau filet qu'il m'ait été donné de voir!

J'eus tout juste le temps d'apercevoir Mark Messier à la tête d'une horde sauvage qui se ruait sur moi pour me féliciter! Dès que je réussis à me dégager des accolades et des étreintes de mes coéquipiers, je courus au vestiaire pour appeler mon père. Comme il n'assistait pas à la partie et que le match n'était pas télévisé en Ontario, il n'était au courant de rien. Mais moi, je voulais absolument partager ce grand moment avec lui. Mon exploit n'aurait pas eu la même saveur si je n'avais pu en parler avec lui.

«Wayne? Pourquoi m'appelles-tu? Est-ce que tu n'as pas une partie, ce soir?

— Papa, es-tu au courant?

— Au courant de quoi?

— J'ai réussi. J'ai battu le record.

— Ouais... Tu y as mis le temps!»

Ensuite, Bobby Clarke, des Flyers, vint me féliciter. J'ai trouvé ça très gentil de sa part. Ça, c'était du Bobby tout craché: sur la glace, il aurait fait n'importe quoi pour gagner; dans la vie, c'était un vrai gentilhomme. Quand je le vis dans notre vestiaire, je réalisai que je venais d'établir un record qui serait vraiment très difficile à battre.

Par après, Barber m'a confié qu'il avait pensé à jeter son bâton pour intercepter la rondelle, ce qui m'aurait valu un but automatique. Il disait qu'il aurait bien aimé voir son nom figurer sur une carte de ces jeux questionnaires: «Wayne Gretzky a déjà marqué 50 buts en 39 parties. Qui était l'auteur du 50e but?»

J'ai bien aimé aussi que ce soit Anderson qui récolte la passe sur ce but. Bien sûr, fidèle à mon habitude, je connus une partie affreuse le lendemain. Je ne sais pas pourquoi, mais à chaque fois que je réussis un exploit, j'ai l'air d'une cloche le lendemain! Après la partie, nous sommes tous sortis fêter ça au restaurant. Ce fut une de ces soirées qu'on n'oublie jamais. Une de ces soirées où on se dit qu'on est heureux d'être jeune, en bonne santé et payé pour jouer au hockey! Et puis, c'était la veille du jour de l'An! On ouvrit à peu près autant de bouteilles de champagne qu'il y avait de joueurs présents — et, croyez-moi, tout le club était réuni! Les autres clients devaient penser: «Seigneur! S'ils font ça après une défaite de 5-0, comment célèbrent-ils leurs victoires?»

Le lendemain, après que les effets de la gueule de bois se furent dissipés, je sus hors de tout doute que je réussirais à battre le record d'Esposito. Je ne pouvais pas rater ça.

À mesure que je m'approchais de la marque, les choses devenaient de plus en plus excitantes. Je marquai trois buts à Hartford, devant Esposito. Deux jours plus tard, j'en comptai un à Detroit. Il ne m'en manquait plus qu'un seul et tout serait fini. On arriva à Buffalo et il se produisit un incident qui en dit long sur mes parents.

Le jour de la partie, mon père arriva de Brantford pour me voir jouer. Mais où était ma mère? Quelqu'un demanda: «Où est Phyllis?» Mon père répondit: «Oh, elle a dû se rendre à Québec. Brent joue dans un tournoi pee-wee là-bas.»

Évidemment, personne ne voulut le croire. Mais pourtant, ça se passait ainsi dans la famille: quand deux de leurs fils jouaient simultanément, mes parents se rendaient chacun à une partie. Ma mère disait toujours aux gens: «Wayne n'est pas le seul joueur de hockey de la famille!»

Alors, devant mon père et un amphithéâtre rempli à pleine capacité, la partie commença. Je récoltai deux aides mais je ne parvenais pas à marquer. Je regardais Esposito qui était assis dans les estrades et qui hochait la tête en ayant l'air de dire: «Voyons, Wayne! Qu'est-ce que tu attends? Je n'ai pas fait mes valises en pensant que le voyage durerait 100 ans!»

Mais je n'y étais pour rien! C'était la faute de Don Edwards, le gardien des Sabres. Ce soir-là, il s'était pris pour

Grant Fuhr ou Ken Dryden. Il me vola quatre buts. Quand Steve Patrick, des Sabres, cafouilla avec la rondelle dans sa propre zone, je me précipitai dessus et bingo! j'enfilai mon 77e! Après ça, les choses débloquèrent et j'en enfilai deux autres. Après la partie, le président Reagan lui-même appela pour me féliciter!

L'excitation entourant cet événement m'avait fait oublier que j'avais aussi la chance de devenir le premier joueur à atteindre le plateau des 200 points en une saison. En fait, tout le monde semblait l'avoir oublié! Il faut dire qu'à part Esposito et moi, personne n'avait réussi à franchir la barrière des 150 points; réussir 200 points paraissait impossible.

Même mes propres parents semblaient l'avoir oublié. Il restait cinq parties au calendrier et j'avais 199 points. Je les ai appelés: «Vous venez me voir jouer à Calgary?

— Pour quoi faire? répondit papa.

— Ben... C'est pas tous les jours que votre fils récolte son 200e point...»

Ils prirent l'avion pour assister au match. Je réussis quatre points ce soir-là — dont mon 200e grâce à une aide sur un but de mon vieux copain Pat Hughes. Mais je ne réussis pas à compter 100 buts et je me demande si quelqu'un y parviendra jamais un jour...

Malheureusement, cette année formidable s'acheva en queue de poisson. Mes records personnels, notre première position au classement général, tout ça n'impressionna guère les modestes Kings qui causèrent une surprise... royale en nous battant dès la première ronde des séries, trois victoires contre deux. Eux que nous avions devancé par 47 points! Ce fut le Miracle de Manchester.

Je n'ai toujours pas compris exactement ce qui s'était passé. Je me souviens d'une partie où nous menions 4-1 et nous l'avions perdue 10-8. Dans le troisième match, nous menions 5-0 — ça paraissait tellement sans espoir pour eux que Jerry Buss, leur propriétaire, avait quitté l'aréna — mais pourtant nous avons perdu 6-5 en surtemps. On avait encore une chance de les éliminer en remportant le cinquième et dernier match à Edmonton mais Bernie Nicholls se chargea de planter le dernier clou de notre cercueil en marquant le but gagnant. Les Kings remportèrent la victoire 3-2.

Terry Jones, du *Edmonton Sun,* ne ménagea pas ses paroles! Il qualifia notre défaite de «pire honte de l'histoire des séries de la Coupe Stanley» et il nous décrivit comme une bande d'«ineptes pâtes molles». Je n'étais absolument pas d'accord. Mes genoux ont toujours été solides.

Mais je persiste à croire que c'est la meilleure chose qui pouvait nous arriver. C'était comme une tarte à la crème en pleine figure. Nos têtes étaient devenues tellement grosses qu'elles ne rentraient plus dans nos casques! Nous avions éliminé les Canadiens de Montréal l'année précédente et nous avions dominé la Ligue pendant toute la saison régulière. Ça nous avait rendus insupportables.

Du banc, nous ridiculisions l'attaque à cinq des Kings alors que nous aurions dû encourager nos défenseurs. Billy Harris, notre entraîneur-adjoint, déclara même aux journalistes que nous étions «arrogants envers les adversaires, les officiels et l'arbitre» et que ce comportement était «un fidèle reflet de la personnalité de Glen Sather».

Même si Harris fut congédié avant même que l'encre du journal ne soit sèche, il avait probablement raison. Nous essayions d'être les Islanders sauf que nous n'étions pas les Islanders. Nous n'étions pas obligés d'humilier nos adversaires. Nous n'avions même jamais encore franchi la troisième ronde des séries! Au fond, nous étions une bande de gars de 21 ans à qui il manquait un peu de maturité. Nous n'avions aucune idée des sacrifices et de la préparation nécessaires pour gagner en séries. De mon côté, j'ai appris une leçon importante: les records, les honneurs, les trophées, tout ça c'est bien beau, mais ça ne vaut plus grand-chose quand on se fait sortir des éliminatoires. Du coup, ma saison me parut insignifiante.

Je connus un été épouvantable. Edmonton est une ville bien trop petite pour permettre à un joueur des Oilers de se cacher! Je comptais les jours qui me séparaient du camp d'entraînement...

Avant même que la saison 82-83 ne commence, j'étais persuadé que je ne répéterais pas mes exploits de l'année précédente. Sather me téléphona pour m'annoncer qu'il avait décidé de réduire mon «temps de glace». De 26 minutes, il passerait à 22. Il m'expliqua qu'il préférait me ménager en fonction des séries parce qu'il prévoyait qu'on n'en raterait pas souvent à l'avenir. Et il avait certainement raison. En 11 saisons dans cette Ligue, j'ai joué 144 matchs éliminatoires — l'équivalent de près de deux saisons complètes. La même chose s'est produite avec Bryan Trottier, des Islanders de New York: avant qu'il n'atteigne l'âge de 30 ans, il avait joué 174 parties d'avant-saison et d'éliminatoires. Ça use son homme! Je ne m'en rendais pas compte, mais je jouais un jeu dangereux et Sather essayait de prolonger ma carrière. Sauf que je n'étais pas assez malin pour comprendre.

Cette année-là, Sather transforma Messier en joueur de centre, ce qui eut pour effet de m'enlever pas mal de pression. Ça m'aida tellement que, d'entrée de jeu, je fracassai la marque de Guy Lafleur: il avait connu une série de 28 matches avec au moins un point, j'établis un nouveau record avec 30. J'appris aussi que le magazine *Sports Illustrated* m'avait élu l'Athlète de l'année 1982.

Parmi tous les honneurs qu'on m'a décernés, celui-là a toujours eu une signification particulière pour moi. Peut-être parce que, pour le mériter, j'ai dû battre au scrutin des gars comme Herschel Walker, Alexis Arguello, Jimmy Connors et une tonne d'autres très grands athlètes. Je crois que le fait que je me sois ouvertement prononcé contre la violence et les bagarres au hockey n'a pas nui à mon élection. Alors qu'arriva-t-il? J'ai choisi le soir où les gens de *Sports Illustrated* étaient venus me présenter le trophée pour me battre avec Neal Broten! Et dire que je ne m'étais battu que trois ou quatre fois dans toute ma carrière!

C'est aussi cette saison-là que j'ai réussi quatre buts pendant la troisième période du Match des étoiles. Ce qui me valut une autre voiture. Après la partie, le regretté Pelle Lindbergh — un gars formidable — m'a dit que c'était lui qui méritait la voiture. Je lui ai demandé pourquoi et il m'a répondu: «Parce que c'est moi qui ai laissé passer toutes les rondelles!»

Même si tous les gardiens du circuit n'avaient pas la bienveillance de Pelle, 82-83 fut une bonne saison. Je récoltai 196 points, dont 125 passes (un nouveau record), et je remportai un quatrième trophée Hart consécutif. Personne n'avait réussi ça, même pas Bobby Orr. Cela dit, j'aurais sans hésiter échangé ces trophées et ces records contre une bague de la Coupe Stanley. J'aurais tout donné pour gagner la Coupe. J'en rêvais la nuit...

On entreprit les séries du bon pied. On élimina les Jets de Winnipeg en trois parties. Cette fois, nous étions bien décidés à aller loin, très loin. Pas question de prendre les choses à la légère. Puis, ce fut au tour des Flames, nos voisins et éternels rivaux, de mordre la poussière. Je jouai aussi bien que je le pouvais et Messier, qui avait marqué 50 buts pour la première fois cette année-là, fut absolument remarquable. Jari Kurri et moi étions comme des frères siamois sur la glace. L'équipe avait des ailes et Grant Fuhr se chargea du reste. Les pauvres Black Hawks de Chicago pourraient vous en dire long à ce sujet. Ils étaient nos adversaires suivants et nous les avons balayés en quatre parties. On aurait pu compter des buts contre eux les doigts dans le nez! Un soir, on marqua cinq buts sur nos cinq premiers tirs et le lendemain, quatre en autant de lancers. En tout, on inscrivit 21 buts contre eux.

Ainsi, nous y étions finalement: la grande finale de la Coupe Stanley contre les tout-puissants et trois fois champions Islanders de New York. Nous avions la chance de rapatrier la Coupe au Canada, de mettre fin à leur règne. L'ère des Oilers allait pouvoir enfin commencer! Et nous pourrions prouver à tous que nous n'étions pas qu'une bande d'enfants d'école déguisés en joueurs de hockey de la LNH.

Mais voilà, ils nous expédièrent dans les limbes: ils nous éliminèrent en quatre! Moi, je ne fis à peu près rien: aucun but et quatre passes...

Pendant la première partie, avec Bossy dans les estrades à cause d'un empoisonnement alimentaire, on frappa quatre fois le poteau. Bossy est revenu à temps pour la deuxième partie et nous avons perdu 6-3. Durant cette partie, Billy Smith me cingla la cuisse avec une telle force que je dus quitter le match en troisième période. Billy n'a jamais pu tolérer qui que ce soit près de sa cage! Pendant la troisième partie, Smith se servit de son bâton à d'autres fins: il l'utilisa pour bloquer tous les lancers que nous dirigions contre lui. Enfin, ils marquèrent trois buts pendant les deux premières minutes du quatrième et dernier match. À partir de là, c'en était fait de nous. On a passé ensuite le reste de la partie à élaborer notre petit discours d'après-défaite...

Leurs quatre vedettes, Bossy, Trottier, Potvin et Smith, nous avaient complètement étourdis. Smith, tout particulièrement. Ce gars-là a tout fait dans cette série: il a plongé, donné des coups de bâton, crié... Il a été tellement bon qu'ils lui ont accordé le trophée Conn Smythe, remis au joueur par excellence des séries. Quant à moi, je trouve qu'ils auraient dû lui en donner deux! Tous les gars, après cette série, entretenaient les mêmes sentiments à son égard: nous le haïssions mais, en même temps, nous le respections au plus haut point.

Après cette partie, mon souhait le plus cher aurait été de déménager aux îles Fidji pendant quatre mois. Je voyais déjà les manchettes: *Il est incapable de jouer sous pression. Il ne fait rien durant les «grosses» parties. Il est nul.* Et le pire, savez-vous, c'est que je commençais presque à le croire.

Kevin et moi avons ramassé nos affaires péniblement et nous nous sommes dirigés vers l'autobus de l'équipe. Nous savions qu'il nous faudrait passer devant le vestiaire des champions et ça, c'était presque au-dessus de nos forces: tous ces visages heureux, les shampoings au champagne, les embrassades des petites amies... Nous ne voulions pas voir ça.

Mais quand nous sommes passés devant leur vestiaire, nous avons découvert une tout autre scène. Oh, bien sûr, les fiancées, les entraîneurs et les employés de l'équipe célébraient l'heureux événement, mais les joueurs n'avaient pas l'air d'avoir le cœur à la fête. Trottier appliquait de la glace sur ce qui semblait être un genoux endolori. Potvin se faisait masser une épaule. Les autres gars se promenaient en boitant, arborant yeux au beurre noir et bouches ensanglantées. Ça ressemblait plus à une salle d'urgence qu'à un vestiaire de champions. Et nous, à l'autre bout du corridor, nous étions sereins et en pleine forme!

Voilà pourquoi ils avaient gagné et nous avions perdu. Ils avaient accepté de souffrir, de foncer dans les bandes, de recevoir des coups dans la figure, de sauter dans des empilades. Ils s'étaient sacrifiés à la cause.

C'est alors que Kevin dit quelque chose que je n'oublierai jamais. Il dit simplement: «C'est comme ça qu'on gagne des championnats.»

CHAPITRE 5

Porte-jarretelles, Mickey Mouse et Coupe Stanley

La saison 83-84 nous parut désespérément longue. Tout ce qui comptait pour nous, c'était de nous retrouver encore une fois en finale pour tenter à nouveau notre chance. Quand on se fait désarçonner par un cheval, mieux vaut remonter dessus tout de suite, sinon on risque de rester peureux à tout jamais. On s'était donc préparés à ce retour dès notre défaite. Chaque jour, chaque exercice, chaque match, nous travaillions avec acharnement.

C'est durant cette saison que je devins pour la première fois capitaine des Oilers. Lee Fogolin avait été capitaine pendant des années et, juste avant que ne débute la saison, il me dit: «Gretz, j'aimerais que ce soit toi qui portes le "C".» S'il y a une chose de sacrée au hockey, c'est bien le «C» du capitaine. Voilà pourquoi je considère le geste de Fogolin comme un des gestes les plus nobles qu'il m'ait été donné de voir dans ma carrière. Il était en droit de le garder et il aurait mérité de le faire. Mais c'était sa façon de dire à tous les jeunes du club que les vétérans avaient confiance en eux. Il pensait que nous avions une sérieuse option sur la Coupe dès cette année-là. Bien sûr, les Islanders formaient encore un grand club, mais c'était un club vieillissant...

Fogolin, à sa façon, nous passait le flambeau, à nous les jeunes. Peut-être est-ce à ce moment-là qu'on a cessé de se considérer comme une équipe de l'expansion mais plutôt comme une équipe qui avait pleinement droit à la Coupe Stanley. En tous cas au moins autant que n'importe quel autre club.

Mais il y avait un hic! Jusque-là, les Oilers avaient, pour une raison ou pour une autre, échangé tous leurs capitaines alors qu'ils étaient en «devoir». Ron Chipperfield était même passé aux Nordiques le jour limite des échanges de la LNH alors qu'il était au chevet de sa mère mourante... Ça avait été un choc pour tout le monde et aussi une confirmation éclatante que, pour Glen Sather, les intérêts de l'équipe passaient avant tout. Voilà pourquoi j'ai un peu hésité à accepter le «C» que Fogolin m'offrait si généreusement. À l'heure actuelle, c'est Messier leur capitaine, et Messier ne sera jamais échangé. S'ils veulent bâtir une tradition à Edmonton, ils devraient faire en sorte de garder Mark pour toujours et ils devraient retirer son chandail à la fin de sa carrière. D'après moi, Sather préférerait démissionner plutôt que d'échanger Mark. Évidemment, je me suis déjà trompé. Royalement trompé même.

Je n'étais pas un capitaine typique. J'étais plutôt discret, je ne faisais jamais la morale aux gars. Messier, lui, ne ménage personne. Il arrive dans le vestiaire et dit: «Tu te traînes les pieds ce soir; bouge-toi un peu!» Celui qui se fait dire ça ne se traîne pas les pieds longtemps, croyez-moi. Messier n'hésite pas à distribuer les coups de pied au derrière pour réveiller un coéquipier. Moi, ce n'était pas mon genre; je préférais prêcher par l'exemple: je m'entraînais plus fort que tout le monde et je donnais tout ce que j'avais pendant les parties. J'avais aussi décidé d'héberger chez moi pendant quelques jours les recrues. Je les gardais avec moi jusqu'à ce qu'ils aient déniché un appartement et une voiture. C'est Sather qui m'avait appris ça.

Le geste de Fogolin me donna confiance en moi. Je me sentais devenu un leader. Ce qui explique en partie mon départ en flèche de cette année-là. J'ai brisé mon propre record de 30 parties consécutives avec au moins un point en connaissant une série de 31 matchs «payants» d'entrée de jeu. Seulement, voilà, j'avais très mal à l'épaule. J'avais été frappé par Dave Taylor très tôt dans la saison et la douleur s'accentuait de plus en plus. J'aurais bien voulu accorder un repos à mon épaule, mais pas moyen: douleur ou pas, ma série continuait, comme si elle avait été animée d'une vie qui lui était propre. Trente-cinq, quarante parties... À ma 41e partie, au Minnesota, j'ai marqué quatre buts et récolté quatre passes après deux périodes. Huit points! Mais j'étais tellement épuisé que j'ai passé tout l'entracte couché sur la table du soigneur. Je n'arrivais plus à bouger. Mon épaule m'élançait, on avait joué tard le soir précédent, bref, j'étais crevé. En troisième période, je ne fis qu'acte de présence: je pouvais à peine tenir mon bâton.

Bien souvent, j'ai cru que ma série se terminerait là. À ma 44e partie à Chicago, Tony Esposito me vola un but certain sur une échappée en effectuant l'arrêt avec son gant. C'était en première période et je n'eus aucune autre occasion sérieuse de la soirée. Troy Murray, mon couvreur, était en train de me rendre fou! Il se plaçait devant moi et m'empêchait d'avancer. J'étais complètement menotté. Avec moins d'une minute à faire dans la partie, nous menions 4-3; les Black Hawks retirèrent Esposito au profit d'un sixième attaquant. Plus que sept secondes à faire dans le match. Tout le monde, moi inclus, était persuadé que c'en était fait de ma série. C'est alors que Murray retraita en zone neutre. Il voulut passer la rondelle à son défenseur Doug Wilson en la soulevant par-dessus mon bâton, mais je réussis à l'intercepter au vol. La rondelle fit un bond dans les airs et je dus la rabattre sur la glace avec mon gant gauche tout en stoppant Murray avec mon corps. Finalement, avec Murray sur le dos, j'arrivai à la ligne bleue et réussis à tirer la rondelle dans le filet abandonné. Il ne restait plus qu'une seconde au match! Mais n'allez surtout pas croire que je me faisais du mauvais sang...

À partir de là, ça a commencé à ressembler à un cirque. Les médias du pays tout entier suivaient l'équipe pas à pas. À Las Vegas, on cota à 500 contre 1 mes chances de poursuivre ma série jusqu'au 80e match. Quant à moi, compte tenu de l'état de mon épaule, je me demandais si j'allais avoir la chance de simplement *jouer* les 80 matchs.

À la 49e partie à L.A., mon épaule fut encore malmenée. Heureusement, je pus bénéficier d'un congé de trois jours à Palm Spring avant le départ pour Vancouver. Je n'arrivais plus à bouger mon bras!

Mais c'est à Vancouver que le pire arriva: mon porte-jarretelles fétiche disparut!

Voyez-vous, les joueurs de hockey se servent d'un type de porte-jarretelles pour fixer leurs bas. Moi, j'avais utilisé le même tout au long de ma série chanceuse. Aussi usé était-il (j'avais dû remplacer un des boutons par une pièce de 10 cents!), il n'était pas question de le remplacer. Mais, je le répète, n'allez pas croire que je suis superstitieux! Arrivé à Vancouver, donc, pas moyen de mettre la main dessus; j'avais dû l'oublier à Palm Spring. On m'en donna un nouveau. J'essayai tant bien que mal de lui donner l'aspect de l'ancien en le déchirant et en l'abîmant. Je l'enfilai à contrecœur, sans raison, puisque j'ai réussi deux buts et deux passes ce soir-là. Ma série se poursuivait. Par contre, mon épaule était au plus mal. Je réussis malgré tout à récidiver deux jours plus tard à Edmonton contre New Jersey en inscrivant un but, mon 61e en 50 parties.

Nous avons disputé notre 52e partie contre les Kings. J'avais toujours connu ma part de succès contre leur gardien Marcus Mattsson, mais ce soir-là il fut intransigeant. Ma seule bonne chance survint en deuxième période lorsque j'envoyai la rondelle sur le bâton de Charlie Huddy qui rata un filet désert. Le pauvre Charlie en a été malade! Mais j'avais moi-même raté ma juste part de filets vides, parfois par un mille! Au fond, j'avais plutôt envie de remercier Charlie. Ma série de matchs avec au moins un point était enfin terminée. En 51 parties, j'avais amassé 61 buts et 92 passes pour un total de

153 points, soit une moyenne de trois points par match. C'était fini. J'étais délivré. Je pourrais me reposer. Je manquai les six parties suivantes. Malheureusement, Jarri Kuri dut s'absenter lui aussi et l'équipe perdit cinq de ces six matchs.

Notre fiche de 57-18-5 de cette année-là démontre que nous formions vraiment une grande équipe. Nous avions trois compteurs de 50 buts et plus: Glenn Anderson (54), Jarri Kuri (52) et moi-même (87). Aucune autre équipe n'avait réussi ça auparavant. En plus, Coffey avait marqué 40 buts et Messier, 37.

C'est aussi cette année-là que je me suis fait quelques milliers d'ennemis au New Jersey. Nous avions battu les Devils 13-4 et leurs gardiens, Chico Resch et Ron Low, m'avaient fait tellement pitié que j'avais déclaré après la partie: «Les Devils sont une organisation de Mickey Mouse. Ils devraient embaucher un meilleur personnel parce qu'à l'heure actuelle, ils sont la risée du hockey.» Les amateurs du New Jersey devinrent fous furieux. Encore aujourd'hui, quand je joue là-bas, certains fans ont une pancarte sur laquelle on peut lire: «Gretzky — Goofy». Bien sûr, je n'aurais pas dû dire ce que j'ai dit. Mais j'étais vraiment mal à l'aise de leur avoir fait subir une telle humiliation et j'étais malheureux pour certains gars que j'aimais bien, en particulier Chico Resch et Ron Low. Je ne voulais pas qu'ils soient tenus responsables de la défaite. Mais c'était une erreur; j'aurais dû me mêler de mes affaires.

Nous avons entrepris les séries éliminatoires en disposant facilement de Winnipeg en trois parties consécutives. Ensuite, ce fut au tour des coriaces Flames de Calgary qui s'inclinèrent en sept parties. Puis, on balaya notre série contre Minnesota: 4-0. Après la dernière partie contre les North Stars, une fois dans notre vestiaire, on a tous respiré profondément: cette fois-ci, on sentait qu'on irait loin — très loin.

L'envolée de retour fut paisible. On nous avait remis le trophée Clarence Campbell décerné aux champions de la conférence du même nom et chacun d'entre nous y avait jeté un coup d'œil puis s'était éloigné. Il y avait une espèce de règle non écrite qui nous dictait de ne pas regarder le trophée deux fois. En clair, ça voulait dire que nous, ce qui nous intéressait vraiment, c'était un autre trophée. Un trophée beaucoup plus important.

Ces éliminatoires représentaient tout ce que j'avais toujours voulu. C'était maintenant ou jamais. Tout le monde disait que j'étais un des meilleurs joueurs de tous les temps... en saison régulière. Mais on prétendait que je croulais sous la pression des séries. «Gretzky est un marqueur, Trottier est un "gagnant".» Ça faisait mal d'entendre ça. Les joueurs que j'avais le plus admirés — Bobby Orr, Gordie Howe et Jean Béliveau — avaient tous remporté des Coupes Stanley. Allais-je finir comme Marcel Dionne avec un tas de trophées mais sans bague de la Coupe Stanley au doigt? J'avoue que, certaines nuits, ces questions me tenaient éveillé.

Nous redoutions d'affronter les Islanders en finale. Ils avaient remporté nos dix derniers affrontements en saison régulière. Je n'avais pas réussi un seul but contre eux durant la dernière finale et, en plus, cette fois ils avaient la chance d'égaler la marque de cinq Coupes Stanley consécutives. Nous savions qu'ils seraient gonflés à bloc.

Les Islanders avaient une meilleure défensive mais nous, nous comptions sur la finesse et la rapidité. Il fallait que les cinq gars sur la glace forment un tout indissociable. Nous savions aussi que plus nous serions en possession de la rondelle en zone offensive, meilleures seraient nos chances. Notre tactique était toute simple: y aller d'un échec avant massif, diviser la patinoire en deux et ne jamais leur donner le centre. Nos joueurs d'avant devaient couvrir leurs centres et nos défenseurs surveiller leurs ailiers. Nous pensions que Trottier aurait du mal à passer la rondelle à Bossy s'il n'arrivait pas à démarrer. C'était notre plan de match et il nous paraissait très bon. Le problème, c'est que nous pensions aussi avoir un plan de match exceptionnel *l'année précédente...*

Surprise! Nous avons remporté le premier match 1-0 à Long Island. Kevin McClelland marqua tôt dans la partie et Grant Fuhr réalisa l'arrêt du siècle aux dépens de Trottier posté à une quinzaine de pieds à l'embouchure du filet. Mais la victoire avait un goût amer. Billy Smith nous avait muselés pendant toute la soirée et on en était rendus à le croire invincible. Pour une huitième fois d'affilée en matchs d'après-saison, Smith m'avait blanchi. N'eût été de Grant, on aurait bel et bien perdu.

Dans la deuxième partie, on s'est fait massacrer 6-1! Pour un neuvième match consécutif, je ne réussis pas à déjouer Smith — je n'avais même pas récolté une seule passe — et en deux parties, je n'avais que cinq tirs au but. Pendant ce temps-là, les partisans des Islanders s'époumonaient à me chanter la chanson du Club de Mickey. Ils avaient même mis au point une petite plaisanterie.

— «Qu'est-ce que Mickey Mouse et Wayne Gretzky ont en commun?

— Aucun des deux n'a réussi à marquer un but contre les Islanders en éliminatoires!»

Mais il ne s'agissait pas que de moi. Ni Paul, ni Jari, ni Mark, ni Glenn n'avaient réussi à déjouer Smith. On aurait dit qu'il nous avait ensorcelés. Au moins, on quittait New York avec la série à égalité. Et avec les nouveaux règlements de la ligue — deux parties à l'étranger, trois à la maison et encore deux à l'étranger — tout ce qu'il nous restait à faire c'était de balayer la série à Edmonton. Ouais.

De retour chez nous, on pouvait au moins compter sur «La Porte». Il s'agissait de la porte de notre vestiaire où nous avions accroché les photos de plusieurs grands joueurs: Bobby Orr, Denis Potvin, Jean Béliveau, avec la Coupe au bout des bras. On s'imprégnait de ces images et on s'imaginait à notre tour étreignant le trophée. (Je suis persuadé que si l'on parvient à visualiser quelque chose, on peut faire en sorte que cette image devienne la réalité.) Parfois, je surprenais Coffey en méditation devant la porte. Il la fixait tellement que son regard aurait pu y faire un trou!

La troisième partie fut l'affaire de Mark Messier et de Kevin Lowe. Mark réussit LE but des séries: il fit littéralement sortir le défenseur Gord Dineen de ses culottes avec une feinte magistrale, puis il laissa partir un boulet à une vingtaine de pieds du but. Kevin, lui, fut le premier d'entre nous à réussir à faire mal paraître Smith. Il s'avança vers lui et, au lieu de tenter de le déjouer à sa gauche, il attendit, feinta et expédia la rondelle de l'autre côté. Dès lors, Smith ne fut plus qu'une véritable passoire. Ce fut un véritable massacre: le compte final fut de 7 à 2.

L'équipe allait vraiment très bien. Moi, de mon côté, je jouais bien mais je n'arrivais pas à marquer contre ces gars-là. Zéro en dix parties! Même Semenko en avait réussi un!

La presse ne me lâchait pas d'une semelle. John Muckler, notre instructeur-adjoint, me prit à part et me dit: «Wayne, ne te préoccupe pas de remplir le filet. Mais quand tu en compteras un, assure-toi que ça en soit un gros!» Ça m'est resté dans la tête.

Puis les choses se mirent à fonctionner. À la partie suivante, en première période, je reçus une passe parfaite de Semenko et je m'échappai. Smith bougea le premier et je le déjouai du revers. C'était comme si je venais de compter le but le plus important de ma carrière. La série noire était terminée. Nous menions 1-0 et j'avais l'impression qu'un piano à queue venait de s'envoler de mes épaules! Semenko glissa vers moi avec les bras au ciel et un petit sourire en coin. Il me dit: «Hé, Gretz! On est *ex aequo!*»

Je réussis un autre but au quatrième match. Nous menions trois matchs contre un dans notre série contre les champions du monde. Tout ce qu'il nous restait à faire c'était de remporter un match à la maison et la Coupe serait à nous. Cette dernière victoire, je la voulais à tout prix. À tel point qu'avant la partie, dans le vestiaire, je fis un discours à mes coéquipiers. Je ne suis pas un grand orateur. À vrai dire, je pense qu'avant celui-là, je n'avais jamais fait de discours. Mais celui-là, il fallait que je le fasse. «Dans ma vie, j'ai gagné bien des trophées. J'ai eu beaucoup de succès personnels. Mais rien n'a jamais eu autant d'importance que cette victoire-ci.»

En moins de temps qu'il ne fallait pour le dire, nous menions 3 à 0. Je transformai deux passes parfaites de Jari en buts et Kenny Linseman en marqua un autre. Ça allait tellement mal pour les Islanders qu'ils firent même ce qu'on avait cru impossible jusque-là: ils remplacèrent Smith! Au début de la troisième période, je jetai un coup d'œil à leur banc. Je n'en crus pas mes yeux: Smith assis au banc, Bossy blanchi pendant toutes les séries (est-ce possible?) et Potvin et Trottier l'air malade.

Il fallait empêcher nos cœurs d'éclater pendant encore 20 minutes. Je me souviens que Sather ne se montra pas une seule fois pendant la mi-temps. Il savait bien qu'il serait superflu de nous dire quoi que ce soit. Il était sûrement occupé à polir ses souliers. Malheureusement, dès la reprise du jeu, Pat LaFontaine marqua deux buts rapides. Peu de temps après, Potvin rata une chance en or de réduire la marque à 4-3. Dieu merci, Andy Moog réussit un véritable tour de magie et il l'arrêta. Cela eut pour effet de nous remettre dans le match. Dave Lumley réussit un dernier but dans un filet désert avec 13 secondes à faire. Le score était de 5 à 2 et le ciel commença à nous tomber sur la tête!

Avec les serpentins et les ballons, les larmes se mirent à couler sur nos joues. Mark pleurait à chaudes larmes. La Coupe Stanley représentait vraiment beaucoup pour lui. Il avait grandi à Edmonton; son père y avait joué au hockey professionnel. On avait dit plein de choses injustes sur sa famille et voilà que c'était lui qui apportait à Edmonton sa plus grande gloire. Mark reçut le trophée Conn Smythe attribué au joueur le plus utile des séries.

De l'autre côté de la patinoire, je regardais Kevin Lowe et je savais combien cette Coupe Stanley comptait pour lui aussi. Il fit venir sa mère au centre de la glace. Son père était mort alors qu'il était encore tout petit. Je me souviens encore avec émotion du moment où elle souleva fièrement la Coupe au-dessus de sa tête.

Pour Grant Fuhr aussi cette victoire avait un petit quelque chose de spécial. Il devenait le premier Noir à inscrire son nom sur le précieux trophée. Pour Sather, c'était la preuve irréfutable que ses idées fonctionnaient. Cette victoire prouvait que, pour gagner, vous n'aviez pas à vous battre à tout bout de champ. L'ère des Broad Street Bullies était bel et bien terminée. Une équipe à vocation offensive *pouvait* remporter la Coupe: Sather avait réussi à le prouver. Le hockey pratiqué dans la LNH allait en subir les contrecoups. Jack Falla, de *Sports Illustrated,* résuma bien la situation: «La glace appartiendra désormais aux patineurs.»

Nos partisans étaient au septième ciel. Pour eux, c'était un rêve qui devenait enfin réalité. Pensez-y: Edmonton ne faisait partie de la LNH que depuis cinq ans! Ils envahirent la glace et ils nous tombèrent dans les bras.

Et moi j'étais là, au milieu de tout ça, avec la Coupe dans les bras. C'était la preuve que tout ce que j'avais enduré n'avait pas été inutile: tous ces exercices, ces critiques, cette solitude, ces gros titres, ces gens qui doutaient de moi, tout cela n'avait pas été inutile. Cette Coupe, je l'avais gagnée pour papa, maman et ma famille. Et pour moi aussi — soyons honnêtes.

Je pensais à ça, tout en retenant mes larmes, avec les partisans qui essayaient de m'arracher mon bâton, lorsque mon frère Brent me sauta dans les bras. Je lui fis faire un tour d'honneur de la patinoire, juché sur mes épaules, à travers le bruit, les ballons, la Coupe, la chair de poule, les flashes et la magie de ce moment unique.

D'accord, je n'avais peut-être pas été le grand frère modèle pour Brent. Mais à bien y penser, combien de grands frères peuvent vous offrir une telle promenade?

Par la suite, Sather commit l'erreur de nous dire: «C'est vous qui avez gagné cette Coupe alors faites-en ce que vous voulez.» C'est exactement ce qu'on a fait. Les gars l'ont emmenée dans les bars, l'ont traînée dans les rues, l'ont placée sur le siège avant de leur voiture, ils l'ont emmenée chez leurs parents et l'ont photographiée avec tous les enfants du voisinage à ses côtés. Nous l'avons déposée sur les lits d'enfants malades dans des hôpitaux. J'ai même vu la photo d'un chien d'un des joueurs qui mangeait dedans!

Ça peut paraître sacrilège, mais essayez de comprendre. La Coupe est le symbole du championnat et quand vous arrivez à mettre le grappin dessus, vous désirez la toucher, la caresser, la sentir, la montrer. C'est le symbole de votre suprématie et vous ne vous lassez pas de constater que oui, c'est vrai, vous l'avez gagnée, vous êtes les meilleurs au monde. Et vous voulez faire partager votre bonheur aux partisans en guise d'hommage. Pour nous, c'était la façon de leur dire: «Merci de vos encouragements.»

Moi, j'aimais simplement la regarder. Saviez-vous qu'on y retrouve quelques erreurs? Ainsi, en 1963, les Maple Leafs sont devenus les Maple «Leaes». Peter Pocklington y a fait graver le nom de son père, mais la LNH ne l'a pas accepté. Alors, si vous regardez très attentivement, vous pouvez voir toute une série de petits x gravés par-dessus son nom.

J'aime cette Coupe. Et même si je sais par où elle est passée, mon désir le plus cher est d'y boire à nouveau le champagne. Il y a des microbes qu'on souhaite attraper!

CHAPITRE 6

Amicalement vôtre

Cette première conquête de la Coupe Stanley transforma nos vies.

Nous avions maintenant des partisans à travers le continent, on écrivait des articles sur nous dans tous les journaux et les gens nous reconnaissaient même dans les autres villes du circuit. Ça nous faisait plaisir, bien sûr, mais nous regrettions parfois cette époque où nous rencontrions des gens qui ne pensaient pas tout savoir sur nous. Parfois, j'avais bien envie de leur réserver de petites surprises!

Par exemple, leur faire savoir que le hockey n'était même pas mon sport favori quand j'étais enfant. Moi, ce que je voulais, c'était devenir joueur de base-ball professionnel. Je rêvais de porter les couleurs des Tigers de Detroit parce que Detroit n'était qu'à quelques heures de Brantford. J'étais un fan de Mickey Lolich et, comme tous les autres garçons du pays, de Ferguson Jenkins parce qu'il était un des rares Canadiens des ligues majeures. J'étais lanceur — aussitôt notre patinoire fondue, surgissait un monticule — et mes meilleurs lancers étaient la balle rapide *split-finger* et la balle-jointure. J'étais en avance de 10 ans avec l'utilisation de ma balle rapide, mais je n'avais pas le choix: j'avais de trop petites mains pour essayer autre chose. Je n'étais pas un vilain joueur. Je ne suis pas sûr que j'aurais pu me rendre jusqu'aux majeures, mais un été, j'ai frappé pour ,492 dans une ligue semi-professionnelle à Brantford. Les Blue Jays de Toronto m'invitèrent même un jour à leur camp d'entraînement.

J'aurais pu aussi longuement parler aux gens de ma peur de l'avion. Il suffit de compter le nombre de décollages et d'atterrissages que j'ai eu à subir pour avoir une idée juste du nombre de fois où j'ai souhaité exercer une autre profession. Maintenant, ça va mieux. Mais à une certaine époque, j'étais le plus malheureux voyageur du sport professionnel.

Je jouais pour les Greyhounds quand j'ai commencé à avoir des problèmes en avion. Sault-Sainte-Marie étant éloignée de toutes les autres villes du circuit, nous étions sans cesse obligés de voyager à bord de petits DC-3 délabrés. Une nuit, en pleine tempête de neige, l'équipage nous a réveillés pour nous demander d'enfiler nos gilets de sauvetage: l'avion allait effectuer un amerrissage forcé. Finalement, ça ne s'est pas produit, mais j'ai eu la peur de ma vie.

Une autre fois, le temps était tellement brumeux que l'avion avait heurté la cime des arbres. Un jour, je me suis réveillé dans un avion entouré de camions de pompiers qui vidaient le contenu de leurs extincteurs sur l'appareil.

Ça ne s'améliora guère à Edmonton. Ma première erreur fut de m'asseoir à côté de Rod Phillips, le commentateur de nos matchs. Il était encore pire que moi! Avant même le décollage, il serrait les bras de son fauteuil à en avoir les jointures blanches. Ça devenait vite communicatif. Finalement, les choses se tassèrent pour lui. Mais ça empira dans mon cas.

C'est vers 1985 que ma phobie atteignit son paroxysme. Je me trouvais à New York et je devais me rendre à Montréal pour participer au tournoi de golf de mon ami Kevin Lowe. Nous étions quatre à l'embarquement et soudain, j'ai eu un blocage. J'étais incapable de monter dans l'avion. C'était plus fort que moi. Je ressemblais à Dustin Hoffman dans *Rainman*: je transpirais, j'avais des tics et je marmonnais des choses incompréhensibles. C'est mon agent Mike Barnett qui me tira de là. Il loua une limousine, on se procura cinq vidéocassettes et assez de bière pour tenir le coup, et on se tapa les huit heures de route qui nous séparaient de Montréal.

Je me souviens d'un retour de Québec, où mes coéquipiers durent prendre soin de moi. Je grelottais si fort qu'ils me couvrirent avec une couverture. J'avais froid, mais en même temps je transpirais, à un point tel que mes vêtements furent détrempés. Je devais prendre la parole à un banquet le soir, il fallut donc emprunter des vêtements de rechange. Sur l'estrade, je ressemblais à un sans-abri.

À cette époque, j'aurais fait n'importe quoi pour éviter de prendre l'avion. Quand nous devions nous rendre à Calgary affronter les Flames, Mike et moi préférions y aller en voiture, même si ça représentait trois heures de route. J'avais toujours peur que sa voiture tombe en panne. J'imaginais les manchettes: «Gretzky obligé de faire de l'auto-stop: les Oilers sauvés par un plombier et sa vieille camionnette!»

J'ai tout essayé pour me guérir. J'ai même consulté un hypnothérapeute. J'avais rendez-vous à 7 h le matin et je suis passé par la porte arrière: je ne tenais pas à ébruiter toute cette affaire. Tout le monde prétendait que ce spécialiste était très bon. Il me demanda de fixer le diamant de ma bague pendant qu'il me parlait. Presque aussitôt, la bague se mit à tourner en spirale exactement comme au cinéma! Après ça, je ne me souviens plus de rien mais Mike Barnett, qui m'avait accompagné, dit que mon menton est tombé sur ma poitrine tout d'un coup. Ensuite, l'hypnothérapeute se mit à m'interroger sur mes expériences antérieures en avion. Il s'avéra que j'avais refoulé plein d'incidents, telle cette fois où nous avions évité de justesse une collision avec un autre avion lors d'un décollage (je jouais au niveau junior). Une autre fois, à Atlanta, c'est à l'atterrissage que nous avions failli heurter un avion. Il me dit qu'à partir de maintenant, lorsque je voyagerais en avion, il faudrait que je m'assoie les mains sur les genoux et que je regarde ma bague tout en me répétant que j'étais bien et en sécurité. Tout ça avait l'air fantastique mais ça n'a fonctionné qu'un mois. Ensuite, je suis retombé aussi bas qu'avant ma thérapie.

J'ai aussi pris des cours de contrôle mental — jusqu'à ce qu'on exige que je marche sur des braises ardentes. Non merci. Enfin, lors d'une envolée, un pilote m'invita à le rejoindre dans la cabine de pilotage. Il me montra tous les boutons et toutes les manettes et il m'expliqua comment tout ça fonctionnait. Je ne sais pas pourquoi, mais ça me fit le plus grand bien. Je me suis senti plus en sécurité. Encore aujourd'hui, quand je voyage avec une compagnie canadienne (les compagnies américaines n'acceptent pas de faire ça), je m'assois dans la cabine de pilotage durant le vol et ça m'aide à me relaxer.

C'est durant les négociations qui m'envoyèrent aux Kings de Los Angeles que mon aérophobie se calma un peu. Juste avant que l'échange ne soit conclu, Bruce McNall me dit: «Écoute, j'aimerais que tu réfléchisses bien à tous les voyages que tu devras faire si tu joues ici. Los Angeles est loin de tout et les vols sont souvent très longs. Si tu ne penses pas pouvoir t'y faire, tu pourrais peut-être aller plus à l'est, peut-être à Detroit, quelque part où tu n'aurais pas à voyager autant.»

À ce moment-là, j'ai su que mon désir de jouer à L.A. viendrait à bout de ma phobie. Et c'est ce qui arriva. Aujourd'hui, quand je voyage en avion, je n'ai l'air ni épouvanté ni angoissé.

Je ne ressemble pas tellement à un athlète professionnel. Je mesure 5 pi 11 po et je pèse entre 165 et 170 livres. En fait, je ressemble plutôt au gars qui emballe votre épicerie au supermarché du coin. Pour bien des gens, il faut mesurer 6 pi 3 po et peser 250 livres pour briller dans les sports. Ce n'est pas le cas au hockey en tout cas. Mais je dois admettre que j'aurais aimé être plus costaud, avoir l'air d'un dur sur la glace, comme Maurice Richard avec son regard de feu. Mon visage est plutôt étroit, ce qui fait que mon casque a l'air deux fois trop grand pour moi. Je n'ai pas les bras noueux de Gordie Howe; les miens ressemblent plutôt à des cure-dents. Je suis maigrichon. Je n'arrive pas à patiner à la vitesse du son comme Paul Coffey. Je n'ai pas un tir meurtrier comme celui de Bobby Hull. Je n'aiguise pas mes dents le matin et je ne vais pas dans les coins frapper tout ce qui bouge. Pour moi, les coins sont faits pour les arrêts d'autobus et les timbres.

Deux fois par année, les Oilers nous faisaient passer des tests de force et d'endurance. Je finissais toujours bon dernier. C'était moi qui avais la pire vision périphérique de l'équipe. J'étais dernier pour la souplesse, dernier pour la force. Au «bench press», je ne soulève que 140 livres.

Comme je n'ai pas l'air bien dangereux, les gens se demandent tout le temps comment j'ai fait pour réussir de la sorte.

Certains scientifiques ont même avancé que mes neurones transmettaient mes influx nerveux plus vite que chez la plupart des gens, ce qui me permettrait de gagner une fraction de seconde sur tout le monde. D'autres prétendent que j'ai un sixième sens. Les gens me disent toujours: «Vous devez avoir des yeux derrière la tête», ou: «Vous avez l'air d'avoir deux secondes d'avance sur les autres joueurs». C'est de la bouillie pour les chats! La vérité, c'est que j'ai simplement appris à prévoir le jeu. Ça s'appelle de l'anticipation. Et ce n'est pas un don de Dieu, c'est un don de Wally. Il se plaçait à la ligne bleue et me disait: «Regarde bien! Je vais te montrer comment la plupart des joueurs agissent.» Il lançait la rondelle le long de la bande, dans le coin, et il partait à la course. Ensuite, il revenait et il me disait: «Regarde, maintenant, comment agit un joueur intelligent.» Il lançait encore une fois la rondelle sauf que cette fois il coupait au centre de la glace et allait cueillir la rondelle de l'autre côté, là où il savait qu'elle finirait par arriver. Qui a dit que l'anticipation ne pouvait être enseignée?

Il m'inculquait ça tous les jours. Quand il m'emmenait aux matchs, au volant de l'Oie bleue, il en profitait pour m'interroger.

«Qu'est-ce qu'un gars regarde le moins quand il fait une passe?
— Le gars à qui il fait la passe!
— Ce qui veut dire?
— Je me place là et j'intercepte!
— Vers où patines-tu?

— Là où ira la rondelle, et non pas là où elle était!»

Et ça se poursuivait encore et encore pendant tout le trajet. Je savais toutes les réponses par cœur.

Mon père m'apprit un million de choses. Par exemple, d'exercer mon maniement du bâton durant l'été avec une balle de tennis. Je continue à le faire encore aujourd'hui. C'est grâce aux balles de tennis que je suis devenu si habile à rabattre les rondelles dans les airs. Et comme je suis à l'aise à ce jeu, je suis plus à même de capter les longues passes. Et les longues passes vous procurent pas mal de buts sur des échappées...

Durant les exercices, j'essaie plein de choses bizarres. Les gars me disent: «Ça n'arrivera jamais pendant une partie!» C'est possible, mais de temps en temps, ça peut être utile. J'ai appris à faire rebondir des passes sur l'arrière du filet durant les entraînements. Comme ça, même si un défenseur se trouve entre mon coéquipier et moi, je peux arriver à l'atteindre en faisant ricocher la rondelle sur le but. J'ai tellement travaillé ce jeu-là que je peux maintenant diriger la rondelle où je veux. Et pourquoi pas? C'est légal après tout! Même chose pour les bandes. On croit qu'il n'y a que six joueurs sur la glace, mais si on sait utiliser les angles de déviation des bandes, on s'aperçoit qu'il y en a sept en réalité. Et si on compte le filet, ça en fait huit! Avant chaque match, dès la première mise au jeu, je me dis toujours qu'on a l'avantage de deux hommes!

C'est contre Mike Liut du Saint Louis que j'ai essayé la chose la plus folle. J'étais immobilisé derrière le filet. J'avais un défenseur de chaque côté de moi mais ils ne bougeaient pas, ils m'attendaient. Il ne me restait plus qu'à soulever la rondelle par-dessus le filet. Elle rebondit sur le dos de Liut et finit son chemin dans les buts! Je ne vous dirai pas à quel point Liut était surpris! J'étais un peu mal à l'aise, mais je n'avais pas le choix: c'était ça, ou bien attendre là que la glace fonde...

Le même soir, j'ai réussi non pas un mais bien deux buts directement de la mise au jeu! Dans ma carrière professionnelle, c'est la seule fois où j'ai réusssi ça.

J'adore aller derrière le filet, mais ce n'est pas moi qui ai inventé ça. Bobby Clarke, des Flyers de Philadelphie, le faisait bien avant moi. J'ai commencé à pratiquer ce jeu à l'âge de 14 ans, dans le junior B, alors que je jouais contre des gars de 19 ou 20 ans. C'était durant la grande époque de Phil Esposito et tout le monde voulait avoir des joueurs gros comme des autobus qui se plaçaient dans l'enclave. Je me suis retrouvé tellement souvent sur le derrière à force de vouloir rester devant le filet que mon instructeur, Gene Popeil, me conseilla d'essayer plutôt de me placer derrière. Le filet peut servir d'écran — c'est comme si un de vos coéquipiers vous protégeait — et il vous donne un beau choix de jeu. Si un gars vous pourchasse, vous filez de l'autre côté. Si vous êtes encerclé, vous pouvez faire la passe à quelqu'un dans l'enclave en soulevant la rondelle par-dessus le filet. Et si on vous laisse manœuvrer, eh bien vous n'avez qu'à la loger dans le but et à retourner tranquillement vous asseoir au banc! Je me souviens d'un soir à Hartford où les Whalers avaient décidé que pour rien au monde ils ne me suivraient derrière le but. La première fois que je me suis retrouvé derrière leur gardien, j'ai bien dû rester là une bonne vingtaine de secondes! C'en était presque comique! J'imagine que j'aurais pu attendre là deux minutes, arrêter de jouer et prendre une gorgée d'eau à même la gourde du gardien! J'ai finalement soulevé la rondelle à un coéquipier bien posté devant le filet qui n'a eu aucune difficulté à marquer. Cette situation est vraiment infernale pour le gardien de but, à moins bien sûr qu'il ait réellement des yeux derrière la tête!

C'est drôle, mais quand je suis sur la patinoire je vois à peine le gardien de but. C'est une question d'état d'esprit. Pour un compteur de 50 buts, le gardien représente une image floue. Pour un compteur de cinq buts, le gardien est un gigantesque amas de jambières et de protecteurs! Ce que je vois, moi, c'est le but; ce qu'il voit, lui, ce sont les jambières.

Ça m'amuse quand les gens me demandent si j'aime déjouer les gardiens à un endroit en particulier... Paul Coffey aimait bien me taquiner à ce sujet. Quand je revenais au banc après avoir marqué, il faisait semblant de tenir un micro et il me disait: «Il semble bien qu'on visait juste au-dessus de la rotule droite, n'est-ce pas mon cher Gretz?» Je lui répondais du tac au tac: «Tout juste, mon cher Paul!» Et j'ajoutais: «Mais il a fallu que je place la rondelle sur sa tranche. Il n'y avait vraiment pas beaucoup d'espace!»

Mais il existe vraiment quelque chose que j'aime bien faire subir aux gardiens. J'aime les faire languir! Je refuse de paniquer: je garde la rondelle, je la garde encore, et encore un peu plus... Ça les rend fous furieux! Ils finissent toujours par croire que je vais lancer alors ils bougent un peu, ce qui les débalance, et hop! je tire de l'autre côté. Exactement comme mon père m'a toujours dit de faire.

J'ai aussi appris à compter mentalement les secondes. Pour les 30 dernières secondes, je suis presque parfait. La plupart des autres joueurs paniquent et effectuent une passe imprécise ou un mauvais lancer parce qu'ils pensent qu'ils n'ont plus assez de temps. Mais 30 secondes, c'est long.

J'ai un rituel et j'y suis fidèle. Je n'en déroge jamais. Je revêts toujours mon équipement de la même manière: jambière gauche, bas gauche puis, dans le même ordre, la même chose à droite. Ensuite les culottes, puis le patin gauche, le droit, les épaulières, les protège-coudes, d'abord le gauche, ensuite le droit, et pour finir, le chandail, avec le côté droit dans mes culottes. À la séance de réchauffement, je commence *toujours* par diriger mon premier lancer beaucoup trop à droite du but, je reviens au vestiaire où je bois un Coke diète, un verre d'eau glacée, un Gatorade et encore un Coke diète.

C'est toujours moi qui arrive le premier sur la glace, avant chaque période, juste après le gardien de but. Sauf à l'époque des Oilers quand, pour une raison ou une autre, mon vieux coéquipier Dave Semenko n'était pas de l'alignement. Dans ce cas, j'étais le dernier. Je ne me fais jamais couper les cheveux lorsque nous voyageons parce que la dernière fois que ça m'est arrivé, nous avons perdu. Je refuse de prendre l'avion les vendredis 13, pour des raisons évidentes. Ne me demandez surtout pas pourquoi je fais tout cela.

1. Walter et Phyllis, avant ma naissance. Tout ce que je suis et tout ce que j'ai, je leur dois.

2. Beau comme un cœur. Que dire de plus! Quand Janet me dit que Paulina lui ressemble, je lui montre cette photo. N'est-ce pas que ma fille me ressemble?

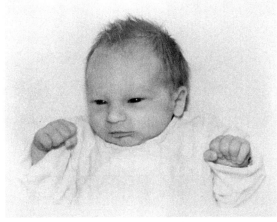

3. On peut voir les brins d'herbe qui poussent près du «Wally Coliseum». Mon père réussissait à maintenir la glace en très bon état, même au printemps. Cela tenait du miracle.

4. La ferme de mes grands-parents où habite maintenant ma sœur Kim. C'est là que j'ai patiné pour la première fois. J'adore cet endroit.

5-6. Nous aimions beaucoup mes grands-parents. On voit ici ma grand-mère Mary et mon grand-père Tony avec Kim, Keith et moi.

7. Quel plaisir que de conduire le tracteur de grand-père!

8-10. Mes trois héros: Bobby Orr, Gordie Howe et Jean Béliveau.

11. Je n'avais jamais réalisé ma petite taille avant de voir cette photo. J'avais six ans à l'époque et la plupart de mes coéquipiers en avaient onze.

12. Mon premier but. Le *seul* en fait de ma première saison.

13. Ma première saison fut la seule année où je jouai sans pression. J'ai adoré ça! Je ne pensais même pas faire l'équipe.

14. J'ai eu l'enfance la plus courte au monde. Mais aussitôt que je chaussais les patins, tout était fantastique. Cette photo date de 1975, l'année où toute ma carrière a changé. Quelle équipe nous avions!

15. Nelson Skalbania était tout un numéro. Il était très gentil avec moi. Je ne savais pas alors le rôle qu'il jouerait dans ma carrière de hockeyeur.

16. Ace Bailey fut mon meilleur ami, mon professeur.

17. Jouer en compagnie de Gordie Howe, mon héros, me permit de réaliser un rêve.

18. Mon dix-huitième anniversaire.
À ma gauche, Ace Bailey.

19. Glenn Anderson collectionnait
deux choses: les chevaux de
course et les buts. À part cela, on
ne savait jamais à quoi s'en tenir
avec lui.

20.

21. Je viens de compter un 50e but en 39 parties. Et moi qui espérais atteindre ce cap en 50 parties!

22. Phyllis et Walter dans la «pièce des trophées». Ils auront peut-être à agrandir le sous-sol.

23. Ma réédition de l'exploit de Phil Esposito, à Detroit.

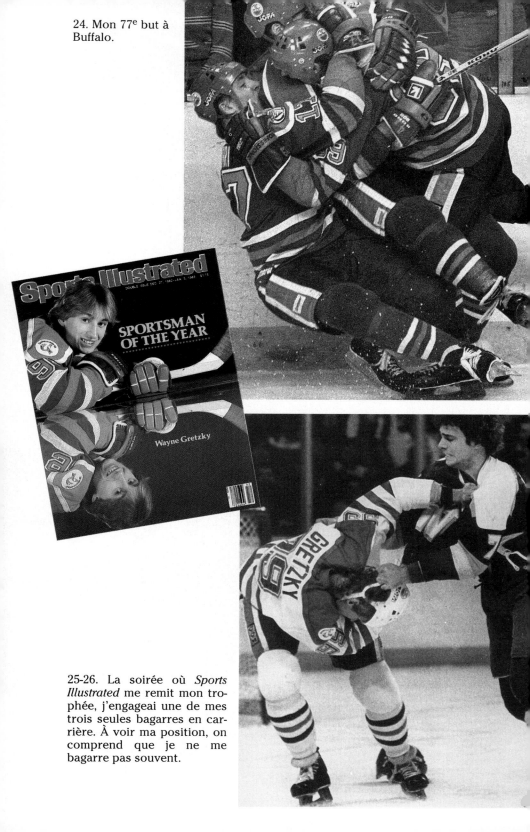

24. Mon 77e but à Buffalo.

Sports Illustrated

SPORTSMAN OF THE YEAR

Wayne Gretzky

25-26. La soirée où *Sports Illustrated* me remit mon trophée, j'engageai une de mes trois seules bagarres en carrière. À voir ma position, on comprend que je ne me bagarre pas souvent.

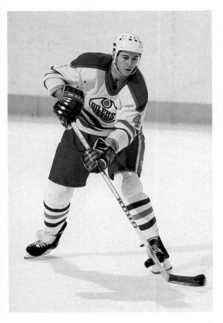

27. Kevin Lowe est un de mes meilleurs amis.

28. Andy Moog a été un gardien de but sous-estimé.

29. La saison 1983 a été fort décevante. Toute une année de travail qui s'envolait en fumée.

30. Je crois que j'ai changé la perception des gens face aux joueurs de petite taille.

31. Grant Fuhr est le meilleur gardien de but. Si j'avais à jouer une seule partie, avec comme enjeu tout ce que j'ai, je choisirais Grant pour garder les filets.

32-33. Je craignais cette partie au New Jersey.

34. Joey avait le don de nous remonter le moral.

35-36. C'est un jeu de finesse
et de vitesse.

37. À vingt ans, j'étais trop
jeune pour réaliser tout
l'honneur qu'on me faisait en
donnant mon nom à un
centre sportif.

38. Je n'étais peut-être pas le meilleur des grands frères, mais qui a eu la chance de faire un tour de patinoire comme celui-là?

39. La première Coupe Stanley est toujours la meilleure. Tout Edmonton a partagé notre joie.

40. Le trophée Connie Smythe gagné par Messier m'a procuré plus de joie que n'importe quel trophée que j'ai mérité.

41-42. Toute cette gloire et le fait, par exemple, de voir un jeu de hockey sur table porter mon nom, me semblait bizarre au début, et encore aujourd'hui.

43.

Quand j'ai été élu Athlète de l'année par la revue *Sports Illustrated*, j'avais les cheveux plus longs que je ne les avais jamais portés. Tout simplement parce que je connaissais une série de matchs avec des points et que je ne voulais pas l'interrompre. Juste avant les parties — et je sais que ça peut paraître étrange — je mange comme un ogre. Mes meilleures parties, je les joue avec l'estomac rempli de quatre hot-dogs, moutarde-oignons. (C'est peut-être parce qu'il n'y a pas un seul défenseur qui veut m'approcher après ça!) Dans notre fameuse série contre les Canadiens, j'ai mangé cinq hot-dogs avant la première partie et j'ai récolté cinq mentions d'aide!

Les jours de matchs, mon petit déjeuner se compose de deux ou trois œufs brouillés accompagnés de bacon, de quelques toasts de pain brun, et de thé ou de café. À midi, je mange un steak ou du veau avec des légumes, une salade et un dessert. Puis, juste avant de sauter sur la glace, je dévore un sandwich, un milk-shake et un énorme morceau de tarte.

Mon programme d'entraînement est tout ce qu'il y a de simple: pas de poids et haltères, pas de course à pied, pas de bicyclette, pas de stéroïdes ni de vitamines spéciales. Pendant la saison morte, je fais de l'exercice avec ma femme en écoutant les cassettes qu'elle a elle-même enregistrées, le tout pendant une quarantaine de minutes. Je joue beaucoup au tennis, un peu au basket et je m'assure de manger convenablement. Et c'est tout.

Il y a bien longtemps, Wally m'a aidé à pointer du doigt la plus grande raison de mes succès: je laisse tout le travail à la rondelle!

Les gens pensent que pour bien jouer au hockey, il faut ramasser la rondelle loin dans sa propre zone, déjouer à peu près 93 gars et laisser partir le boulet du siècle. Non. Laissez bouger la rondelle et vous, placez-vous au bon endroit. Peu importe si vous êtes Carl Lewis, vous n'irez jamais plus vite qu'elle! Gardez la rondelle en mouvement: passez-la, reprenez-la, passez-la. C'est comme pour Larry Bird. Son travail le plus dur c'est de se découvrir. Mettre le ballon dans le panier, après coup, n'est plus qu'un jeu d'enfant.

Une grande partie de l'entraînement de Wally consistait à m'encourager à développer mes propres petits trucs. Je sais que j'ai toujours eu du mal à bien jouer contre les Islanders quand j'étais à Edmonton parce qu'ils portaient des culottes de la même couleur que les nôtres. J'arrive à repérer tout le monde autour de moi en jetant de rapides coups d'œil sans jamais relever la tête. Pas besoin de voir l'insigne sur le chandail d'un gars pour savoir à quelle équipe il appartient. Mais les culottes des Islanders ressemblaient tellement aux nôtres que j'en étais parfois confus. Mon coéquipier Dave Semenko pensait que je me moquais de lui quand je lui ai dit ça. «Parfait, me dit-il. Je suppose qu'il faudrait leur demander de bien vouloir changer leurs couleurs.» Mais j'étais sérieux!

J'aime bien aussi utiliser mes pieds. J'essaie d'en faire des armes aussi efficaces que mon bâton. Et pourquoi pas? Tout le monde surveille votre bâton mais si vous faites semblant d'avoir raté la passe et qu'au dernier moment vous rattrapez la rondelle avec votre patin, vous pouvez facilement déjouer votre adversaire. C'est facile! Une fois, j'ai fait ça alors que j'étais entouré par quatre Canucks. J'ai laissé glisser la rondelle le long de la lame de mon bâton comme si je n'arrivais pas à la contrôler et soudain je l'ai poussée du pied gauche jusqu'à Jari Kurri qui, pour me rendre la politesse, s'est fait un plaisir de marquer.

Je pense que je me préoccupe plus de mon équipement que quiconque dans la LNH. Mes bâtons sont à peine courbés. De toute façon, avec le lancer frappé que je possède, je n'ai pas besoin d'une lame très courbée! Avec une lame plus droite, je contrôle mieux la rondelle et j'ai un meilleur revers. J'utilise un des trois bâtons les plus lourds de la LNH parce que mes poignets sont trop faibles pour que j'emploie des bâtons très flexibles. Si le bâton est flexible, je n'arrive pas à le contrôler. À mesure que la saison avance, mes bâtons raccourcissent. À la fin de l'année, ils mesurent un pouce et demi de moins qu'en octobre. Je suppose que plus la saison va, plus je suis fatigué, et je suppose que cette légèreté additionnelle me vaut quelques buts de plus en avril.

J'apporte un soin jaloux à mes bâtons. Je pose moi-même le ruban gommé sur chacun — et croyez-moi ça fait beaucoup de bâtons. La seule soirée où j'ai battu le record de Gordie, j'ai utilisé pas moins de 14 bâtons! J'aime que leur lame soit le plus large possible. Je ne voudrais surtout pas faire partie de la clique de ceux qui se plaignent constamment: «M... la rondelle a encore rebondi par-dessus mon bâton!» Pourquoi ne changent-ils pas de bâton? C'est exactement comme au tennis: pourquoi jouer avec une petite raquette alors que les plus grandes sont légales? Je n'ai jamais compris non plus ceux qui utilisent du ruban gommé blanc. Le ruban noir est plus épais et plus spongieux, ce qui donne une meilleure prise à la rondelle. Le seul bon côté du ruban blanc est qu'il est moins poisseux que le noir. Mais pour remédier à ça, vous n'avez qu'à saupoudrer un peu de talc sur le ruban noir. Avant d'espérer développer votre habileté au maniement du bâton, vous devez apprendre à apprivoiser votre bâton, à le connaître.

Bandez-moi les yeux et donnez-moi un bâton qui pèse un quart d'once de moins que le mien et je saurai tout de suite qu'il ne m'appartient pas. Même chose pour les patins. À une certaine époque, Bauer, le fabricant de mes patins, s'obstinait à m'envoyer un modèle que je m'empressais de renvoyer aussitôt. Quelque chose n'allait pas avec ces patins, mais je ne pouvais pas dire quoi au juste. Enfin, après la 70e paire et après les avoir rendus tous fous, j'ai réussi à mettre le doigt sur le bobo. «J'ai l'impression de patiner en descendant!» Les gens de Bauer vérifièrent donc les lames et ils réalisèrent qu'elles présentaient une inclinaison d'un degré supérieur à mes anciens patins.

J'ai toujours aimé porter mes patins très serrés. Je trouve que ça m'assure un meilleur contrôle. Je ne veux surtout pas que mon pied glisse ou bouge dans ma bottine. Pour mes souliers, je chausse du 10, mais je prends du 8 1/2 pour mes patins. La plupart des gens auraient les pieds complètement engourdis au bout de 15 minutes mais j'ai deux jointures à mes orteils, ce qui fait que je peux les recroqueviller. Ainsi, je me sens parfaitement à l'aise. (Voilà! Vous savez tout sur mes pieds... Mais peut-être n'en demandiez-vous pas tant?) J'exige aussi de mes patins qu'ils soient faits du cuir le plus souple. De cette façon, je n'ai qu'à incliner légèrement mes pieds d'un côté pour pouvoir «tourner sur un 10 cents». Si les patins sont très rigides, vous ne pouvez pas tourner aussi rapidement. Je serais incapable de porter des patins moulés.

Mon père m'a toujours conseillé de porter l'équipement le plus léger possible. Le hockey est un jeu où vous devez *sentir* les choses et vous ne sentirez pas grand-chose si vous portez une armure sur vous. Mes gants et mes protecteurs sont donc les plus légers disponibles.

On parle beaucoup des arbitres, et moi je pense qu'ils méritent notre respect. Dieu sait à quel point ils sont mal payés et maltraités. Il m'arrive de discuter et même de me disputer un peu avec eux mais j'essaie de ne pas les ridiculiser. Si ça m'arrive, je vais m'excuser après la partie ou alors je leur écris une lettre. Ça m'est d'ailleurs arrivé assez souvent.

Si vous me posiez la question, je vous répondrais qu'il y a quelques aspects de mon jeu que j'aimerais changer. Par exemple, j'aimerais être plus efficace en défense. Coffey aimait me taquiner là-dessus. Il m'appelait le Flamant rose parce que je lève la jambe pour me protéger quand un lancer arrive près de moi. J'aimerais aussi avoir un meilleur lancer même si j'estime que, pour être efficace, on n'est pas obligé de défoncer les bandes. Vaut mieux être précis et décocher son tir le plus vite possible. Certains joueurs peuvent laisser partir des boulets de canon, mais ça leur prend une éternité à armer leur tir. Alors à quoi bon?

Mon inefficacité pendant les échappées est devenue légendaire. Peut-être est-ce parce que je pense trop? Certains soirs, n'importe qui peut m'arrêter sur une échappée. Un jour, pendant une campagne de levée de fonds pour une œuvre de charité, on m'a fait affronter un prêtre. Sparky, notre entraîneur de l'époque, m'a dit: «Tu sais, Gretz, de toute façon tu es perdant: si tu marques, tu passes 10 ans au purgatoire.» Mais le prêtre a réussi à faire l'arrêt. Un autre jour, c'était contre l'écrivain George Plimpton. Je n'ai pas réussi à le déjouer lui non plus!

J'aimerais aussi soigner mon langage sur la glace. Il y en a des pires que moi, mais quand même! Parfois, dans le feu de l'action, je m'échappe... Le pire c'est que ma mère arrive à lire sur mes lèvres quand elle me voit à la télé. D'ailleurs, j'ai pu constater que bien des gens arrivent à le faire! Je veux profiter de cette occasion pour faire mes excuses à tous les enfants qui m'ont ainsi «entendu» dire de vilaines choses. J'espère que ce n'est pas un aspect de mon jeu qu'ils essaieront d'imiter.

On dit qu'il y a une loi non écrite dans la Ligue qui veut que personne ne me touche jamais. Ridicule! Mon Dieu, dites-vous bien que lorsque l'on jouait contre Mike Bossy, les gars se réunissaient dans le vestiaire et disaient: «O.K. Courez après Bossy!» Et je vous garantis que c'est ce qu'ils disent à mon sujet. Seulement, j'ai tout appris sur l'art subtil de jouer les courants d'air.

Mettez ça sur le compte de la peur. Quand on pèse 170 livres et qu'on joue contre des gars de 210 livres, on apprend très vite à repérer TOUT LE MONDE sur la patinoire. Sinon, il y a de bonnes chances de se retrouver au troisième balcon! Écoutez, soyons réalistes; s'il fallait que Ken «le bombardier» Baumgartner me frappe d'aplomb, il ferait de la bouillie avec moi! J'ai appris à éviter les contacts en jouant à la crosse quand j'étais plus jeune. J'ai appris à rouler sous une mise en échec de façon à ne pas absorber le plus gros de l'impact.

Je me souviens d'un soir à Sault-Sainte-Marie où l'entraîneur adverse avait offert deux dollars à ses joueurs pour chaque mise en échec contre moi. Tous les joueurs étaient persuadés de finir la soirée millionnaires. Pourtant, tout ce que l'instructeur accepta de payer fut un dollar pour ce qu'il considérait avoir été des demi-plaquages.

Il y a aussi ceux qui *savent* comment m'arrêter. Neil Sheehy, des Capitals de Washington, expliquait un jour que, lui, il avait «appris» à freiner mes élans. Il disait qu'il suffisait de m'appliquer de «dures mises en échec». Curieusement, le soir qu'il choisit pour affirmer ça, nous venions de les battre 7-4 à Landover et j'avais récolté deux buts et une passe...

Au moins, Neil ne se contente pas de s'accrocher à moi comme la plupart de mes autres couvreurs. Je n'ai jamais trouvé qu'il fallait un grand talent pour suivre un gars pas à pas toute une soirée, accroché à son chandail ou à son bâton. Tout ce que j'ai à faire c'est de patiner à côté d'un autre joueur adverse. Comme mon «ombre» se fait un devoir de me suivre où que j'aille, je me retrouve avec deux gars sur le dos, ce qui libère évidemment mes coéquipiers. Les couvreurs ne sont habituellement pas très malins. Si j'allais soudainement aux toilettes, je pense qu'ils quitteraient la patinoire et qu'ils me suivraient là aussi...

C'est pour ça que j'admets volontiers que, s'il le faut, je n'hésite pas à plonger. Une fois sur deux, quand je suis réellement accroché, l'arbitre ferme les yeux. Alors... Et puis qu'est-ce que je pourrais faire d'autre? Je ne m'appelle pas Mark Messier. Moi, je ne peux pas me permettre de me retourner et d'envoyer un bon coup de poing derrière la tête de mon couvreur comme Mark le fait si bien.

Je peux comprendre que les gens me considèrent comme un grand athlète et j'apprécie qu'ils le fassent. Mais je ne sais jamais quoi répondre quand les journalistes me demandent: «Quel effet ça fait d'être un des plus grands joueurs de l'histoire du hockey?» Primo, je n'en suis pas si sûr et secundo, je n'y pense jamais. J'ai tendance à trouver ça un peu embarrassant. Je me considère comme quelqu'un de tout à fait ordinaire. La dernière chose que je voudrais serait d'avoir une limousine qui m'attende à ma descente d'avion pendant que mes coéquipiers grimpent dans un autobus. Et je ne veux surtout pas qu'on me donne la plus belle suite à l'hôtel ou la meilleure table au restaurant quand je voyage avec l'équipe.

Gordie Howe jouait dans l'AMH — il était alors dans la quarantaine et il était déjà une légende vivante — quand il alla voir l'entraîneur pour lui dire: «As-tu fait la tournée des chambres la nuit dernière?» L'instructeur acquiesça. Alors Gordie dit: «Pourquoi n'as-tu pas vérifié si j'étais dans la mienne? Je fais partie de cette équipe, moi aussi.»

Voilà le genre de comportement que j'admire.

CHAPITRE 7

«Vous serez catapulté d'un canon! C'est tout!»

Vous n'avez pas idée du nombre de compagnies qui veulent vous faire endosser leurs produits lorsque vous gagnez la Coupe Stanley. J'ai fait pas mal d'annonces publicitaires depuis ce temps et la meilleure d'entre elles était justement celle que je ne voulais pas faire. Ça s'est passé juste après mon échange à L.A. Notre fille Paulina venait de naître et je menais une vie de fou. J'avais l'impression d'être en représentation tous les soirs. D'habitude, mon agent Mike Barnett ne m'incite pas à faire les choses dont je n'ai pas envie, mais pour cette publicité-là, il était particulièrement insistant.

«Wayne, écoute-moi. Celle-là, il faut que tu la fasses. Ça va être super, tu vas adorer ça!

— Michael, je ne veux contrarier personne mais je n'ai vraiment pas le temps. Ne peut-on pas annuler tout ça?»

Quatre-vingt-dix-neuf fois sur cent, il aurait acquiescé à ma demande. Sauf que cette fois-là, pour une raison ou une autre, il ne l'a pas fait. Il a fini par m'appeler un soir et il m'a dit: «Wayne, il faut que tu fasses cette annonce et il faut que ça se fasse demain. C'est maintenant ou jamais.

— Parfait. C'est jamais.»

Évidemment, j'ai accepté. J'ai horreur des situations conflictuelles. Il a fallu que je me lève tôt un jour de match et que je roule jusqu'à une patinoire qu'ils avaient louée pour l'occasion. Sur le chemin, je maudissais Michael.

Quand je suis arrivé là-bas, le réalisateur m'a dit que tout ce que j'avais à faire était de patiner vers la caméra, de freiner et de dire: «Bo connaît le hockey.»

Bo connaît le hockey? On me fait lever à 6 h du matin pour venir dire: «Bo connaît le hockey»? Eh bien, je n'ai pas réussi à dire convenablement ces quatre mots! Je les disais avec la mauvaise intonation ou encore au mauvais moment, ou bien je tournais la tête du mauvais côté. Je me trompais tout le temps. Je ne suis pas sir Laurence Olivier! En plus, je voyais l'heure de la partie approcher et ça me rendait nerveux.

Finalement, le réalisateur décida qu'il restait suffisamment de temps pour un dernier essai. Celui-là, il fallait que je le réussisse sinon ils auraient perdu tout l'argent investi pour louer l'aréna et pour payer l'équipe technique. Le réalisateur me dit: «Écoute, tu n'as qu'à patiner vers la caméra et à dire: "Non".»

J'ai fait ce qu'il me disait de faire et j'ai dit: «Non», sauf que là encore, j'ai tout raté. J'ai dit «non» comme si je disais: «Non, je n'ai vraiment aucune idée de ce que je fais ici.» Et puis tout à coup le réalisateur a bondi et a dit: «Oui! C'est ça! C'est parfait!»

Trois mois plus tard, ils m'envoyèrent la cassette. J'ai tout de suite vu que c'était la meilleure annonce publicitaire que j'avais jamais tournée. (Et la plus payante si on considère le rapport mot/dollar!) Cette pub faisait partie de la série où l'on voit Bo Jackson frapper un coup sûr, réussir un panier au basket ou bien lancer un ballon de football. Différents athlètes, représentants de ces différentes disciplines, disent ensuite: «Bo connaît le football» ou «Bo connaît le basket-ball». Mais je vais vous confier un secret. Quand ils l'ont filmé en train de «jouer» au hockey, ce que vous ne voyez pas c'est qu'il est en chaussettes sur un plancher de bois!

Hé, Mike, je te l'avais bien dit que cette annonce serait super!

Je l'avoue, j'ai eu bien de la chance de pouvoir signer autant de contrats publicitaires. Il y a eu des draps Gretzky, des boîtes à lunch Gretzky, du papier peint Gretzky, des montres Gretzky, des tablettes de chocolat Gretzky, des posters Gretzky, des T-shirts et des coupe-vent Gretzky, sans parler des chandails, des vidéos, des jeux de hockey sur table et même, oui, même une poupée Gretzky.

J'avais horreur de cette poupée. Chaque fois que nous visitions une autre équipe, quelqu'un dans la foule la faisait se balancer au bout d'une corde. Ou bien ils la faisaient brûler. Ou bien les deux. On la vendait avec un petit sweat-shirt et un petit habit de soirée, probablement parce que la petite poupée Gretzky aurait à assister à tout plein de petits banquets... Ils avaient seulement oublié d'inclure le poulet de caoutchouc miniature.

Nous avons reçu tellement d'offres au fil des ans (une compagnie a même voulu que je signe un gant de soft-ball! Et pourquoi pas une boule de quilles tant qu'à faire!), que nous nous limitons maintenant à quelques grandes compagnies avec lesquelles nous espérons établir des relations à long terme: Coke, Nike, Zurich, Peak, General Mills et American Express. Ces contrats m'ont permis de réaliser des choses extraordinaires. Par exemple, j'ai tourné la première publicité nord-américaine où figurait un athlète soviétique. Tretiak et moi étions porte-parole pour Gillette. Nous nous tenions nez à nez et nous avions l'air de nous préparer à une confrontation historique et dramatique. Puis, la caméra s'éloignait et on découvrait que nous nous apprêtions à jouer au hockey sur table.

Les gens veulent tout le temps savoir si j'utilise vraiment les produits que j'endosse. La réponse est oui. Je ne suis pas assez bon acteur pour faire autrement. Vous ne me verrez jamais commander autre chose qu'un Coke. Et croyez-moi, les gens m'épient comme des faucons pour s'en assurer: «C'est vraiment du Coke? Laissez-moi donc goûter...» Je serais parfaitement incapable de boire quelque chose que je n'aime pas simplement pour gagner un peu d'argent. Ainsi, j'ai participé à l'élaboration du concept, du contenu et du design des céréales Pro Stars de General Mills, pour le Canada, bien avant que ce ne soit à la mode de vendre des céréales «santé». On voyait ma photo sur la boîte. Un jour, un garçon est venu chez moi, à Brantford, pour me demander une photo autographiée. Pris de court, j'ai dû lui donner ma boîte de Pro Stars... Après son départ, j'ai constaté que j'en avais mangé une bonne moitié!

Je ne sais pas comment Michael Jordan se débrouille avec tous ses tournages, sollicitations et apparitions publiques mais je sais que moi, il y a des jours où j'aimerais pouvoir me dévisser la tête, la déposer quelque part et oublier que le monde existe. Je me souviens d'un temps, au début de ma carrière, où j'étais en train de devenir fou à force de prendre des engagements. Nous revenions à peine de Russie, mon tournoi de tennis des célébrités allait commencer et il fallait que j'aille à Toronto tourner une publicité pour Mattel. J'ai fini par appeler Mike: «Annule. Je paierai ce qu'il faudra payer mais annule tout.»

Oh, qu'ils étaient furieux! Mais je ne me sentais pas la force d'y aller d'un autre petit sourire pour la caméra. Alors plutôt que d'aller à Toronto, j'ai été à la ferme de grand-mère, j'ai pris une canne à pêche et j'ai marché jusqu'à la rivière – tout seul. Seigneur, il fallait que je sois vraiment au bout du rouleau parce qu'entre vous et moi, j'ai une sainte horreur de la pêche! Mattel m'envoya la facture pour la location du studio et le salaire des membres de l'équipe technique: 15 000 dollars. Et voulez-vous que je vous dise? je n'ai pas regretté un seul de ces dollars.

On m'offre tout le temps des cachets importants pour que je prononce un discours et que je participe à un dîner. Je n'ai qu'à revêtir mon smoking, sacrifier quatre heures de mon temps et je reçois un chèque dans les cinq chiffres. Mais je préfère refuser ces invitations et louer un film en compagnie de ma femme et de ma fille. Il y a des choses qui n'ont pas de prix.

Je refuse pratiquement toutes les invitations à participer à des émissions de télé. Les producteurs feraient pourtant à peu près n'importe quoi pour que j'accepte. Un jour, j'ai reçu un appel d'un gars qui me proposait 25 000 $ pour que je participe à son émission. Il a éveillé ma curiosité avec un tel montant. Je lui ai demandé ce que j'aurais à faire. Il m'a répondu: «Vous serez catapulté d'un canon... C'est tout!»

En vérité, l'argent peut représenter bien des tracas. Je sais bien que vous aimeriez probablement avoir ce genre de soucis mais certains problèmes augmentent au même rythme que votre compte en banque. Vous êtes sollicité à gauche et à droite et vous finissez par vous préoccuper de tout le monde. Évidemment, vous n'êtes pas le père Noël mais vous ne pouvez pas vous résoudre à faire la sourde oreille à ceux qui sont réellement dans le besoin. Et croyez-moi, tous les jours je reçois des lettres et des coups de téléphone de gens que je pourrais aider... Enfin, je pense. J'ai conservé cette lettre — la championne toutes catégories.

Cher Wayne,
J'ai vu un reportage à la télé sur vous, votre famille, votre carrière et votre salaire. Ils ont dit que, d'ici 1991, vous aurez gagné environ 50 millions de dollars (mon salaire: 900 dollars). Vous seul pouvez m'aider. J'ai rencontré une jeune fille il y a huit mois et je veux l'épouser l'an prochain mais ça me paraît impossible à cause de mes dettes (16 250 $ US). POUVEZ-VOUS ME DONNER CET ARGENT?? Pouvez-vous m'en faire cadeau? Oui? Ou alors pouvez-vous me prêter les 16 250 dollars? Je vous rembourserais 50 dollars par mois jusqu'en 2012. S'IL VOUS PLAÎT!
P.-S. Vous tenez ma vie entre vos mains.

Mais ce n'est pas toujours aussi drôle. Une dame téléphona un jour à Mike, disant qu'elle appelait de la part de Sammy Davis Jr; elle voulait que je la rappelle. Ce que je fis. Elle me demanda de l'argent pour Sammy qui avait de très graves problèmes d'argent, disait-elle. Mais après un moment, elle finit par avouer que c'était elle qui avait besoin d'argent et non pas Sammy. Elle me raconta son histoire: elle était infirme, elle allait perdre sa maison, etc. Enfin, tout ce qu'il fallait pour faire pleurer. Tout attristé, j'étais prêt à lui envoyer 1000 dollars ou quelque chose comme ça. Je lui demandai combien elle voulait. Elle me répondit: «Cinquante-sept mille dollars.» Vérification faite, Sammy Davis Jr n'avait jamais entendu parler de cette femme.

Ma méthode à moi, c'est de parrainer certaines organisations charitables et de participer aux levées de fonds du mieux que je peux. Mon tournoi de soft-ball des célébrités, à Brantford, a permis de recueillir plus d'un million de dollars pour les aveugles. Mon père, avec l'aide de certains hommes d'affaires de Brantford, veille à ce que chaque dollar reçu soit remis à ceux qui en ont besoin. L'administration n'empoche pas un sou.

C'est un petit garçon rencontré dans un aéroport un jour qui m'a sensibilisé à la cause des aveugles. Il me demanda si j'étais Wayne Gretzky. Il me dit ensuite: «C'est bien ce que je pensais. Je suis aveugle mais j'ai reconnu le son de votre voix.» Une des raisons qui m'ont décidé à faire ce livre est le fait qu'il soit aussi publié en braille.

De toute façon, je ne suis pas vraiment dépensier. J'achète des vêtements pour ma femme et pour moi mais nous ne sommes ni l'un ni l'autre très portés sur les bijoux. Je ne porte qu'une montre et une alliance. La maison que nous avons achetée à L.A. est beaucoup trop grande alors nous en cherchons une plus petite. Nous n'avons pas envie non plus d'acheter des Van Gogh à 40 millions. Là où je ne compte pas c'est quand il s'agit d'acheter des voitures. J'ai acheté à Janet, en cadeau de mariage, une Rolls Royce Corniche de couleur crème. Moi, j'ai déjà eu une Bentley noire mais après quelque temps, je me suis lassé de me promener dans une voiture qui aurait plu aux Rockefeller! Cette voiture me mettait mal à l'aise. Je revenais de Newport Beach un jour et je me suis rendu compte que j'avais tellement peur d'être accroché que je roulais à 40 à l'heure! À ce rythme, il m'aurait fallu trois heures pour rentrer chez moi. Alors j'ai vendu la Bentley à Mark Messier et j'ai acheté une décapotable: une Porsche Speedster blanche, modèle James Dean.

Il semble que beaucoup de grandes vedettes du sport dépensent leur argent en consommant de la drogue. Personnellement, je n'ai jamais, au grand jamais, touché à la drogue. Ni la mari, ni la coke, ni les speeds, rien. C'est une chose dont je suis particulièrement fier.

Le succès et l'argent arrivent en même temps, c'est une chose bien connue. Ça m'a quand même pris un certain temps avant de m'y habituer. C'est l'année où les Oilers ont été acceptés dans la LNH que j'ai, pour la première fois, été reconnu à l'extérieur du Canada. J'étais à bord d'un avion qui quittait Chicago et le gars qui était assis à côté de moi m'a dit: «Tu es avec les Oilers?» Moi, tout fier, je lui ai répondu que oui. Il m'a demandé: «Et combien de verges Walter Payton a-t-il gagné aujourd'hui?»

D'accord, j'admets que Nike ne m'aurait pas offert de contrat à cette époque, mais quand même...

Ma vie a complètement changé après cette saison-là. Que ce soit à New York, Chicago ou Buffalo, personne ne me reconnaissait. Voilà que soudainement, je ne pouvais plus traverser une rue sans me faire arrêter!

Neuf ans ont passé et maintenant, je me sens tout drôle quand je ne suis pas reconnu. Si j'arrive quelque part et que personne ne s'exclame: «Hé, c'est Gretzky!» j'ai l'impression qu'il y a quelque chose de louche et je me tiens sur mes gardes. C'est presque devenu un phénomène universel. Alors que nous étions allés nous reposer en Martinique, Janet et moi avons vu un petit garçon jouer au hockey avec un de mes bâtons Titan autographiés! Je n'avais vraiment pas envie d'être reconnu encore une fois alors on s'est cachés dans un restaurant. Devinez-vous ce qui était affiché au mur? Une couverture encadrée d'un numéro de *Sports Illustrated* représentant votre humble serviteur. J'ai dû la signer pour faire plaisir au patron, qui était canadien.

Mais au fond, j'adore ça. Je ne vois aucun problème à ce que les gens demandent mon autographe, ou qu'ils me serrent la main ou qu'ils désirent garder ma serviette de table en guise de souvenir. Mais ça change les habitudes de vie d'un homme! Je ne peux plus me permettre de faire certaines choses pourtant bien anodines: faire l'épicerie, aller dans les magasins ou au cinéma. J'ai bien essayé d'aller voir des films mais j'ai passé le plus clair des deux heures à signer des autographes...

Une autre chose a changé aussi: mes vêtements. J'adore les vêtements et plus particulièrement les complets. Mon couturier favori s'appelle Gianni Versace. Ma femme m'a emmené un jour dans une boutique très chic de Rodeo Drive où on trouve toutes ses créations. Je n'achète que des complets foncés. J'ai arrêté de porter des vêtements blancs ou clairs en public il y a bien des années: les gens sortent leurs stylos pour que je leur signe des autographes et je me retrouve avec des taches d'encre partout sur les vêtements. Il n'y a rien de pire que de voir un complet de 1200 dollars irrémédiablement perdu à cause d'un Bic de 99 cents!

C'est après une défaite que la célébrité me pèse vraiment. Tout ce que je voudrais c'est m'enfuir au plus vite du vestiaire et aller donner quelques bons coups de pieds dans une poubelle. Mais c'est moi qui dois répondre à toutes les questions, une demi-heure après que tous les autres joueurs sont partis. Ça fait partie de mon travail et je ne me défile jamais. Mais je me dis parfois que j'ai répondu à plus de questions stupides que n'importe qui sur terre.

«Quel effet ça fait d'amasser autant de points?» Qu'est-ce qu'on est supposé répondre à ça? On m'a même déjà demandé si mes cheveux étaient mes vrais cheveux! Oui, ce sont mes vrais cheveux mais mes dents sont fausses. À vrai dire, seulement six d'entre elles. Quand j'avais 10 ans, un enfant m'a brisé toutes les dents d'en avant avec son bâton. Mon père avait dépensé une fortune sur l'appareil correcteur dont je venais d'être débarrassé, une semaine auparavant, et là, répandus sur la glace, gisaient trois mois de salaire.

«Est-il exact que vous ne savez pas danser?»

Bon, d'accord, c'est vrai. J'en suis incapable. Je ne sais pas faire deux pas. Ma femme n'y comprend absolument rien: «Tu as un rythme parfait quand tu chausses les patins. Que se passe-t-il quand tu les retires?» Évidemment, pour elle c'est facile à dire: adolescente, elle a été élue Miss Dance America.

Suis-je meilleur chanteur que danseur? J'aimerais pouvoir le prétendre mais il se trouve que je n'ai aucune oreille. Un jour, je répétais une chanson que j'étais censé chanter à l'émission *Saturday Night Live*. J'avais le walkman sur les oreilles et je chantais à tue-tête. C'est alors que je m'aperçus que ma propre fille, la chair de ma chair, riait de moi. Elle n'avait que cinq mois mais, déjà, elle savait instinctivement que je chantais affreusement faux. Ce sont des choses qui font mal.

Et puis il y a toutes ces questions... Je sais que les journalistes ont un travail à faire et j'estime que 95 p. 100 d'entre eux s'acquittent bien de leur tâche. Reste qu'il y en a qui ne connaissent rien au hockey. Prenez Stan Fischler, par exemple. Tout le monde à New York est persuadé qu'il est un grand expert. Mais en vérité, il n'y connaît pas grand-chose. Il m'a déjà dit de ne pas accorder trop d'importance à ses articles puisque, de son propre aveu, la plupart du temps il ne les écrit que pour la polémique. Parfait. Mais quand il tient des propos incendiaires, il ne fait jamais précéder son texte d'une petite notice: «Surtout, ne prenez rien de ceci au sérieux. Je veux simplement vous provoquer.»

Mais ce qui m'irrite vraiment à propos des journalistes c'est quand ils s'obstinent à venir m'interviewer, moi, un soir où j'ai récolté une mention d'aide mais où Luc Robitaille a compté trois buts. Comment croyez-vous que Luc se sent après ça? J'ai décidé que, ces soirs-là, je ne répondais qu'aux questions ayant trait à mon coéquipier. Pour le reste, je fais comme si je n'avais rien entendu. Et tant pis si ça met les journalistes en colère!

Je suis parfaitement au courant qu'il y a plein de gens qui me détestent. Il y a même déjà eu un fan club anti-Gretzky! Ces gens-là ne me dérangent pas beaucoup; ils m'amusent plutôt. Je me rappelle d'un jour où j'avais pris un taxi à New York avec quelques coéquipiers des Kings. Aussitôt assis, voilà que le chauffeur a commencé à déblatérer sur le compte des joueurs de hockey: «Ça n'est qu'une bande de bons à rien trop payés!» Naturellement, Bernie Nicholls s'est fait un devoir de l'encourager: «Ouais! Comme ce Gretzky, hein? Il est drôlement surpayé, non?» Le chauffeur était en train de devenir tout excité: «Oh oui! C'est un minable!»

Le gars continua sur le même ton pendant 10 minutes. Arrivés à l'aréna, Bernie le fit arrêter juste devant un groupe d'enfants qui, il le savait, nous attendaient. Aussitôt la portière ouverte, les enfants se mirent à crier: «M. Gretzky, M. Gretzky! Est-ce que je peux avoir votre autographe?» Si le chauffeur avait pu creuser un trou dans le plancher de sa voiture et s'y engouffrer, il l'aurait sûrement fait!

Il y a deux choses qui m'inquiètent vraiment: les fous et les foules. Je ne sors jamais seul. J'aurais peur de me faire poignarder. Un matin, on s'est réveillés, Janet et moi, pour lire à la une du *Sun* d'Edmonton: «Gretzky victime d'un kidnapping?» On s'est regardés, comme pour se dire: «Ça va, on est bien à la maison?» Il s'est avéré que la police avait arrêté un gars qui avait enlevé quelqu'un d'autre mais qui avait l'intention de m'enlever, moi. Il déclarait qu'il aurait pu m'attraper mais qu'il avait changé d'idée, sous prétexte que j'étais une personnalité trop en vue.

Les gens qui vous *aiment* peuvent aussi être dangereux. J'ai eu les vêtements déchirés plusieurs fois. À Helsinki, en Finlande, les gens ont même fracassé une porte vitrée pour essayer de me rejoindre. Je me suis retrouvé dans des voitures entourées de tellement de personnes que je n'arrivais pas à ouvrir ma portière. J'ai dû klaxonner jusqu'à ce que la police arrive. C'est le genre de choses qui rendent Wally complètement fou. Un jour, alors que nous descendions lui et moi d'un autobus, la foule s'est mise à nous encercler. À tel point que Wally a été littéralement soulevé et emporté par la vague.

Je dois avouer que 99 p. 100 du temps les gens sont très gentils et que j'ai beaucoup de plaisir à les rencontrer. J'ai été interviewé par le magazine *Time* quand j'avais 22 ans. Environ deux semaines après, alors que je me promenais dans la rue, je vois, sur la couverture du *Time,* un dessin représentant

Larry Bird et moi-même avec, en grosses lettres: «Les meilleurs... tout simplement». J'étais aux anges! Je suis entré dans le magasin en acheter une copie en espérant que la caissière me reconnaîtrait. Mais non! «Ça fait 1,50 $», ce fut là son seul commentaire. Quelques années plus tard, Janet a fait la couverture du magazine *Life*. Ses réactions furent exactement les mêmes. Nous avons fait encadrer ces deux couvertures et nous leur avons réservé la place d'honneur à la maison.

J'ai déjà mangé avec le Premier ministre du Canada et avec le Président des États-Unis. À 22 ans, j'ai été à la Maison-Blanche après avoir participé à un match des étoiles qui avait eu lieu à Washington. Le président Reagan, qui avait tourné des films «sportifs» durant les années quarante, avait l'air de s'intéresser au hockey. Gordie, qui se trouvait là lui aussi, commença alors à bavarder avec lui comme s'ils se connaissaient depuis toujours. Moi, j'étais pétrifié! Je ne disais pas un mot et je gardais les yeux braqués sur Gordie: à chaque fois qu'il prenait une fourchette, je prenais la même.

J'ai l'honneur de faire partie du groupe sélect de ceux dont le portrait a été fait par Andy Warhol et par LeRoy Neiman. Tout le monde décrit Warhol comme un être bizarre mais moi, je l'ai trouvé très sympathique. Il a pris des photos de moi pendant trois heures et il a réalisé mon portrait à partir de ces clichés. Il a vendu six épreuves originales et il m'a fait cadeau d'une autre. Mike Barnett m'a dit que ma gravure était évaluée à plus de 50 000 dollars. Je l'ai accrochée au-dessus de ma cheminée. Je sais que ça fait un peu mégalomane, mais où voudriez-vous que je la mette? Dans la salle de bains?

J'ai déjà rencontré Muhammad Ali. La première chose qu'il m'a dite fut: «Hé, ce n'est pas toi le meilleur! C'est *moi* le meilleur! Ils t'appellent la Merveille, mais c'est moi le meilleur de l'histoire!» Tout ce que vous voudrez, Monsieur.

Il y a bien des avantages à être célèbre. Si je désire améliorer mon élan au golf, j'appelle mon ami Craig «le morse» Stadler. Il me fait tout le temps des cadeaux: des bâtons ou des balles. Un jour, il m'a offert 144 douzaines de balles. Même moi, je n'arriverais pas à en perdre autant!

C'est drôle, je suis devenu très riche mais les gens continuent à me faire plein de cadeaux. Quand j'avais 18 ans, j'ai tourné une publicité pour une compagnie de produits de rasage et ils m'ont envoyé 4000 rasoirs! Moi, j'ai été élevé dans une famille où on ne pouvait se payer que le strict nécessaire, alors je trouve ça injuste. Pourquoi me donner un cinquantième survêtement alors qu'il y a des gens qui ne peuvent s'en payer un seul? Voilà pourquoi je préfère faire don de tous ces cadeaux. Avez-vous idée du nombre de réveille-matin portatifs que j'ai reçus, gracieuseté des différents postes de radio où j'ai fait des émissions? Je pense que j'aurais pu ouvrir un magasin d'articles de sport si seulement j'avais conservé toutes les raquettes et les espadrilles de tennis qu'on m'a données.

Mais je ne me plains pas! Quand je vais au restaurant, je n'attends jamais pour une table, j'ai droit au meilleur service et, une fois sur deux, je ne règle même pas l'addition! Parfois, cependant, ça me rend mal à l'aise. Je ne peux me résoudre à utiliser ma célébrité pour réserver une table dans un grand restaurant. C'est Janet qui s'en charge ou bien nous n'y allons pas. Un jour, un ami de passage à L.A. voulait emmener sa femme dîner dans un restaurant huppé. Sauf qu'ils affichaient tous complet. Ma femme m'a dit: «Tu n'as qu'à appeler, Wayne.» À contrecœur, j'ai composé le numéro mais quand ils ont répondu, je n'ai pu m'empêcher de raccrocher. Parfois, je me trouve bien stupide!

La seule autre chose qui me met mal à l'aise c'est quand les joueurs des autres équipes me traitent trop «gentiment». Un jour, le gardien recrue des Flyers Cleon Daskalakis a même dit à Sather: «Quand Gretzky aura compté son premier but contre moi ce soir, j'aimerais bien qu'il me donne son portrait autographié.» Il semble que le p'tit gars avait vraiment envie de mon autographe parce que j'ai réussi à le déjouer dès la première période. Je lui ai signé une rondelle et je la lui ai fait envoyer à son vestiaire. J'aurais bien voulu qu'ils l'échangent aux Flames de Calgary! Ça aurait été un plaisir pour moi de lui signer toutes les rondelles qu'il aurait voulues!

Quand j'ai le temps, je ne refuse jamais de signer un auto-graphe. Mais j'ai souvent souhaité m'être appelé Bobby Orr. Ça m'aurait fait gagner bien du temps et ça m'aurait permis d'économiser des tonnes d'encre. J'ai bien essayé de signer «W. Gretzky», mais ça ne donne pas un très beau résultat. Je n'arrive pas à comprendre pourquoi les gens s'obstinent à me faire signer des rondelles: on ne voit strictement rien sur du caoutchouc noir. Une fois, on m'a même fait autographier un bébé endormi!

Mais on ne peut faire plaisir à tout le monde. Un jour j'étais au restaurant avec des amis à Toronto quand une femme est venue me demander un autographe. Je lui ai demandé son nom et j'ai écrit: «Pour Gloria, amitiés, Wayne Gretzky». Une demi-heure plus tard, elle était de retour à notre table, enragée: «Comment osez-vous écrire ça? Vous ne pouvez pas être mon ami, vous ne me connaissez même pas!» Elle mit le papier en pièces, le jeta sur mes lasagnes et tourna les talons.

Un jour, à notre descente d'autobus devant l'aréna Joe-Louis à Detroit, il devait bien y avoir un millier d'enfants qui attendaient pour nous demander nos autographes. Comme je ne me sentais pas la force de les affronter, mes coéquipiers m'ont convaincu de mettre un grand chapeau et des lunettes fumées et de sortir tranquillement comme si j'étais un des entraîneurs. Le plus drôle c'est que ça a marché! Sauf que j'avais des remords; quand j'étais enfant, moi aussi j'adorais les autographes. Une fois rendu à l'intérieur, je me suis senti tellement coupable que j'ai enlevé mon déguisement et suis ressorti aussitôt affronter la foule.

Les gens vont frapper à la porte de mon père, à Brantford, pour lui demander toutes sortes de choses. Je me débrouille donc pour qu'il ait en permanence des malles pleines de pho-tos autographiées. Ainsi, il n'a qu'à leur en tendre une à tra-vers la porte. Quand je vais chez mes parents, je m'assois à la table de la cuisine et je signe des photos pendant des heures et des heures.

Parfois, les demandes sortent vraiment de l'ordinaire. De temps en temps, un autobus s'arrête devant chez mon père et on demande la permission de visiter la maison. Papa les emmène au sous-sol, là où sont entassés tous mes trophées, et il leur permet de se faire photographier vêtus de mes chandails. Un jour, Wally a vu un type s'arrêter devant la maison, sortir de son auto pour venir arracher une touffe de gazon de la pelouse et repartir aussitôt en trombe. Bon an, mal an, je reçois à peu près 700 cartes de souhaits à Noël et environ 600 à mon anniversaire. Sans parler des bonnets pour bébés crochetés à la main!

Je reçois entre 2000 et 5000 lettres de fans chaque mois et nous répondons à chacune d'entre elles. Je dépense environ 25 000 dollars par année en frais de secrétariat, en timbres et en photos. Ça coûte cher, la célébrité! Mais je serais incapable de ne pas répondre à toutes ces demandes, surtout quand je pense à Gordie Howe, mon héros de jeunesse, qui m'a toujours envoyé toutes les photos que je lui réclamais. D'ailleurs, je les ai toutes conservées. J'ai conclu une entente avec Coca-Cola: c'est eux qui nous fournissent dorénavant toutes les enveloppes et tous les timbres. C'était ça ou bien j'exigeais le double!

Je l'avoue, je ne lis pas toutes les lettres que je reçois. Je préfère ne pas lire toutes celles où on me demande de l'argent parce que je sais que ça me briserait le cœur. J'évite aussi les lettres haineuses; et, croyez-moi, il y en a beaucoup. Les lettres écrites par des fous, celles où on menace d'attenter à ma vie, Michael les envoie directement à la police. Un jour, une lettre a réussi à parvenir directement jusque chez moi. Elle était adressée à «Wayne Gretzky, Kanada».

Certaines responsabilités vont de pair avec la célébrité; c'est ainsi que je suis parfois amené à côtoyer la misère. Souvent, c'est presque insupportable. Je visite fréquemment les hôpitaux pour enfants. Lors d'une de ces visites, j'ai rencontré un petit garçon de 14 ans nommé Derek. Il était atteint d'un cancer du cerveau en phase terminale mais il gardait le moral. Il m'a demandé si je pouvais lui amener des rondelles et j'ai promis que je le ferais. Je suis retourné la semaine suivante avec des rondelles, un bâton, d'autres souvenirs et j'ai emmené Janet avec moi. Ils se sont tout de suite très bien entendus. Elle lui a signé des autographes, donné des photos, et Derek m'a fait promettre de lui envoyer un de mes chandails.

Peu de temps après, nous recevions les Penguins de Pittsburgh et je fus accidentellement atteint à l'œil par le bout du bâton de Jari Kurri. La coupure étant profonde et ma vision étant tout embrouillée, je fus conduit à l'hôpital — celui-là même où Derek était hospitalisé. Quand le docteur eut fini de panser ma blessure, je demandai à voir Derek. Une infirmière poussa mon fauteuil roulant jusqu'à l'unité des soins intensifs. Je commençais à craindre le pire.

À voir Derek étendu, avec tous ces tubes, je compris qu'il était mourant. Mon chandail était accroché près de lui et mon bâton était appuyé sur son lit. Sur sa table de chevet, il avait placé le portrait de Janet et les rondelles que je lui avais données. Janet était venue me rejoindre et dès qu'elle le vit, elle se mit à sangloter doucement. Moi, j'avais du mal à retenir mes larmes.

Puis, soudainement, Derek se réveilla. Il me dit: «Wayne, ton œil a l'air très amoché. Tu es sûr que ça va aller?»

Il est mort le lendemain matin.

CHAPITRE 8

Mes coéquipiers

Quand je serai vieux, je penserai à toutes ces années passées à Edmonton et je pourrai dire: «Seigneur, nous formions alors une grande équipe.» Et même si quelques-uns d'entre nous ont fini leur carrière dans d'autres villes, encore aujourd'hui, les *parents* des joueurs continuent à se fréquenter. Nous étions tissés vraiment serré!

Nous formions probablement une des meilleures équipes de l'histoire du hockey. J'ai tellement de bons souvenirs de cette époque. Je nous revois, comme si c'était hier, assis dans le vestiaire. Parfois, nous étions graves et déterminés, parfois, au contraire, nous agissions comme de véritables malades mentaux! Je me souviens de la place exacte de chacun d'entre nous. J'étais assis dans un coin et, à mes côtés, il y avait Esa Tikkanen, Dave Lumley, Dave Hunter, Dave Semenko (les trois Dave), Grant Fuhr et Andy Moog. Messier était en face de moi avec Kevin Lowe à sa gauche, suivi de Coffey et de Glenn Anderson.

Je connaissais bien ces gars-là et je peux vous dire que certains d'entre eux avaient une réputation tout à fait imméritée. Prenez Dave Semenko par exemple. La plupart des gens voient en lui un monstre de 6 pi 3 po et de 220 lb, bâti comme une armoire à glace; ils en ont tellement peur qu'ils voudraient rentrer sous le tapis. La première fois que je l'ai vu, je l'ai voulu sur mon trio!

Les gens disaient qu'il était mon garde du corps, c'était faux: il était le garde du corps de l'équipe tout entière! En plus, il se débrouillait très bien avec un bâton et une rondelle. L'année de notre première Coupe Stanley, Semenko a joué le meilleur hockey de sa carrière.

Dave est aussi un des personnages les plus drôles qu'il m'ait été donné de connaître. Il s'arrangeait toujours pour avoir des problèmes avec Sather. Je me souviens d'une fois où après avoir pris quelques verres de trop il était entré une heure après le couvre-feu. Il était rentré par la porte arrière de l'hôtel et avait pris l'ascenseur réservé au personnel. Il était convaincu d'avoir réussi à déjouer Sather, jusqu'au moment où, après avoir ouvert la porte de sa chambre et allumé la lumière, il le vit, assis dans un fauteuil.

«Est-ce que la soirée a été agréable?»

Il s'avéra que c'était une question à 500 dollars...

Semenko était, et de loin, le meilleur bagarreur que j'aie jamais vu. Il assommait ses adversaires d'un seul coup de poing et les soutenait pour ne pas trop les humilier. La plupart du temps, il se contentait de leur faire peur. Il était tellement gros et il avait un tel regard que personne n'osait l'affronter. Il lui suffisait la plupart du temps de réciter sa fameuse réplique: «Je crois que c'est le temps qu'on aille faire un tour de canoë, toi et moi.» D'habitude, l'autre gars se mettait à reculer.

Et s'il ne vous aplatissait pas avec ses poings, il le faisait avec ses remarques. Une fois, Kent «Killer» Carlson, un gaillard de 6 pi 3 po et de plus de 200 lb, commença à faire de gros yeux comme s'il voulait s'en prendre à Dave. Dave le regarda en souriant et lui dit: «Comment as-tu reçu ton surnom, Killer, en abattant ton chien?»

À la fin d'une saison, Sather nous avait fourni tout un programme d'entraînement pour l'été: chaque jour, il fallait faire 50 push-ups, 50 redressements assis et courir deux milles en moins de 14 minutes. Un matin, Sather appela Semenko et lui dit: «Tu n'as pas l'air très en forme, Dave.

— Ça va très bien, lui répondit-il, je fais les push-ups et les redressements, mais j'ai des petits problèmes avec la course à pied.

— Ah bon, dit Sather, c'est encore ton genou?

— Non, non, pas du tout! répondit Semenko. C'est à cause du vent. Ma cigarette n'arrête pas de s'éteindre!»

Je lui ai déjà donné une voiture que j'avais gagnée en signe de reconnaissance du travail qu'il accomplissait pour moi et pour l'équipe. Son agent l'avait «soulagé» d'environ 100 000 dollars, et il avait des problèmes d'argent. Mais la voiture n'arrivait pas! Et Dave m'appelait tous les jours pour savoir où la m... auto était rendue: «Je sais ce qui se passe, maugréait-il. Il doit y avoir un gars à Detroit qui dit: "Quoi? Tu veux dire que c'est Semenko qui va l'avoir à la place de Gretzky? Très bien, enlevez-moi les sièges de cuir, le stéréo et les pneus à flancs blancs!"» Mais il a fini par l'avoir, son auto, et avec toutes les options.

Assis juste à côté de Coffey, il y avait un des plus grands ailiers droit de l'histoire du hockey, Jari Kurri. Si Jari n'est pas élu au Temple de la renommée, c'est qu'il n'y a vraiment pas de justice. On n'a pas toujours été très juste envers lui. Un jour, Sather a déclaré: «Une borne-fontaine compterait 40 buts en jouant avec Gretzky.» Mon œil! Quelqu'un a déjà calculé que Jari avait participé à 630 de mes 1669 points avec les Oilers. Sans lui, j'aurais encore été un bon joueur, ça oui, mais jamais je n'aurais pu réaliser ce que j'ai fait. Il y avait une telle complicité entre nous! Comme si nous avions été jumeaux. On avait mis au point un petit jeu. Quand nous jouions en désavantage numérique, je me dirigeais vers le banc, exactement comme si j'avais l'intention de céder la rondelle à un coéquipier. Et juste au moment où mes adversaires croyaient que j'abandonnais la rondelle, je pivotais et faisais une longue passe du revers à Jari qui s'amenait en trombe vers le filet. Il ne lui restait plus qu'à tirer. Vous seriez étonné du nombre de buts qu'on a comptés de cette façon!

C'est un gars charmant. C'est un joueur tout en finesse doté d'une accélération peu commune, mais qui, comme moi, a du mal à virer sur la droite. C'est surtout un grand ami. Je suis d'ailleurs le parrain de ses enfants.

Assis devant moi, de l'autre côté du vestiaire, il y avait Paul Coffey, deux fois récipiendaire du trophée Norris, celui qui avait réussi ce qu'à peu près tout le monde considérait impossible: abaisser la marque de points en une saison pour un arrière établie par Bobby Orr. Coffey a un talent exceptionnel et il est probablement le défenseur le plus rapide à avoir jamais vécu. Il a beau être un véritable lièvre sur la patinoire, sur la terre, c'est une véritable tortue!

Avec Paul, je pouvais me permettre de jouer à la vedette, d'être un peu prétentieux. On s'était connus à Toronto, en jouant au hockey-bottine, quand nous avions 14 ans. On aimait bien se taquiner, comme cette fois où j'arrivai avec de nouveaux souliers. Il dit d'une voix forte: «Wow! Que voilà de jolis souliers! Combien est-ce que ça a bien pu coûter?

— Quatre cents dollars!

— Wow! Quatre cents dollars?

— Ouais... chacun!»

À l'autre bout du vestiaire, il y avait Glenn Anderson, la machine à marquer des buts. Sather n'arrêtait pas de le menacer: «La prochaine fois que tu es en retard, je te colle une amende!» Mais il n'a jamais mis ses menaces à exécution. Personne n'arrivait à se mettre en colère contre Glenn. Ce qu'il préférait c'était les parties vraiment importantes. Plus grand était l'enjeu, meilleur Anderson était. Les mardis soir de janvier à Saint Louis, ça n'était pas vraiment son fort, mais quand arrivait avril, vous pouviez compter sur lui. Parfois, Glenn avait le regard perdu dans les nuages et vous aviez l'impression qu'il se trouvait à des années-lumière de la réalité. Au beau milieu d'un exercice — disons à Winnipeg — Ron Lowe s'amusait à l'apostropher: «Hé, Andy! Tout va bien à Chicago?»

Ce que les gens ignorent, c'est que Glenn est un gars vraiment brillant. Il était un des rares diplômés de l'équipe (il a étudié à l'Université de Denver), et ses champs d'intérêt n'étaient pas du tout limités au hockey. Il passait un temps fou à travailler pour le Cross Cancer Institute et il s'occupait de toutes sortes d'œuvres charitables. Le samedi matin, nous avions une très courte séance d'entraînement. Souvent, à la fin de l'exercice, il nous demandait: «Hé, les gars, pouvez-vous rester quelques minutes encore? J'ai 500 enfants qui arrivent tout à l'heure et je leur ai promis que vous seriez là.» Andy au grand cœur! Habituellement, nous restions tous, ne serait-ce que pour lui faire plaisir.

Kevin Lowe et moi sommes deux amis très intimes, c'est difficile pour moi d'en faire un portrait objectif. Kevin est un politicien né — dans le meilleur sens du terme! — et je pense qu'un jour il pourrait se retrouver en politique active. Il était le meilleur d'entre nous pour faire des discours et on aimait qu'il soit notre porte-parole. On avait le sentiment que Kevin, plus que quiconque, avait conscience que le hockey n'était qu'un jeu. Il préparait d'ailleurs activement son «après-carrière»: il a suivi je ne sais combien de cours de toutes sortes. Il a même travaillé durant un été pour une chaîne de restaurants, juste pour voir si ce genre de commerce pourrait l'intéresser un jour. Il faisait partie, lui aussi, du groupe de joueurs qui devenaient meilleurs à mesure que l'enjeu des parties grossissait.

Mais il y avait bien des rouages qui faisaient rouler notre machine. Il y avait Dave Lumley, une vraie peste pour les autres équipes mais peut-être le plus rusé de nos joueurs. Il y avait Esa Tikkanen, encore un Finlandais, tout à fait le genre de joueurs que vous préférez avoir «de votre bord». Je n'ai jamais réussi à comprendre s'il était stupide ou courageux... En tout cas, il pouvait rendre fou n'importe qui!

Il y avait aussi Dave Hunter, un des meilleurs en échec-avant mais aussi un des joueurs les plus mal habillés qu'il m'ait été donné de voir! Hunter était un bon gars de ferme qui adorait sa famille. Même s'il faisait beaucoup d'argent en jouant au hockey, chaque été il retournait à la ferme aider son père pour les récoltes.

Et puis il y avait Andy Moog, un gardien de but vraiment mésestimé. En fait, il n'y avait que nous qui savions à quel point il était bon. Il pouvait remplacer Grant n'importe quand, dans n'importe quelle situation, et il jouissait de toute notre confiance. Une année, Moog avait joué dans plus de matchs de la saison régulière que Grant, mais quand les éliminatoires arrivèrent, Sather le confina au bout du banc.

Le petit gars qui grouillait tout autour de nous, affairé à nous tendre des serviettes ou des bouteilles de Gatorade, s'appelait Joey Moss. Un de mes préférés. Joey était le jeune frère de Vicki Moss, avec qui je suis sorti pendant sept ans. Joey est né avec le syndrome de Down. Tout le monde l'adorait et le considérait comme un membre à part entière de l'équipe. Il travaillait pour nous durant la saison de hockey et aussi pour les Eskimos d'Edmonton pendant la saison de football. Chaque fois qu'on le voyait, on ne pouvait s'empêcher de penser à quel point nous étions des privilégiés. Certains naissent avec plus de capacités que d'autres. Qui sait, peut-être mon surplus de talent est-il relié à son infirmité? Je veux dire: peut-être que ce que j'ai reçu, moi, en plus, était la part qui lui revenait à lui? Pour nous tous, Joey était un symbole de tout ça. Il se crevait à effectuer des tâches simples qui pour lui ne l'étaient pas du tout, et il ne se plaignait jamais. Après ça, comment aurions-nous pu ne donner que des demi-mesures?

Quand nous avons perdu en éliminatoires contre Calgary en 1986, j'étais aussi déprimé qu'on peut l'être. Joey est venu me trouver, il a passé son bras autour de mes épaules et m'a dit: «Ne t'en fais pas, ça ira.»

Et puis il y avait bien sûr notre grand chef à tous, sans peur et sans reproche, Glen Sather, l'homme à la moue la plus méprisante de l'univers. Il avait une façon de vous toiser qui vous donnait envie de le détester pour le reste de vos jours.

Sather était tout un personnage. Il aurait pu exercer n'importe quelle profession, il n'avait que l'embarras du choix. Tout ce qu'il touchait devenait or. Il a si bien réussi dans ses investissements qu'il est devenu millionnaire. On avait l'impression qu'il était toujours au volant d'une nouvelle Jaguar!

Ce qui lui plaisait vraiment dans ses fonctions, c'était le jeu de pouvoir. Comme il était à la fois directeur général et entraîneur, il devait négocier les contrats. Il adorait ça. Puisqu'il ne pouvait plus goûter la compétition active, ça lui servait probablement de compensation. Sather pouvait démolir facilement un agent de joueur qui n'était pas très bien préparé. Peter Spencer, l'agent de Semenko, voulut un jour discuter du contrat de son client. Sather le questionna sur les statistiques des plus et des moins de Semenko. Spencer, malheureusement, n'avait aucune idée de ce qu'étaient les plus et les moins. Sather le jeta dehors!

Sather aimait avoir le contrôle mais, parfois, il dépassait les bornes, il pouvait même être franchement dégueulasse! Il essayait de convaincre les joueurs de signer une entente sans leur agent, «d'homme à homme». Et puisqu'il était également leur entraîneur, certains joueurs parmi les plus jeunes s'y résignaient, de peur de se le mettre à dos. Ils ressortaient de son bureau très appauvris!

Mais il faut rendre à César ce qui appartient à César et comme entraîneur, Sather était difficile à battre. Avec Ted Green, John Muckler et Barry Fraser, notre directeur du personnel, Glen a pratiquement révolutionné la Ligue. Avant ça, les Flyers représentaient le modèle à suivre dans la LNH: du poids, de la rudesse et même de la violence. Les autres équipes essayaient d'imiter Philadelphie. Et puis vinrent les Oilers! La vitesse, la finesse et le talent comptaient désormais. Nous avons marqué plus de 400 buts pendant cinq saisons consécutives, ce qui, trois ans plus tôt, aurait été complètement inimaginable.

Et qui donc aurait pu nous arrêter? Grant avait 22 ans, Mark, Paul et moi en avions 24, Jari et Kevin, 25. Il semblait bien que nous allions devenir une dynastie. Nous avions des admirateurs un peu partout, c'en était même parfois surprenant. Après les finales de 1983, je me suis rendu à New York accepter un trophée que me décernait la compagnie Seagram's à titre de joueur de hockey par excellence. Ce trophée était particulièrement agréable à gagner, parce qu'on vous payait le voyage à New York pendant trois jours et, qu'en plus du trophée, on vous remettait un chèque!

Nous en avons profité pour assister à une partie des Yankees, Mike Barnett, Charlie Henry et moi. Le préposé à l'équipement est venu nous voir pendant le match et il nous a dit: «Billy Martin aimerait vous rencontrer après la partie.»

On ne savait pas à quoi on s'exposait! On a réussi à quitter le vestiaire à 1 h 30 du matin, après avoir fait la connaissance de tous les joueurs et après avoir bu beaucoup de bière. Tout ce dont je me rappelle, c'est Billy qui disait qu'il n'en revenait pas du coup de bâton que m'avait assené Billy Smith. Plus il buvait, plus il s'emportait. À la fin, il se rua hors du vestiaire en criant: «Allons lui donner une bonne raclée!» Il était prêt à se rendre jusqu'à Long Island pour lui botter les fesses!

Cette année-là, la saison morte a été très courte. Dès le mois d'août, huit d'entre nous devaient se préparer pour la Coupe Canada — avec comme entraîneur-chef nul autre que Sather. Glen était loin d'être un idiot. Il savait que cette réunion hâtive de huit de ses meilleurs éléments lui donnerait une bonne longueur d'avance sur les autres équipes une fois la saison amorcée.

Mais cette Coupe Canada fut une déception sur toute la ligne. Évidemment, nous avons vengé notre humiliante défaite de 8-1 de 1981, mais ça n'avait plus la même saveur. Mon ami Tretiak avait pris sa retraite du club de l'Armée rouge. Même si certaines équipes de la LNH lui avaient fait des avances, Vladislav n'aurait jamais fait défection. Tretiak était profondément communiste. S'il avait fallu qu'il vienne en Amérique du Nord, la seule équipe pour laquelle il aurait voulu jouer était Montréal. Selon lui, les Canadiens savaient jouer au hockey de la bonne façon: en gentlemen. Il gardait encore le souvenir des tactiques déloyales employées par les Flyers de Philadelphie lors de leur affrontement contre l'Armée rouge. Il considérait que ces gestes n'avaient pas leur place au hockey. Mais Tretiak m'a dit que la nulle de 3-3 qu'ils avaient livrée au Canadien la veille d'un fameux jour de l'An était une des plus belles parties de hockey qu'il ait jamais jouées.

À l'heure de la Glasnost et de la Perestroïka, Vladislav pourrait bien être tenté par l'Amérique. Dommage qu'il soit trop tard pour qu'il puisse y jouer. Malgré tout, et ça vous montre à quel point il était extraordinaire, il reçoit encore aujourd'hui des offres d'équipes de la LNH! Peut-être que si les Rams de Los Angeles l'appelaient...

Autre déception à Coupe Canada: les Soviétiques n'ont même pas été de la finale. Nous nous sommes retrouvés en grande finale contre les Suédois. Ils n'avaient aucune chance contre nous. Il n'était absolument pas question que nous les laissions remporter la Coupe Canada, et surtout pas devant nos partisans. Ce fut un match à sens unique. Je ne veux pas couler les Suédois. Ils font chaque année des progrès remarquables et, en plus, ils adorent la LNH. Un jour, très bientôt, je suis convaincu que la LNH aura une division européenne et les gens seront étonnés du calibre de jeu qui y sera pratiqué.

Reste qu'à ce moment-là, les Suédois n'avaient aucune chance contre nous. En fait, la plus grande compétition venait de notre propre vestiaire. Il y avait six Islanders et huit Oilers dans cette équipe et, croyez-moi, on aurait dit deux bandes de motards rivales invitées au même bal de promotion! Ça faisait deux ans qu'on se tapait régulièrement sur le nez et, soudainement, il fallait que l'on devienne les meilleurs amis du monde. Moi, je ne me rendais compte de rien, peut-être parce que de toute façon Bossy et moi ne nous disions jamais un mot.

Finalement, ils demandèrent à Larry Robinson et à moi d'organiser une réunion d'équipe pour mettre les choses au clair. Nous nous sommes donc tous réunis — avec beaucoup de bière — dans une suite d'hôtel. Bob Bourne, des Islanders, finit par résumer la situation: «Voyons les choses en face, les gars. On ne vous aime pas.»

Ce fut le point tournant. Tout s'éclaircit brusquement. Nous, on ne les détestait pas du tout. Au contraire, on les admirait! Je comprenais parfaitement pourquoi eux nous en voulaient: on venait de leur arracher la Coupe Stanley. Je comprenais aussi qu'on ait pu leur paraître arrogants mais on agissait ainsi juste parce que nous avions peur de ne pas être à leur hauteur. Je réussis tant bien que mal à leur expliquer tout ça et l'abcès fut enfin crevé.

Le 13 septembre 1984, nous avons disposé des Soviétiques 3-2, en prolongation et en semi-finale, grâce à une excellente performance... de Paul Coffey. C'était 2-2 en fin de troisième période et nous étions persuadés que nos chances étaient bonnes de l'emporter si nous allions en prolongation. Les Soviétiques n'avaient jamais joué en prolongation: ça n'existe ni dans leurs ligues, ni aux Olympiques ou aux Championnats mondiaux. Nous pensions qu'avec la pression du surtemps, là où la moindre petite erreur peut être fatale, ils joueraient nerveusement.

En tout cas, c'est ce qu'on croyait. En première période de prolongation, ils s'échappèrent à deux contre un, Vladimir Kovin et Mikhail Varnakov contre Coffey. La Coupe Canada allait-elle se retrouver encore dans une vitrine du Kremlin? Pas question! Juste au moment où Kovin effectua sa passe, Coffey poussa son bâton et il intercepta la rondelle, accéléra comme un fou vers la zone adverse où il la lança dans le coin. John Tonelli s'empara de la rondelle libre, la remit à Coffey à la ligne bleue, et celui-ci décocha un lancer qui fut dévié par Bossy derrière le filet. Victoire! Pas si mal pour un gars dont on disait qu'il était nul en défense...

Le reste ne fut plus qu'une formalité. Après avoir battu les Suédois, nous avons eu droit à une semaine de congé avant de reprendre le collier et de renouer avec la LNH.

On s'est vite retrouvés en terrain connu: personne ne nous accordait la moindre chance de répéter nos exploits. Dans *Inside Sports,* on avait écrit: «Ça sera une dynastie d'un an pour Gretzky et les autres prétentieux.» Mon vieux copain Stan Fischler écrivit ceci: «En dépit de quelques buts importants (résultats de coups de chance évidents), Gretzky a été menotté par ses adversaires et par ses propres faiblesses. Les Islanders ont réussi à le maîtriser dans la finale en le frappant sans répit.» Inutile de dire que j'ai gardé cet article! Ensuite, ce fut au tour de Maurice Richard d'y aller d'un commentaire.

Il prétendit que jamais je n'aurais réussi à marquer autant de buts «dans le bon vieux temps».

Mais qu'est-ce que ça leur prenait donc? Que fallait-il que je fasse pour les convaincre? J'ai beaucoup d'admiration pour Maurice Richard, mais je crois qu'il est encore jaloux de Gordie Howe. Dans tous les autres sports — que ce soit le basket, le base-ball, le football — presque tout le monde admet volontiers que le calibre de jeu d'aujourd'hui est supérieur à celui d'il y a 20 ans. Mais pour une raison qui m'échappe, on a du mal à admettre ça au hockey. Voyons les choses en face: le jeu est bien meilleur de nos jours. Les joueurs sont meilleurs et la compétition est plus féroce. Et dans 10 ans, le jeu sera encore meilleur.

Quoi qu'il en soit, toutes ces médisances m'affectaient, je ne m'en cache pas. Sans le dire publiquement, je décidai que mon but cette année-là serait d'obtenir une moyenne de deux passes par match. Deux ans plus tôt j'avais récolté 125 passes. Tout ce qu'il me fallait, c'était d'en réussir 35 de plus.

À voir notre début de saison, je croyais bien que nous allions tous établir des records. Nous avons connu une série de 15 parties sans subir la défaite et pendant ces 15 matchs, Jari marqua 18 buts. Pour la première fois, Jari et moi jouions avec Mike «the Krusher» Krushelnyski, un orignal sur patins! Il fallut une certaine adaptation à Mike pour comprendre exactement ce que Jari et moi faisions sur la glace: «Je crois que je commence à m'habituer, Gretz», me dit-il un jour. «Aujourd'hui, je ne t'ai foncé dedans que deux fois!» «Krusher» mesure 6 pi 3 po et pèse 210 lb. Vous n'aviez pas envie qu'il vous fonce dedans, ne serait-ce qu'une seule fois!

Je dois beaucoup à Krushelnyski. En plus d'avoir été un coéquipier formidable, il fut complice d'un des hauts faits de ma carrière. Le 19 décembre de cette année-là, il saisit un de mes retours de lancer, glissa la rondelle dans le filet et me permit d'enregistrer mon millième point dans la LNH. Ces 1000 points revêtaient une grande importance à mes yeux.

À la fin de la saison, nous présentions encore une fois la meilleure fiche de toute la ligue: 49-20-11. Kuri fracassa le record de buts par un ailier droit: il en marqua 71. Pour ma part, je récoltai 135 aides — un nouveau record, mais pas autant que ce que j'avais espéré.

C'est au mois d'avril — à l'ouverture de la saison de la chasse à la Coupe Stanley — que l'on a réalisé à quel point nous tenions à demeurer champions. Nous étions comme des enfants égoïstes qui refusaient que l'on touche, que l'on regarde — et surtout que l'on prenne — leur précieux trophée.

Nous avons commencé par battre les Kings, non sans avoir eu des sueurs froides puisque deux des trois matchs sont allés en prolongation. Disons simplement qu'on était très heureux que la série se termine. Après des victoires contre Winnipeg et Chicago, on s'est retrouvés en grande finale contre Philadelphie. Nous avions perdu nos huit derniers matchs au Spectrum et la plupart des observateurs ne donnaient pas cher de notre peau. Mais si ces gens s'étaient donné la peine de jeter un coup d'œil plus approfondi, ils auraient pu constater certaines choses. Bien sûr qu'on avait perdu plus souvent qu'à notre tour là-bas mais c'était toujours dans le cadre de longs voyages épuisants. Nous arrivions à Philadelphie tard, nous dormions mal et nous devions jouer un match dès le lendemain. Mais les éliminatoires, c'est une tout autre histoire. L'équipe se présente deux jours à l'avance, les gars peuvent se reposer avant de jouer leur partie, puis ils bénéficient d'une journée de congé avant de jouer la suivante. J'étais persuadé que le scénario serait bien différent cette fois.

Bien entendu, notre première partie au Spectrum fut désastreuse — même si nous étions frais et dispos. Les Flyers ne l'admettront jamais, mais je suis persuadé qu'ils avaient abîmé la glace dans le but de nous ralentir. On aurait dit que nous jouions sur un lac gelé. On s'est fait écraser 4-1 et notre performance a été tellement atroce que Sather a refusé de nous montrer les vidéos de la partie. Il a préféré les brûler! Il a bien fait; nous étions parfaitement conscients que nous avions disputé un de nos pires matchs de l'année.

Le lendemain, un reporter du *Philadelphia Inquirer* nous traitait d'«usurpateurs»! Ça m'a rendu tellement furieux que j'aurais souhaité sauter sur la glace immédiatement — à 8 h du matin — pour leur montrer de quel bois nous nous chauffions. Ils pouvaient dire ce qu'ils voulaient mais pas que nous manquions de cœur.

Sather commença la deuxième partie en chambardant les trios: je me retrouvais avec Tikkanen à ma gauche en plus de Jari qui demeurait à ma droite. Je pense que c'est exactement ce dont nous avions besoin: un vent de fraîcheur et de nouveauté. Toujours est-il que ça a marché et que nous avons battu les Flyers 3-1. Après le match, Tikkanen a eu droit au Grand Rasage, et c'était Pocklington lui-même qui maniait les ciseaux!

Nous nous retrouvions donc à Edmonton dans la même situation que l'année précédente. Il nous suffisait de balayer les Flyers à domicile et la Coupe était à nous. Les choses commencèrent bien: Oilers 4, Flyers 3.

À la partie suivante, les Flyers prirent l'avance 3-2 mais Anderson nous remit dans la partie en marquant un but. Ensuite Grant effectua LE jeu des séries en bloquant un tir de pénalité de Ron Sutter. On aurait juré qu'il avait un aimant dans son gant! Ce fut un point tournant dans le match et nous nous sommes sauvés avec la victoire: 5-3.

Nous étions rendus à la cinquième partie. Celle-là, il fallait absolument la gagner. Personne, mais vraiment personne, n'était intéressé à ramener ses vieux os à Philadelphie — cela dit avec toutes mes excuses aux gens de Philadelphie!

Pas de problèmes! Nous volions sur la glace et les Flyers nous regardaient passer. Coffey et moi avons réalisé ce qui fut probablement notre plus beau jeu de l'année. De notre territoire, Coffey me fit une passe parfaite — un lob — à la ligne rouge. Il se mit alors à patiner ventre à terre, tête baissée, tentant de battre son propre record de vitesse, vers la zone adverse. Je n'ai jamais connu quelqu'un d'aussi rapide que Paul. Arrivé à la ligne bleue, sans même regarder, je laissai la rondelle derrière moi. Appelez-ça de la télépathie, appelez-ça comme vous voudrez, mais je *savais* qu'il serait là. Il n'a même pas eu besoin de baisser les yeux: la rondelle s'est retrouvée sur la lame de son bâton et il l'a canonnée dans le filet!

Tout ce qu'il nous restait à faire à partir de là, c'était d'attendre le champagne! Ed Hospodar me gratifia cependant d'une mise en échec qui me laissa K.-O. pendant au moins une minute. Quand je réussis à ouvrir les yeux, je regardai Hospodar et je lui dis: «Est-ce que tu es au courant qu'on mène 4-1?» Il éclata de rire.

Cette année-là, j'ai gagné le trophée Conn Smythe, mais c'est Coffey qui le méritait. J'aurais tellement souhaité qu'il le gagne. Il a vraiment été la super-vedette de ces séries: il a joué avec un pied droit amoché, un mal de dos tenace, une hanche endolorie et une rate endommagée.

En regardant Coffey après la partie je me disais qu'il ressemblait étrangement à ces vieux guerriers fatigués et meurtris qu'étaient les Islanders des grandes années. Et je me disais aussi que chaque Coupe devenait plus difficile à gagner. Et je me prenais à imaginer tous ces jeunes loups qui, de leur salon, nous regardaient en se disant qu'on n'en avait plus pour longtemps, que notre règne achevait...

Tout en buvant ma bière à même la Coupe (nous avions eu notre leçon: le champagne brûle les yeux), je pensais à notre équipe et à quelle formidable dynastie nous pourrions devenir. Les Flyers représentaient à ce moment-là la seule opposition sérieuse et nous les avions balayés du revers de la main. Je me souviens que j'ai pensé: «Cette équipe pourrait facilement remporter cinq Coupes consécutives, et même peut-être plus...»

Hum! peut-être pas si facilement, après tout.

CHAPITRE 9

Retour vers le futur

Le jour suivant cette seconde conquête de la Coupe, la police m'a dit que deux individus avaient essayé d'attenter à ma vie. Ils ne m'avaient pas prévenu plus tôt pour, disaient-ils, ne pas nuire à ma concentration. Ça ne m'a pas tellement affecté (bon, d'accord, disons que ça m'a *un peu* affecté), et l'incident n'a pas eu de suites. Mais c'était peut-être un signe du destin. Et, à bien y réfléchir, l'équipe tout entière aurait peut-être dû prendre congé pour l'année.

Pourtant, la saison 85-86 avait si bien commencé. Tout allait parfaitement bien, l'équipe semblait prête à tout rafler encore une fois. À l'ouverture du camp d'entraînement, Sather dit à toutes les recrues: «Les gars, il y a un poste disponible sur cette équipe. Peut-être deux.» Il n'aurait pas pu leur faire le coup du traditionnel «personne-n'est-assuré-de-son-job-sur-ce-club», il fallait bien qu'il leur donne l'heure juste. Nous formions un groupe uni et Sather voulait que ça demeure ainsi.

Avec Sather comme chef, j'ai toujours pensé que nous étions les Raiders d'Oakland de la LNH. Sather n'avait pas peur de donner une dernière chance aux joueurs que les autres équipes considéraient finis. Il repêchait les gars pour une bouchée de pain, il polissait un peu leur jeu puis il les lâchait sur la patinoire où ils se défonçaient pour l'équipe. On ne voulait plus de Kevin McClelland à Pittsburgh — une équipe de dernière place — et pourtant, Kevin nous a rendu d'immenses services. Marty McSorley passait son temps à faire la navette entre Pittsburgh et les mineures quand nous l'avons obtenu. Avec les Oilers, il est devenu une vedette.

Moi, jamais je ne m'étais senti aussi bien. J'avais 24 ans, je gagnais plus d'argent que je ne pouvais en dépenser, je mangeais à ma faim, je menais le genre de vie qui me plaisait et je jouais du bon hockey. J'ai réussi seulement 52 buts cette saison-là — mon plus bas total depuis l'année de mes débuts dans la LNH — mais j'ai amassé beaucoup d'aides. J'ai finalement réussi à obtenir ma moyenne de deux passes par match (163) et j'ai établi un nouveau record de points avec 215.

Tout bien considéré, ce fut probablement ma meilleure saison dans la LNH. Je ne voudrais pas avoir l'air suffisant, mais je ne me rappelle pas avoir joué un seul mauvais match cette année-là. Par deux fois, j'ai réussi sept passes dans une partie — contre Chicago et Québec. Ce fut aussi probablement *notre* meilleure saison à tous. À la fin de l'année, nous avions un dossier de 56-17-7, pour 119 points, ce qui nous a valu le premier rang du classement général, neuf points devant Philadelphie. Voilà pourquoi je n'arrive toujours pas à me consoler de ce qui s'est passé par la suite.

Tout a commencé avec Vancouver. On a réussi à les battre beaucoup trop facilement. On les a aplatis 7-1, 5-1 et encore 5-1. J'étais bien triste (!) pour mon gardien de but favori, Richard Brodeur, le roi Richard, comme ils l'appelaient là-bas. Brodeur a toujours dit aux journalistes que je parlais trop. C'est curieux, surtout si l'on considère que je ne lui ai adressé la parole qu'une seule fois dans ma vie. Richard avait une manie: à chaque fois qu'il réussissait un arrêt, il sortait de son filet d'une bonne quinzaine de pieds avant de daigner remettre la rondelle à l'arbitre. Alors, une fois, après un de ses arrêts, j'ai patiné vers lui et je lui ai crié: «Reste donc dans ton (bip! bip!) de filet!»

Quoi qu'il en soit, nous nous pensions invincibles. On venait de gagner quatre Coupes Stanley, on avait remporté le championnat de la saison régulière, il ne nous restait plus qu'à passer à travers les éliminatoires. Simple formalité.

Les Flames de Calgary étaient les prochains sur la liste et ils n'avaient jamais réussi à nous battre en éliminatoires. Sauf qu'avant que cette série ne commence, les Flames avaient été chercher John Tonelli des Islanders. Non seulement Tonelli était-il un compétiteur acharné et un vétéran de 11 saisons, mais il amenait aux Flames quelque chose d'infiniment précieux: le désir de vaincre et l'*expérience* de la victoire.

Juste avant la première partie, Grant apprit que son père venait de mourir. Les gens croient que Grant ne ressent jamais aucune émotion. Mais c'est faux, il retient simplement tout à l'intérieur. Nous nous faisions beaucoup de souci pour lui, mais il insista pour jouer et Sather acquiesça à sa demande. Résultat: ils nous ont battu 4-1, et à Edmonton s'il vous plaît. Mais il n'y avait pas de problèmes et on ne paniquait surtout pas. Nous sommes revenus à la deuxième partie, grâce surtout à Andy Moog (qui remplaçait Grant) qui a réussi un arrêt miraculeux en prolongation. Nous les avons battus 6-5. Et ça s'est poursuivi comme ça, nez à nez, perd-gagne, perd-gagne, pendant les quatre parties suivantes. Quand on a réussi à gagner la sixième partie, à Calgary, on s'est dit que le vent avait vraiment tourné pour nous. Tout ce qu'il nous restait à faire était de gagner le septième et décisif match sur notre propre patinoire et de mettre les Flames sur le prochain avion pour Calgary.

Malheureusement, les Flames avaient d'autres projets en tête. Vers la fin de la deuxième période, ils menaient 2-0. Mais on a réussi deux buts rapides avant le son de la sirène et on est rentré au vestiaire en se pétant les bretelles: «Parfait! Tout va bien, on les a dans les cordes! Suffit de les arrêter, de compter un petit but et puis on va pouvoir s'enfiler quelques bières!» Et c'est alors que ça arriva.

Steve Smith était un de nos jeunes défenseurs les plus prometteurs: un grand gaillard, beau garçon, 23 ans, une future grande vedette de la LNH, un protégé de Kevin Lowe. Il était un joueur très doué, mais ce soir-là il a commis une grave erreur. Il a pris la rondelle dans notre coin et il a tenté de dégager son territoire en lançant le disque à travers le rectangle réservé au gardien. La chose à ne pas faire au hockey. C'est à peu près aussi risqué que de faire tenir un verre de jus de raisin sur un tapis de cachemire tout blanc. Quelles sont les chances pour qu'il ne se renverse pas? À peu près nulles... Sans qu'il n'y ait aucun joueur des Flames à la ronde, la rondelle ricocha sur le mollet gauche de Grant et finit sa course dans le fond du filet. Personne ne s'était rendu compte de quoi que ce soit mais le juge de buts, lui, avait tout vu. Soudain, c'était devenu 3-2 pour les Flames. Cela avait beau avoir été un accident stupide, horrible, malchanceux, incroyable, on ne pouvait plus revenir en arrière. Steve retraita au banc et, pendant une minute, on aurait pu croire qu'il tiendrait le coup. Puis, tout à coup, il éclata en sanglots.

Mais on pensait tous pouvoir revenir dans le match. Il restait 13 minutes et nous avons eu des occasions en or, dont cinq tirs sur leur gardien Mike Vernon. Rien n'y fit. Le temps joua contre nous. À cause d'une erreur bête, une cinquième Coupe Stanley consécutive — ce qui aurait égalé un record — nous échappa. Ça se passait le 30 avril 1986, jour de l'anniversaire de Steve Smith.

Évidemment, tout le monde s'empressa de blâmer Smith, ce qui était complètement idiot. Ce n'était pas Smith qui nous avait fait perdre le match d'ouverture devant nos partisans; ce n'était pas Smith qui nous avait battus à la cinquième partie et ce n'était pas lui non plus qui avait laissé passer les deux premiers buts de ce dernier match. D'ailleurs, peut-être avons-nous été chanceux de perdre cette année-là. Je sais bien que ça peut paraître étrange, mais parfois les défaites ont du bon.

Après ça, nous avons effectué des changements, nous sommes redevenus affamés et nous avons cessé de croire que la Coupe Stanley nous revenait de droit. À bien y penser, peut-être que Smith nous a fait *gagner* deux Coupes Stanley de plus. Qui sait?

En tout cas, Sather, lui, ne blâmait pas Steve. Mais il blâmait tous les autres! «Je leur ai fourni un plan de match, mais ils ne l'ont pas suivi.» C'est en tout cas la version qu'il donna à la conférence de presse d'après-match. Sather a toujours été mauvais perdant, mais là j'ai trouvé qu'il allait un peu trop loin.

Lorsque vous respectez votre entraîneur, quand vous vous pliez à son autorité et que vous croyez qu'il a foi en vous, des choses comme celles-là vous font mal. Tout à coup, pour la première fois depuis longtemps, nous étions au tapis. Et lui, que faisait-il? Il nous tapait dessus.

Même mon septième trophée Hart consécutif n'a pas réussi à me consoler complètement. Le monde entier nous jetait la pierre. Les journaux n'étaient vraiment pas tendres envers nous, mais rien ni personne ne nous a traînés dans la boue comme *Sports Illustrated.* Sather nous avait prévenus pendant les éliminatoires qu'un journaliste de *Sports Illustrated* du nom de Don Ramsey préparait un reportage sur la drogue dans la LNH. Sather nous avait recommandé de ne pas lui adresser la parole et c'est exactement ce que nous avons fait. Mais quand nous avons lu l'article, il y était écrit que certains joueurs des Oilers consommaient régulièrement de la drogue.

Une des «preuves» de Ramsey consistait en une photo, prise l'année précédente, qui montrait quelques joueurs tenant des pailles au-dessus de la Coupe. Ils étaient supposés prendre de la cocaïne. C'est vrai qu'il y avait des pailles dans la Coupe, mais elles étaient destinées au plus gigantesque cocktail «B-52» du monde. Comme les B-52 sont des cocktails «à étages», les gars avaient décidé de boire à l'aide de pailles. Ça n'était pas plus méchant que ça.

Je connaissais tous ceux qui composaient cette équipe et je n'ai jamais vu quiconque prendre de la drogue — qui que ce soit et où que ce soit. Jamais. Le pire que j'ai jamais vu traîner dans le vestiaire, c'était du Sudafed, un remède disponible dans toutes les pharmacies. Certains gars prétendaient que ça leur donnait de l'énergie. Un jour, les entraîneurs ont tenté de me faire prendre du DMSO, un remède contre l'arthrite, pour soigner mon épaule. Mais j'ai refusé; c'était une substance illégale au Canada.

De toute façon, personne n'a jamais rien prouvé quant à une éventuelle consommation de drogue chez les Oilers. Je dirais même plus: on n'a jamais rien trouvé qui aurait simplement pu éveiller des soupçons. Mais le mal était fait: dorénavant, nous étions des «drogués» qui avions transformé une dynastie en lignes de coke... Nous savions que la seule façon de nous débarrasser de cette image était de nous remettre à gagner. Et c'est ce que nous avons entrepris de faire. Nous avons ajouté le Finlandais Reijo Ruotsalainen à notre déjà impressionnante collection d'excellents joueurs européens et, à la fin de la saison 86-87, nous présentions encore une fois la meilleure fiche du circuit. Les Flyers, encore eux, nous talonnaient avec six points de recul.

Cette année-là, on a pris les éliminatoires vraiment très au sérieux. Plus question de pécher par excès de confiance! On s'est débarrassé des Kings en cinq, de Winnipeg en quatre et de Detroit en cinq.

La grande finale était une reprise de notre duel de 85 avec les Flyers, à la grande joie des réseaux de télévision. On a gagné les deux premières à Edmonton, non sans avoir à subir quelques mesquineries. Après la seconde partie, l'instructeur des Flyers, Mike Keenan, m'a accusé de «plonger», de faire semblant d'être accroché pour provoquer une pénalité. Il a déclaré à la presse que «mon comportement était déplorable... On s'attendrait à mieux de la part du meilleur joueur au monde. Tout ce qu'il réussit à faire, c'est de couvrir les arbitres de ridicule...»

Ces déclarations étaient dues en partie au fait que Keenan détestait Sather et qu'il aurait fait n'importe quoi pour l'embêter. Question de stratégie, je suppose. Keenan aurait fait n'importe quoi pour gagner. En ce sens, lui et Sather étaient très semblables.

Plonger? Moi? Bien sûr que je plongeais! Quand mes couvreurs n'étaient pas pénalisés pour des gestes qu'ils avaient réellement posés, je m'arrangeais pour qu'ils le soient quand ils ne faisaient rien de mal. Mais cette fois-là, je n'avais pas plongé. Lindsay Carson m'avait accroché et j'étais tombé. Un point, c'est tout. Et voilà Keenan qui se met à me crier après: «Sois donc le seul responsable de tes succès!» Je n'en croyais pas mes oreilles! J'ai tourné les talons aussi sec: «Pardon?»

Comme si les Flyers avaient tous été des enfants de chœur! À la quatrième partie, alors que nous menions dans la série 2-1, leur gardien Ron Hextall, que j'aime pourtant bien d'habitude, porta un véritable coup de hache à l'arrière du genou de Kent Nilsson. Kent tomba comme une masse et Hextall fut pénalisé. Nous avons gagné le match 4-1 pour prendre les devants 3-1 dans la série.

Pendant tout ce temps, Grant Fuhr, «la Muraille», ne changeait pas: gagne ou perd, il restait fidèle à lui-même. Le jour suivant, il joua 36 trous au golf. Un journaliste lui demanda: «Comment peux-tu jouer un 36 trous au beau milieu de la finale de la Coupe Stanley?» Grant lui répondit: «C'est parce que je n'avais pas le temps d'en jouer 54...»

Il ne nous restait plus qu'à remporter la cinquième partie et... à nous la Coupe! C'est alors qu'on a appris par les journaux que le maire et les édiles municipaux d'Edmonton avaient déjà organisé un défilé et une réception pour le lendemain de ce cinquième match. Merveilleux. Imaginez la réaction des Flyers quand ils ont ouvert les journaux du matin et qu'ils ont vu qu'ils étaient d'ores et déjà considérés comme battus.

Je savais que ça serait le baiser de la mort et que les Flyers s'organiseraient pour nous faire rater la parade. Et c'est exactement ce qui s'est produit: ils nous ont battu 4-3. Tout ça nous a ramenés dans la Ville de l'Enfer corporel pour une sixième partie, que nous avons perdue. Nous étions donc de retour à Edmonton pour le septième et dernier match. C'était la première fois depuis 16 ans qu'une série finale se rendait à la limite.

Sauf que cette fois-là, ce sont les Flyers qui furent pris à leur propre piège. On a su que les Flyers amenaient la Coupe avec eux dans leur vestiaire avant le début des parties. Ça devait leur servir d'inspiration ou de porte bonheur — comme pour nous et notre fameuse porte — mais nous, nous pensions que c'était là des choses qui ne se font pas. Qu'est-ce qu'ils pouvaient bien fabriquer avec la Coupe? Y gravaient-ils leurs noms avec des canifs? S'entraînaient-ils à y boire? Toujours est-il que notre soigneur Sparky la leur vola et qu'il la cacha sous un banc de son infirmerie. La partie historique allait commencer et cinq minutes avant la mise au jeu initiale, les officiels de la Ligue n'arrivaient pas à trouver la Coupe! Vous auriez dû voir la panique! Sparky finit par la leur rendre environ trois minutes avant la mise au jeu.

Nous étions vraiment prêts pour ce match. Les gars marchaient de long en large en criant: «C'est le genre de match auquel on rêve de participer TOUTE SA VIE!» Les joueurs avaient les yeux ronds comme des billes. On pouvait sentir la tension. Quand l'heure de sauter sur la glace sonna, nous savions que nous allions gagner. Nous aurions pu jouer cette partie 20 fois et 20 fois nous l'aurions gagnée.

Avec l'avantage de deux hommes, les Flyers s'inscrivirent les premiers au pointage. Mais ça ne faisait rien. Nous savions que cette partie nous appartenait. Le trio de Glenn et de Mark riposta immédiatement. Ensuite, Tikkanen s'empara de la rondelle dans un coin de patinoire, il me la passa, et moi, je fis ce que savais faire de mieux: je la passai à Jari. Nous menions 2-1.

Après ça, ils furent complètement menottés. Ils ne réussirent plus que deux tirs au but et Glenn réussit à trouver un autre petit trou dans le gant d'Hextall. C'était fini... il ne restait plus qu'à penser à la parade!

Cette conquête de la Coupe Stanley nous réhabilita complètement. Grâce à cette victoire, non seulement nous n'étions plus considérés comme une bande de drogués, mais en plus nous étions débarrassés de notre réputation d'équipe incapable de gagner sous pression. Nous avions prouvé que nous étions d'authentiques champions. L'avenir s'annonçait prometteur.

CHAPITRE 10

Comment se marier
deux fois le même jour

Le match le plus important de ma vie n'a pas été un match de hockey mais plutôt une rencontre Celtics-Lakers, à laquelle j'ai assisté avec Alan Thicke, la vedette de télévision, et Bruce McNall, le propriétaire des Kings. Avant la partie, des gens de CBS étaient venus me demander si je voulais bien leur accorder une entrevue et je leur avais répondu que non merci, je préférais simplement regarder la partie. Mais ils avaient tant insisté que j'avais fini par céder. Si je n'étais pas aussi mou avec les médias, je serais peut-être encore célibataire aujourd'hui!

La lumière des projecteurs a piqué la curiosité d'une jeune femme assise deux rangées plus bas. Elle a levé les yeux pour voir qui était interviewé et quand elle m'a vu, elle a décidé de venir me saluer. Heureuse décision! La jeune femme s'appelait Janet Jones.

J'avais rencontré Janet pour la première fois en 1981, l'année de mes débuts mémorables à l'écran dans la série *The Young and the Restless*. Cette même année, j'avais été juge invité à *Dance Fever,* une émission qui présentait des concours de danse. J'exerçais mes fonctions en compagnie d'un acteur

de la série *Magnum P.I.* et de Zsa Zsa Gabor. Une des concur-
rentes était une fille de 16 ans de Saint Louis: elle s'appelait
Janet Jones. Elle était magnifique: elle avait des jambes jusque-
là, un visage superbe, les cheveux blonds et tout plein de
courbes là où les filles sont supposées en avoir! J'ai dû lui faire
moi aussi bonne impression parce qu'encore aujourd'hui, elle
n'a pas le moindre souvenir de ma présence à cette émission...

Pendant les six années suivantes, nous nous sommes souvent rencontrés dans les circonstances les plus bizarres.
(Encore de l'eau au moulin de mon père et de ses histoires de
destin.) J'ai loué un condo à Malibu un été et il s'est avéré que
le condo voisin appartenait à la famille Van Patten. Vince Van
Patten, le joueur de tennis-acteur, se trouvait à être le frère de
Nels Van Patten, le petit ami de Janet. Quand on s'est revus,
elle et moi, il n'y a pas eu beaucoup d'étincelles. On s'est juste
dit bonjour.

Des mois plus tard, alors que Nels m'avait invité à son
tournoi de tennis des célébrités, j'ai encore rencontré Janet.
On a discuté amicalement mais, là encore, pas d'étincelles.
Elle avait sa vie et sa carrière et moi, j'avais les miennes.

Et sa carrière allait rondement! Comme moi, elle avait été
un adolescent prodige. À 16 ans, elle gagnait le concours Miss
Dance America et, peu après, elle déménageait à Hollywood.
Comme moi, elle avait toujours été la plus jeune du groupe et
elle avait dû apprendre à composer avec la célébrité. Son premier film, *The Flamingo Kid,* avait connu un grand succès et
elle avait reçu de très bonnes critiques. Elle y jouait la petite
amie de Matt Dillon. Janet est devenue tout de suite célèbre
grâce à ce rôle, et tout particulièrement à cause de la scène
où elle portait son fameux maillot de bain blanc. Chaque fois
que les gens entendent le nom de Janet Jones, ils disent: «Oh,
oui, la fille avec le maillot de bain blanc!» Ce que personne ne
sait à propos de ce maillot c'est qu'à l'origine les producteurs
voulaient lui faire porter un vieux maillot rouge très laid, du
genre de ceux qu'on portait en 1963. Mais Janet les a suppliés
de lui laisser porter autre chose. Le jour même, elle est allée
s'acheter le maillot blanc.

Ensuite elle a tourné *American Anthem* avec Mitch Gaylord, puis elle a eu un rôle important dans *Police Academy IV*. Sans parler de ses apparitions comme danseuse et mannequin ni de sa page couverture de *Life*...

Un an après le tournoi de tennis, on s'est encore rencontrés par le plus pur des hasards. C'était à New York, dans un de mes restaurants favoris, Il Vagabondo. Elle était avec Nels et, cette fois encore, il n'y eut pas d'étincelles. On s'est revus encore deux fois à New York et une fois à Los Angeles. Puis, plus rien pendant trois ans. Jusqu'à la fameuse partie Lakers-Celtics de 1987. Quand je l'ai revue cette fois-là, ça n'a pas été tout à fait pareil. Chacun de notre côté, nous étions depuis peu sentimentalement libres et, soudainement, tout était différent. Je l'ai invitée à prendre une bière avec nous au Club du Forum après la partie et elle a bien failli refuser. D'abord, elle déteste la bière. (J'aime bien la taquiner là-dessus: «Tu devais vraiment avoir un œil sur moi! Tu ne bois pas et tu as pris deux bières ce soir-là!») Ensuite, elle avait déjà promis à beaucoup de gens qu'elle irait prendre un verre avec eux. Finalement, elle a accepté de m'accompagner. Puis, un de nous a laissé échapper qu'il était libre, ce à quoi l'autre a répondu qu'il l'était lui aussi. Des étincelles? Dites plutôt un feu d'artifice!

Comment se rend-on compte que l'on est amoureux? En tout cas, elle et moi nous l'avons su dès ce soir-là. Ce n'est pas tant l'estomac noué comme le sentiment profond que l'on peut accorder toute sa confiance à l'autre. La certitude que l'on pourrait passer toute la journée et la moitié de la nuit avec elle, et puis encore trois jours et trois nuits, sans cesser de rire et de parler.

Après les bières, la soirée s'est poursuivie très agréablement dans un restaurant appelé La Serre. Avant de la quitter, je lui ai demandé son numéro de téléphone.

Un mois plus tard, comme nous avions tous les deux affaire à Toronto, nous nous y sommes rendus ensemble. Nous avons pris le temps de nous promener, d'aller dans des cafés et de bavarder.

Elle m'a raconté qu'elle avait passé toute son enfance à danser. Elle préférait rentrer à pied à la maison plutôt que de quitter le studio de danse de bonne heure si quelqu'un offrait de la raccompagner. Exactement comme moi à l'aréna. Nos vies à l'école se ressemblaient aussi beaucoup. Ni elle ni moi n'avions terminé nos études: nous étions tous les deux beaucoup trop pris par nos carrières. Comme moi, elle avait abandonné un an avant d'avoir pu obtenir son diplôme. Tous les deux, nous passions tout notre temps à voyager et nous détestions les voyages. Nous aimions les enfants et les familles nombreuses et nous désirions fonder un foyer. Nous avons sympathisé, rigolé, fait des projets, bref, nous sommes tombés amoureux.

Par la suite, nous nous sommes revus souvent. Nous avons passé deux semaines ensemble à L.A. et puis deux autres chez Paul Coffey, dans la magnifique beauté sauvage du nord de l'Ontario. Je devais me rendre tout de suite après au tournoi de tennis de Wimbledon, à Londres. Toute ma vie, j'avais voulu aller à Wimbledon mais toujours il se produisait un événement qui faisait en sorte que mon voyage tombait à l'eau. Wimbledon, c'était un peu le rêve de ma vie... Et cette fois-là, j'étais bien déterminé à y aller.

«Et qu'est-ce que tu fais après? lui ai-je demandé.

— Je rentre à Los Angeles.

— Très bien. Je rentre avec toi.»

Sans la moindre hésitation, j'ai annulé mes billets. Peut-être l'an prochain?

Nous étions à la fin août et il fallait que je me présente au camp d'entraînement pour le tournoi de la Coupe Canada de 1987. Il fallait prendre une décision. Nous savions que si elle venait avec moi, tout le monde serait au courant. Cette fois, elle n'a pas hésité une seconde. Le premier photographe n'en croyait pas ses yeux! Après avoir pris sa photo, il a baissé son appareil et il nous a regardés comme pour s'assurer que ce qu'il avait vu dans son viseur était bel et bien réel. Convaincu, il a piqué un sprint digne des Jeux olympiques jusqu'à son journal!

Janet n'avait jamais vu une partie de hockey de sa vie. Nous devions disputer un match hors concours aux Soviétiques et j'ai jugé bon de la prévenir: «Ça va finir à peu près 9-1 pour eux.» Elle croyait que je disais ça par modestie mais moi, j'étais persuadé que ça se passerait comme ça. Nous n'étions tout simplement pas prêts pour cette rencontre. Ça s'est terminé URSS: 10, Canada: 1. Après la partie, elle m'a regardé comme si j'étais une sorte d'extra-terrestre: «Comment pouvais-tu savoir le résultat à l'avance?» Elle n'arrivait pas non plus à comprendre pourquoi je n'étais pas tout le temps sur la glace. Pourquoi je devais rentrer au banc après 40 secondes. «Tu es sûr que tu te sens bien?»

Évidemment, à partir du moment où notre relation est devenue du domaine public, les gens ont commencé à m'attaquer. Comment avais-je pu tomber amoureux d'une Américaine plutôt que d'une Canadienne? C'est tellement idiot que je ne m'étendrai pas là-dessus. Comment pouvais-je sortir avec une *playmate* du magazine *Playboy*? Rétablissons les faits. C'est vrai, Janet a posé pour *Playboy* en mars 1987. Mais elle n'était même pas nue! À vrai dire, les photos de Janet étaient moins osées que la plupart de celles que l'on peut voir dans *Vogue*!

Je n'ai jamais compris non plus que tant de Canadiens associent la nationalité américaine de Janet à son apparition dans *Playboy*. Il y a plein de Canadiennes dans *Playboy*! Kimberly Conrad, qui a fini par épouser Hugh Hefner, était Canadienne. Et Shannon Tweed et Dorothy Stratten l'étaient aussi. Et non seulement ont-elles fait la page centrale, mais elles ont été choisies *playmates* de l'année! Malgré tout, combien de bons Canadiens plus catholiques que le pape ont-ils cru bon de me dire: «Comment pouvez-vous sortir avec une *playmate*?»

Mais ça ne me dérangeait pas. Les gens pouvaient bien dire tout ce qu'ils voulaient. De septembre à janvier, cette année-là, je lui ai rendu visite aussi souvent que me le permettaient les vols d'Air Canada! J'étais totalement, désespérément amoureux d'elle. Ça n'a pas changé.

Une des choses qui me séduisaient en elle était le fait qu'elle avait été un garçon manqué dans son enfance. C'était une vedette de soft-ball qui troquait ses souliers à crampons pour une paire de collants roses. Encore aujourd'hui, elle adore le sport et la compétition. Quand on joue au tennis, on ne se fait pas de cadeaux! On aime bien aussi se taquiner comme deux vieux amis.

Elle ne rate jamais une chance de nous engager dans de folles histoires! Elle adore essayer toutes sortes de combines pour former de nouveaux couples, des stratagèmes dignes de la série *I Love Lucy!* Alors, de temps en temps, je l'appelle Lucy et quand je fais foirer une de ses manigances ou quand je fais quelque chose de stupide elle m'appelle Dwayne: «Très réussi, Dwwwwayne!»

J'aime aussi sa gentillesse. C'est la personne la plus attentionnée que je connaisse. La première fois qu'elle a rencontré ma tante Ellen, celle qui est atteinte du syndrome de Down, elle l'a emmenée voir une manucure. Évidemment, tante Ellen n'avait jamais eu droit à un tel traitement auparavant. Personne n'avait même jamais pensé à lui offrir cela. Tante Ellen n'a parlé que de ça pendant au moins deux mois.

J'aime la sensibilité de Janet. Une pub de Kodak peut réussir à la faire pleurer! Un jour, elle a fondu en larmes devant la télé en écoutant George Steinbrenner parler de la mort de Bart Giamatti. Et elle ne connaissait ni l'un ni l'autre. Mais ce genre de choses la rendent très émotive. Son père est mort d'un cancer du poumon alors qu'elle n'avait que 17 ans et chaque fois que nous rendons visite à mes parents, elle essaie de cacher les cigarettes de mon père. Elle prend ça à cœur. Elle commence par l'embrasser puis elle le regarde droit dans les yeux et lui dit: «Wally, Paulina a besoin de son grand-père.»

Toujours est-il qu'il était devenu très clair que j'avais besoin de cette femme-là dans ma vie. Et elle ressentait la même chose à mon égard. Les enfants, le foyer, la famille, tout ça revêtait une telle importance à ses yeux qu'elle était prête à sacrifier sa carrière et à venir s'établir à Edmonton. Incroyable! Elle avait devant elle une des carrières les plus prometteuses d'Hollywood et elle était prête à tout abandonner. Je ne l'en aimais que plus.

En janvier, je suis allé lui acheter une bague avec diamant même si je savais que je ne la reverrais pas avant des semaines. Il fallait qu'elle se rende quelque part dans le sud de la Californie pour tourner un vidéo d'exercices. Mon genou me faisait mal, elle me manquait et je me sentais abandonné. Le jour suivant son vingt-septième anniversaire de naissance, n'y tenant plus, j'ai décidé de lui téléphoner. Nous avons commencé par bavarder comme d'habitude et la conversation a vite porté sur les enfants. À la fin, j'ai lancé: «Tu ne préférerais pas te marier avant d'avoir des enfants?

— Bien sûr.

— Eh bien, marions-nous!

— Est-ce que je dois considérer ça comme une demande officielle?

— Oui, je crois bien que c'est exactement ça. Veux-tu m'épouser?

— Bien sûr!»

Et voilà! Rien à voir avec une promenade en canot au clair de lune ou avec une demande inscrite au tableau indicateur d'un stade en délire. C'était plutôt des fiançailles via Bell Canada. Quand elle a dit oui, j'ai cru que j'allais mourir. Je l'ai dit à quelques amis à un dîner ce soir-là, j'ai fêté en buvant quelques Drambuies et j'ai fini par aller réveiller Mark Messier chez lui à 4 h du matin: «MESS! JE VAIS ME MARIER!»

Le lendemain matin, à 7 h, je me suis fait réveiller par des martellements frénétiques sur ma porte. J'avais débranché le téléphone (il y a tellement d'imbéciles prêts à vous appeler au beau milieu de la nuit). J'ai bondi hors du lit et j'ai trouvé Mike Barnett complètement hystérique dans le hall d'entrée. «Ton père et ta mère essaient de t'appeler depuis deux heures. Ils ne savent pas quoi répondre aux journalistes. Pourquoi ne leur as-tu rien dit?»

La presse était donc au courant. J'ai su plus tard que le barman du restaurant où j'avais passé la soirée avait surpris notre conversation et qu'il s'était dépêché de téléphoner à une station de radio locale. Cette station promettait 1000 dollars à celui qui leur amènerait le scoop le plus juteux du mois. Il faut croire que le barman avait besoin de 1000 dollars.

Nous avons décidé de nous marier à Edmonton puisque c'était là que nous allions vivre. Le mariage était prévu pour le 16 juillet, soit sept mois plus tard. Nous avons par la suite bien souvent regretté cette décision de célébrer les noces à Edmonton. C'était devenu de la folie. Les détails les plus insignifiants, des choses sans la moindre importance faisaient les manchettes. Sans parler des inventions pures des journalistes, surtout à propos des coûts du mariage.

«La robe de Janet coûtera 40 000 $»

«Du champagne à 3000 $ la bouteille!»

«L'alliance de Janet: 100 000 $»

Rien de tout cela n'était vrai. C'était rendu à un point tel que j'ai dû convoquer une conférence de presse! Pouvez-vous imaginer ça? Devoir donner une conférence de presse sur son propre mariage! Il a fallu que je rétablisse les faits. L'économie d'Edmonton allait mal, le prix du pétrole était en chute libre, et je ne voulais pas que les gens croient que j'allais flamber un million avec ce mariage. Le champagne était gratuit, grâce à la générosité d'un de mes amis. Le prix de la robe de mariée n'approchait même pas les 40 000 dollars mais elle était bel et bien ornée de 40 000 paillettes. La bague n'était pas bon marché, mais rien à voir avec ces chiffres-là! Même la bière nous avait été donnée! Comme Molson et Labatt se disputaient à savoir qui nous fournirait la bière, j'ai dû accepter que les deux nous offrent leur houblon!

Mais il n'y avait pas que les médias. C'était aussi toutes les questions du genre: «Pourquoi ne vous mariez-vous pas au Northland Coliseum?» Un soir, Janet m'a dit: «Enfuyons-nous!» Et nous l'avons presque fait. Nous sommes sortis dîner et nous en avons discuté durant toute la soirée. Finalement, on a décidé qu'on ne pouvait pas faire ça à nos parents.

Et le mariage a eu lieu comme prévu. Les journaux ont dit qu'il s'agissait du «mariage princier canadien» et, effectivement, je ne saurais en imaginer de plus grand. Avez-vous sou-

souvent été à des mariages où il y a 200 journalistes accrédités; la télévision; la police; la brigade de pompiers d'Edmonton, toute de rouge vêtue, bordant les marches de l'escalier de la cathédrale; 700 invités; 10 000 personnes attendant dehors dans l'espoir d'entrevoir la réception; une traîne de 20 pieds de long accrochée à la robe de la mariée et une menace de mort?

Évidemment, que serait la vie de Wayne Gretzky sans menaces de mort? Je vous le demande. Le matin du mariage, un inspecteur-chef de la GRC est venu nous dire, à mon père et à moi, qu'un individu était rentré dans un dépanneur et qu'il y avait laissé une note disant: «St. Jasper's* va brûler.»

Vérifications faites, ils nous ont rappelé pour nous dire: «Nous pensons que tout est sous contrôle. Vous pouvez y aller.» Après avoir avalé notre salive, nous avons dit: «D'accord.»

Lorsque j'ai vu John, son frère, escorter Janet à l'autel, j'ai tout oublié. J'ai vécu le plus beau, le plus extraordinaire moment de ma vie. Quand je me suis retourné et que j'ai vu cette femme si belle, si radieuse, si époustouflante, je crois que je suis devenu tout rouge! Mais au-delà de toute cette beauté, j'ai compris que j'épousais quelqu'un avec qui je pourrais passer toute ma vie...

À partir de ce moment-là, je n'étais plus tout à fait sur terre. Au moment de prêter serment, le prêtre m'a demandé de dire: «Janet, je te prends pour épouse.» Alors j'ai dit: «Janet, je te prends pour épouse.» Je ne sais pas ce qui s'est passé, s'il était distrait ou quoi, mais j'ai cru qu'il ne m'avait pas entendu ou bien qu'il fallait que je dise encore quelque chose, alors j'ai répété: «Janet, je te prends pour épouse.» Ouf! Il y avait 700 personnes dans cette église et j'étais plus nerveux qu'à un septième match de la Coupe Stanley! Personne n'a semblé avoir entendu — personne sauf Janet. Elle était là

---

*St. Jasper's est le nom de la cathédrale où Wayne et Janet se sont mariés. (*NdT*)

qui se mordait les lèvres, tentant désespérément de ne pas éclater de rire devant l'autel... Et puis, au fond, qu'est-ce que ça peut bien faire? Pour moi, c'est comme si on était mariés deux fois!

À ma grande joie, mes deux grand-mères étaient à mon mariage. La mère de mon père était malade, mais son état s'était amélioré juste avant le mariage. Après la cérémonie, nous lui avons révélé ce que tout le monde savait déjà: Janet était enceinte de quatre mois et demi. Quand on regarde les photos du mariage, on n'arrive pas à y croire, mais c'est vrai! J'aime dire aux gens: oui, je lui ai acheté une Rolls Royce Corniche crème comme cadeau de noces, mais ça n'a rien à voir avec ce qu'elle m'a donné, elle: notre fille Paulina.

On a beaucoup ri à la réception. Alan Thicke faisait office de maître de cérémonie. Eddie Mio, mon garçon d'honneur, a commencé un discours: «Chers amis, Wayne m'a demandé de bien vouloir lui accorder une faveur. Quand il est arrivé à Edmonton, il pensait bien rencontrer pas mal de filles, alors il s'est fait faire 30 copies de la clé de son appartement. Pendant ses années de célibat, il a fini par toutes les distribuer! Alors voilà, aujourd'hui Wayne m'a demandé de bien vouloir essayer de les récupérer pour lui. Bon. S'il vous plaît, mesdames, que toutes celles qui ont une clé en leur possession veuillent bien s'avancer jusqu'à l'estrade où elles pourront la déposer dans ce panier.»

Une par une, toutes mes supposées ex-petites amies sont allées déposer leur clé dans le panier. À partir de la vingt-sept ou vingt-huitième, c'est devenu franchement hilarant. La mère de Paul Coffey est venue porter une clé. Ensuite, ça a été au tour de Dalyce Barnett, la femme de Mike, qui était enceinte de sept mois.

Mais Eddie n'avait pas fini: «C'est bien, mais ça n'en fait que 29. Il en manque une! Allez, montrez-vous, à qui est-elle?»

De mauvaise grâce, la dernière de mes «petites amies» s'est levée de sa chaise puis, d'un air penaud, elle s'est rendue lentement jusqu'à l'estrade où elle a docilement déposé sa clé.

C'était Gordie Howe.

CHAPITRE 11

La dernière
des guerres froides

Après notre troisième Coupe Stanley en 1987, je n'avais guère envie de me pavaner; j'étais claqué. Bien sûr, j'ai arrosé les autres à la bière et j'ai fêté pendant quelques minutes, mais quand la patinoire et les gradins se sont vidés, je suis resté quelques instants assis sur le banc avec mes parents.

«Jamais je n'ai été aussi épuisé, physiquement et mentalement, leur ai-je dit, j'en ai assez.»

J'étais décidé à accrocher mes patins. Depuis l'âge de six ans, je me vidais pour constamment donner le maximum en dépit de la pression; chaque année, je jouais toutes les parties d'avant-saison, toutes celles de la saison ordinaire et, à quatre reprises au cours des cinq dernières années, toutes celles des séries éliminatoires. Sans oublier les parties d'étoiles, celles du Rendez-vous 87 qui avaient vu l'affrontement entre les étoiles de la LNH et les hockeyeurs soviétiques et la Coupe Canada. La prochaine Coupe Canada m'attendait dans 63 jours, et cette perspective me faisait frémir. J'étais vidé, j'avais les muscles comme du caoutchouc et mes 25 ans m'en paraissaient 55.

«Allons, me dit mon père, tu te sentiras mieux à la fin de l'été.

— Non, je pense que j'en ai vu assez.»

L'énergie consacrée à faire oublier l'histoire de drogue de *Sports Illustrated,* des problèmes contractuels avec Sather et la défaite surprise contre Calgary avaient drainé beaucoup de mes forces. Comme les attentes du public, d'ailleurs. En cours de saison, alors que j'avais 75 points d'avance sur le deuxième meilleur compteur de la Ligue, un journaliste m'avait demandé si je croyais être «sur le déclin».

Il faut dire aussi que mon contrat m'agaçait. Bien que personne ne le sache, nous avons négocié pendant toute la saison 1986-1987. C'était un fardeau continuel. La situation s'était tellement détériorée qu'à un certain moment l'avocat de Peter Pocklington menaça de me poursuivre pour 50 millions de dollars si je ne signais pas mon contrat dans les 48 heures. À la défense de Pocklington, je dois ajouter qu'il ramena son conseiller à l'ordre. C'était le contrat le plus mal fichu qui soit. Il était impossible de savoir si j'étais ou non agent libre. La Ligue mit même sur un pied un comité de cinq personnes pour étudier la question. Au bout du compte, j'ai signé un contrat que nous savions tous devoir renégocier avant deux ans tellement il ne tenait pas debout. Je ne me doutais pas alors de l'importance que cela aurait.

Quoi qu'il en soit, j'étais au bout du rouleau. Je pensais sérieusement à me retirer du hockey. Et si je ne le faisais pas, je n'avais aucune envie de passer trois semaines au camp d'entraînement en vue du tournoi de la Coupe Canada, puis deux autres à jouer le tournoi lui-même. Je n'avais qu'une idée en tête: m'étendre sur une plage.

Je savais que le tournoi de Coupe Canada serait d'un niveau jamais atteint. Les Soviétiques enverraient leur meilleure équipe de tous les temps et je me sentais vraiment trop épuisé pour donner le maximum. Ce sont des parties qu'on joue pour l'honneur et la gloire de son pays; je ne voulais pas laisser tomber le mien.

Cela fit tout un plat dans l'ensemble du pays. Je mis deux mois à prendre une décision. Au bout du compte, c'est mon père qui résuma le mieux la question.

«Si tu ne joues pas, la pression sera forte. Si tu joues mal, ce sera pire. Tu n'as pas le choix, il faut que tu joues, et bien.»

Comme d'habitude, il avait raison. J'acceptai, sans doute parce que je me voyais mal comme simple spectateur à la Coupe Canada.

Avec le recul, je peux dire que c'est sans doute la meilleure décision que j'ai prise dans le hockey. Pourtant, à première vue, j'avais des doutes.

Nous avions joué la première partie de la série contre la Tchécoslovaquie un samedi soir à six heures et étions en congé le dimanche. Après le repas, quelques-uns de mes coéquipiers voulaient aller prendre une bière. À notre grande surprise, c'était interdit. Mike Keenan, l'entraîneur-chef, se préparait une jolie petite mutinerie. Comme beaucoup de joueurs étaient en furie, Bobby Clarke demanda à quelques-uns d'entre nous d'aller voir Mike pour éclaircir l'affaire. En fait, tout se résumait à ce que Mike ne nous croyait pas prêts à tout donner pour notre pays.

«Tout ce que je veux savoir, c'est si, oui ou non, vous êtes prêts à vous sacrifier pour votre pays.

— Tu veux rire?

— D'accord, il n'y aura plus de problèmes.»

De fait, tout était réglé.

Quelle équipe c'était! Messier, Coffey, Anderson, Fuhr et moi-même, en plus de Mario Lemieux, Dale Hawerchuk, Raymond Bourque, Brent Sutter, Larry Murphy: rien que de grands joueurs. À tel point qu'il avait fallu oublier Steve Yzerman, qui avait récolté 102 points l'année précédente. J'étais content d'avoir Hawerchuk de mon côté pour une fois. C'est l'un des trois seuls gars dans toute ma carrière qui m'ait frappé assez fort pour me faire perdre conscience. Je sais qu'Hawerchuk accumule une centaine de points chaque année, mais je continue de penser que c'est le joueur le plus sous-estimé de la Ligue. Quand la pression se fait sentir, il est toujours au sommet de son art. Il n'a qu'un problème: jusqu'à récemment, il faisait partie d'une équipe, Winnipeg, qui semble incapable de décoller, ce qui fait qu'il passe souvent inaperçu. Le monde doit découvrir ce gars-là. Et c'est ce qui va se produire à présent qu'il joue pour Buffalo.

Pourtant, on s'aperçut vite que Dale ne marquerait pas beaucoup de buts pour l'équipe. Il allait devoir changer de rôle. On lui demanda donc de se confiner dans un rôle plus défensif. Il aurait pu en faire toute une histoire, appeler son agent et retourner chez lui; il n'en fit rien. Au lieu de cela, il fut extraordinaire. Et c'est ça qui rend la Coupe Canada si fascinante. Un super-attaquant se transforme en spécialiste de la défense du jour au lendemain pour l'amour de son pays.

Puis il y avait Super Mario, alors âgé de 21 ans. Il avait déjà connu une saison de 50 buts et une autre de 141 points. Les gens diront que je lui ai permis de s'affirmer à cette Coupe Canada, que je lui ai *appris* à marquer des buts. C'est ridicule. Il était déjà sur la bonne voie. Ce n'était qu'une question de temps avant que Mario devienne l'un des plus grands joueurs de l'histoire.

Si les gens ont pu découvrir un nouveau Mario Lemieux au cours de cette série, c'est peut-être parce qu'il se sentait inspiré par tous ses coéquipiers. Je crois qu'il a été surpris de constater à quel point les Oilers prenaient les entraînements au sérieux. À la fin du tournoi, il a eu quelques mots gentils à mon égard, disant qu'à chaque présence sur la patinoire, je repoussais les limites du possible. Il aurait pu dire la même chose de Messier. Après tout, Mario était le meilleur joueur de la pire équipe de la Ligue, Pittsburgh. Jamais il n'avait côtoyé de joueurs qui *savent* gagner, qui en ont déjà fait l'expérience.

C'est curieux, les gens adorent les rivalités. Pourtant, au cours de ce tournoi, le déclic se fit entre Mario et moi. Non seulement étions-nous amis, mais nous avions aussi le même instinct sur la glace. Nous nous comprenions et plongions dans les mêmes ouvertures. Mario aime lancer au filet, moi j'adore passer la rondelle. Un jour, je lui dis:

«Dans les attaques à deux contre un, c'est toi qui lances.»

Je préférais le voir lancer au but parce qu'il a une force exceptionnelle dans les poignets. Il serait capable de transpercer la porte d'un réfrigérateur avec une rondelle. En dépit de ses six pieds quatre pouces, il a la touche d'un joueur beaucoup plus petit.

Nous avions cependant un problème: Keenan ne nous faisait pas jouer ensemble. Il mélangeait ses trios, pour brouiller les cartes des Russes, je pense bien. Au cours d'une partie contre les Tchèques, il alla jusqu'à utiliser 18 trios différents. Lemieux et moi avons joué ensemble à une occasion et nous avons défait les États-Unis 3 à 2. Mario réussit le tour du chapeau. Pendant la conférence de presse qui suivit la partie, un journaliste finlandais demanda pourquoi ne pas faire jouer Gretzky et Lemieux sur le même trio tout le temps.

Keenan le dévisagea un moment avant de lui répondre que ce serait «contre-productif». Quelques jours plus tard, cependant, il avait changé d'avis. Désormais, Lemieux et moi jouerions sur ce même trio tout le temps. Nous voir ainsi réunis dérangea considérablement les Soviétiques. J'obtins des aides sur chacun des quatre buts que Mario inscrivit en finale.

Nous savions que les Soviétiques avaient une équipe superbe. Vraiment superbe. Mon vieil ami Tretiak n'était plus là mais il leur restait de grands joueurs. Leur défenseur Viacheslav Fetisov était fantastique, de même que leur super joueur de centre, Igor Larionov. Tous deux ont fini dans la LNH, ainsi que Makarov, et tous trois gagnent beaucoup d'argent en Amérique du Nord à présent. Pendant ce temps-là, Tretiak, le meilleur joueur soviétique de tous les temps, n'a jamais gagné le moindre sou.

Il me demandait souvent à combien pourrait s'élever son salaire dans la LNH. Je lui répondais:

«Ça dépend. Si tu jouais pour les Rangers de New York, tu gagnerais sans doute autour de 800 000 $ par an. Avec Saint-Louis, par contre, tu devrais te contenter de 300 000 $ peut-être.

— En jouant de la même façon?

— De la même façon.

— Je gagne tout ça dans une ville et seulement ça dans l'autre en étant le même joueur?

— Eh oui.»

Il ne comprenait pas.

Certains ont été surpris de voir les Soviétiques connaître des difficultés à leur arrivée dans la Ligue. Moi pas. Le plus dur pour eux, c'était de changer d'habitudes hors de la patinoire et non sur la glace. Pensez-y, si on m'envoyait à Moscou, je serais sans doute très malheureux et je jouerais très mal moi aussi. Je savais cependant que Larionov s'en tirerait à son avantage parce qu'il parle mieux l'anglais que bien des Nord-Américains. Je pense que c'est pour cela qu'il a connu une bonne saison. En outre il ne s'est pas contenté d'apporter son coup de patin à la LNH. Tout d'abord, il n'a rien caché de la vérité, expliquant que le KGB mettait toujours une réserve d'urine fraîche à la disposition des joueurs chaque fois qu'ils devaient passer des tests anti-dopage dans les tournois internationaux. C'est aussi l'un des personnages les plus humains que je connaisse. Lorsqu'il a eu vent d'une épidémie de SIDA dans sa ville natale en Union soviétique, il a offert dix mille seringues à un hôpital là-bas à l'occasion de Noël. Il semble qu'une dizaine de personnes aient contracté la maladie en se servant d'une seule et même aiguille.

À part Igor, cependant, aucun Soviétique ne s'est distingué. À mon avis, le hockey soviétique a perdu beaucoup de sa prédominance. Aujourd'hui, c'est le Canada qui est devenu le royaume du hockey. C'est nouveau. Les Russes avaient choisi la bonne approche avec les jeunes: donnez-leur une rondelle et laissez-les s'amuser. C'est ainsi que les joueurs soviétiques ont développé une remarquable habileté. Par contre, selon les Canadiens, il fallait commencer par faire patiner les jeunes avant de leur donner une rondelle. Mais il s'est trouvé tellement d'entraîneurs au Canada à apprendre le style de jeu des Soviétiques en les regardant dans la série Coupe Canada et dans d'autres rencontres internationales que nous avons à présent adopté leur système. Ils nous ont appris comment manier la rondelle et faire preuve de créativité en attaque. À l'heure actuelle, nos 20 joueurs les plus talentueux sont supérieurs aux leurs. Et si l'on prenait les 200 meilleurs joueurs de la LNH et les 200 meilleurs joueurs soviétiques, les Canadiens domineraient largement la ligue soviétique. Il suffit de regarder les résultats des championnats du monde. Ces derniers temps, les Canadiens ont massacré les Russes. Dans l'ensemble, nous avons appris davantage d'eux que l'inverse.

Le Canada connaîtra sans doute des difficultés aux Jeux olympiques de 1992. Il sera peut-être défait par l'Union soviétique, mais uniquement à cause de la moyenne d'âge nettement inférieure de ses joueurs par rapport aux Russes. Ce serait une tout autre histoire si l'on changeait les règles pour admettre des joueurs de la LNH. En passant, je n'hésiterais par un instant avant d'accepter.

De toute façon, notre perception des joueurs soviétiques est très différente de ce qu'elle était à l'aube de cette édition de la Coupe Canada: des tueurs de sang-froid, des monstres silencieux, venus s'octroyer une Coupe qui portait notre nom à nous. Ils passèrent les parties préliminaires à nous malmener. Plus nous nous entraînions, cependant, plus nous progressions. Nous avons obtenu un score de 3 à 3 dans la première partie du tournoi avant de les battre 5 à 2 au terme de la dernière mise au point. À n'en point douter, la finale s'annonçait serrée.

La première rencontre des séries finales eut lieu à Montréal. Après avoir été menés 4 à 1, nous avons remonté la pente et même pris l'avance 5 à 4 grâce au but que j'inscrivis à trois minutes de la fin. Un joueur lança la rondelle sur la bande et je la saisis pour l'envoyer hors de portée du gardien. Peu après, cependant, je leur permis de revenir à égalité en demeurant trop longtemps sur la patinoire. J'étais fatigué et je venais de rater l'occasion de rentrer au banc. Le jeu se déplaça dans notre territoire. Andrei Khomutov, celui que je devais surveiller, parvint à me contourner et à lancer la rondelle devant le but. Elle dévia sur le patin de Raymond Bourque pour pénétrer dans le filet. Puis, Alexander Semak vint régler la question au début de la période supplémentaire. Dans cette série où il fallait remporter deux victoires en trois parties, nous étions menés 1 à 0. La première observation de mon père fut que j'étais demeuré trop longtemps sur la patinoire avant le cinquième but des Soviétiques. Je déteste ça quand il a raison.

Deux jours plus tard, je me dirigeais vers le Copps Coliseum de Hamilton, en Ontario, en vue du deuxième match. Je ne me doutais pas alors que je m'apprêtais à disputer la meilleure partie de hockey de tous les temps et que ce serait aussi mon plus grand match. Disons simplement qu'en moyenne, je joue environ 24 minutes par partie. Ce soir-là, je passai 50 minutes sur la patinoire. Je jouai sur deux et même trois trios. Messier et Lemieux durent mettre les bouchées doubles eux aussi. Le match fut âprement disputé. Je ne me suis jamais senti aussi épuisé après une partie.

Nous sommes restés nez à nez toute la soirée. Aucune équipe ne voulait laisser l'autre prendre plus de deux buts d'avance. Après avoir mené 3 à 1 en première période, nous les laissâmes revenir à 4 à 4 en troisième période. Je me défonçais pour tout faire du mieux que je pouvais. Peut-être étais-je en train de réparer ma gaffe en défensive de la première partie. Le score était de 4 à 4 et j'avais récolté trois passes, la dernière sur un but de Lemieux.

À 10 minutes de la fin, Mario compta avec mon aide en avantage numérique. Nous menions 5 à 4. Nous leur avons résisté pendant les huit minutes suivantes et pensions avoir la victoire en poche. Mais, avec un peu moins de deux minutes à jouer, Valeri Kamensky créa l'égalité sur un tir incroyable, une reprise au vol en pleine chute pour projeter la rondelle par-dessus l'épaule de Grant. Au moment de nous traîner vers le vestiaire, nous n'en croyions pas nos yeux: une période supplémentaire!

Cette première période de temps supplémentaire fut si épuisante qu'il m'était littéralement impossible de contrôler mes muscles. J'avais tout donné; j'étais au bout du rouleau. Cette partie-là se résumait à une course sans fin d'un bout à l'autre de la patinoire. On ne s'accrochait pas, on ne se retenait pas. Rien que du patinage sans arrêt. Comme je me trouvais sur le banc, complètement vidé, il se produisit une chose inattendue. Inattendue et embarrassante.

Je me mis à pisser dans ma culotte.

J'étais tellement épuisé que j'avais perdu tout contrôle sur mes muscles. J'étais absolument incapable de m'arrêter, comme un coureur de marathon lorsqu'il arrive au bout de ses 42 kilomètres et n'a plus la force de contrôler sa vessie.

Tout à coup, on me dit:

«Gretz, à ton tour.»

Personne ne s'est aperçu de quoi que ce soit, mais après la partie, je l'ai dit aux autres. Ils en ont ri pendant une demi-heure.

Curieusement, personne ne marqua pendant cette première période supplémentaire, si bien qu'il fallut en jouer une autre. Si j'avais eu des difficultés à jouer une période entière, comment mon corps allait-il supporter une deuxième? Heureusement, après une dizaine de minutes de jeu, Larry Murphy, un défenseur, lança sur le poteau du but, et la rondelle rebondit vers moi. Je tentai de la mettre dans le but, mais lorsque je la frappai, elle fila droit vers Mario, qui n'avait plus qu'à la pousser derrière la ligne. C'était la victoire. Jusqu'à aujourd'hui, tout le monde a cru que c'était la passe du siècle — ma cinquième aide ce soir-là — mais c'était de la pure chance. Vous n'en direz rien à personne, hein?

Je crois que je suis resté couché sur la glace pendant une dizaine de minutes. Si l'on m'avait apporté un oreiller et une couverture, je m'y serais endormi. Cette soirée avait été complètement dingue. J'avais l'impression de revenir de la guerre. La partie prit fin à minuit quarante-cinq. Il était près de deux heures du matin quand nous avons quitté le vestiaire. Pourtant, les gens avaient des journaux donnant la marque finale et le compte rendu de la partie. C'était irréel.

Comme nous étions à une vingtaine de minutes seulement de chez mes parents à Brantford, Janet et moi avons fait le trajet en voiture le lendemain pour aller leur rendre visite. Ne l'oubliez pas, c'étaient les toutes premières parties auxquelles ma femme assistait et elle adorait ça.

«Je n'ai jamais rien vu d'aussi *extraordinaire*. J'adore le hockey! J'ai hâte que la saison commence!»

Que pouvais-je lui dire? Que c'était comme ça tous les soirs?

Tous, nous nous attendions à un gros match pour la troisième partie. Ils allaient mettre Messier en échec comme jamais auparavant; pour Mario et moi, ce serait pire encore. Mon corps était tellement endolori qu'on me massait deux fois par jour. Je me souviens avoir dit à la masseuse que nous avions besoin de quelques gros buts ce soir-là si nous voulions l'emporter.

La suite? Les Soviétiques ont pris une avance 3 à 0 avant que nous nous mettions en marche. Nous avions tous la même hantise: la défaite de 8 à 1 subie en 81. C'est alors que Rick Tocchet, des Flyers de Philadelphie, a inscrit un but, suivi de Murphy, de Brent Sutter et de Dale. Tout à coup, nous menions 5 à 4. Nous jouions du mieux que nous pouvions, mais les Soviétiques nous rendaient la pareille. À huit minutes de la fin, Semak nous crucifia à nouveau en égalisant.

Je pensais que mon corps ne supporterait pas une nouvelle période de prolongation. Et je le pensais sérieusement. Je craignais de vomir s'il fallait à nouveau jouer en prolongation. Il restait deux minutes à jouer en troisième période. Il y avait une mise au jeu dans notre territoire. Il me retira du cercle des mises au jeu et envoya Dale sur la patinoire à la dernière minute pour se charger de la mise au jeu. Il y avait également Coffey, Murphy et Mario. Tous nos meilleurs marqueurs étaient réunis. C'était un vrai coup de dés car notre spécialiste des mises au jeu était Messier.

Je remarquai immédiatement que, pour la première fois depuis le début de la finale, mon couvreur, Fetisov, n'était pas devant moi. Il n'était même pas sur la patinoire. À sa place, il y avait un jeune joueur de 21 ans, Igor Kravchuk. J'ignore encore pourquoi ils ont pris cette décision.

Hawerchuk trouva le moyen de gagner cette mise au jeu — la plus important de sa carrière — face à Valeri Kamensky, Mario poussa la rondelle jusqu'à la ligne bleue, où je me travais. Comme Hawerchuk s'occupait de l'opposant direct de Mario, nous nous retrouvâmes soudain à trois contre un. Kravchuk était devant moi, Mario en retrait à ma gauche et Murphy à ma droite.

Tout bon joueur de hockey qu'il soit, Larry Murphy n'avait pas la moindre chance de mettre la main sur cette rondelle. Il le savait, aussi joua-t-il de façon intelligente et fonça-t-il droit vers le filet. Comme je n'arrêtais pas de faire des feintes de passe dans sa direction, Kravchuk n'avait d'autre choix que de le suivre. Il ne me restait plus qu'à remettre la rondelle à Mario, seul derrière moi.

Mario décrocha son fameux lancer et propulsa la rondelle dans le filet. Je fis un bond de cinq pieds dans les airs jusque dans ses bras. J'étais tellement épuisé que je ne tenais pratiquement plus sur mes patins. Nous tombâmes sur la glace et je lui criai à l'oreille de ne pas bouger. J'étais absolument vidé, lui aussi et il restait une minute et vingt-six secondes de jeu. Tout ce que je voulais, c'était de rester là à savourer ces instants. Les spectateurs étaient en plein délire. Nos équipiers sautaient tout autour de nous. C'était un moment extraordinaire, inoubliable. Nous avons réussi à résister aux Russes jusqu'au bout, jusqu'à la victoire. Plus de temps supplémentaire. Les vacances.

Remporter la Coupe Stanley vous donne une sensation incroyable. Quand ça vous arrive, il vous semble que rien ne peut l'égaler. Mais remporter la Coupe Canada, c'est tout aussi incroyable d'une autre façon. En fait, nous gagnons des millions de dollars à donner le maximum pour la LNH. Mais la Coupe Canada, c'est pour notre pays, notre association de joueurs et notre amour du hockey que nous la jouons. Quand ce sont ces raisons-là qui vous inspirent et que vous jouez comme jamais auparavant dans votre vie, la sensation que vous en retirez vous paraît pure, éternelle et inoubliable.

Cette série a marqué la fin des guerres du hockey entre l'Union soviétique et le Canada. Deux années plus tard, les Soviétiques ont autorisé leurs vedettes à jouer dans la LNH. Le mythe de la victoire contre les Russes est maintenant chose du passé. Oh, bien sûr, nous les rencontrerons à nouveau. Mais il suffit de regarder autour de soi: le mur de Berlin est tombé, la domination du parti communiste est bel et bien terminée, et les Soviétiques s'apprêtent à goûter à la liberté de parole et de presse. Le monde est bien meilleur qu'il ne l'était il y a un an ou deux. C'est pour cela que la Coupe Canada ne sera plus jamais la même.

Je ne m'en plains pas!

CHAPITRE 12

Les murs commencent à s'écrouler

J'ai beaucoup de respect pour Glen Sather qui, à mon avis, est l'un des plus grands hommes de hockey que j'ai connus. Pourtant, vers cette époque, nos relations ont commencé à se détériorer.

Notre série de victoires et de succès n'avait pas réussi à le calmer. On aurait dit en fait que, pour lui, rien de tout cela ne s'était produit, que nous n'avions toujours pas fait nos preuves. Il n'avait pas l'air de se rendre compte que j'avais des limites: si je marquais quatre buts, il me reprochait de ne pas en avoir obtenu cinq. Je suppose que c'était là sa manière de motiver les joueurs, mais il est dommage que Sather n'ait jamais compris que cette façon de faire ne me stimulait absolument pas et que chaque joueur est différent des autres.

Jari Kurri et Paul Coffey avaient eux aussi beaucoup de mal à supporter les remontrances de Sather. C'est d'ailleurs à cause de lui que Paul a quitté Edmonton. Sather n'arrêtait pas de l'enguirlander lorsqu'il était au banc: «Espèce de sans-cœur! Tu refuses de jouer à la défense!» Il ne se gênait pas non plus pour le blâmer en public. Un jour, ce commentaire de Sather a paru dans les journaux: «Il serait intéressant de voir si Coffey peut jouer le reste de l'année comme il le fait en octobre et en novembre.»

Il traitait Paul de paresseux, ce qui fit sortir celui-ci de ses gonds. Il riposta aussitôt par l'intermédiaire des journaux: «S'il se met à pointer les joueurs du doigt, il est dégueulasse. Je trouve ça mesquin de sa part et j'en ai jusque-là! Ça fait sept ans que ça dure, partie après partie. On mériterait d'être mieux traités que ça.»

Le fait que les journaux se soient emparés de l'affaire n'a fait qu'envenimer les choses. Ce fut le commencement de la fin. L'incident qui, probablement, a fait déborder la coupe est survenu vers la fin de la saison, alors que nous jouions contre Vancouver. Sather a gardé Paul sur le banc à la fin de la partie, alors que celui-ci n'avait besoin que d'un point pour battre le record de points obtenus par un défenseur, qui était détenu par Bobby Orr. Paul s'est senti blessé. Après tout, nous affrontions une équipe de dix-neuvième position. Quel mal y avait-il donc à faire jouer Paul Coffey? Je me suis toujours demandé si Sather avait voulu donner une petite leçon d'humilité à Paul, ou s'il avait agi selon sa manière habituelle de faire passer les intérêts de l'équipe avant ceux des individus.

Je crois qu'à partir de ce moment-là Paul a cessé de respecter Sather. Un jour, du haut des gradins, nous l'avons aperçu qui enseignait à quelques joueurs comment réussir des tirs frappés. J'ai alors lancé, à la blague: «Regarde-le qui veut montrer aux autres comment marquer des buts, alors qu'il n'en a réussi que 90 dans toute sa carrière!» Paul a ri pendant une semaine entière.

Mais à la fin, la fierté de Coffey a pris le dessus; il n'était plus capable d'en supporter davantage. Même si l'offre finale des Oilers était plus avantageuse que celle des Penguins, Paul prit le chemin de Pittsburgh et cessa de porter les couleurs d'Edmonton.

Les «techniques de motivation» de Sather réussirent même à affecter le flegmatique Grant Fuhr. Au cours de l'année qui a suivi mon départ, j'ai entendu dire que tous les deux s'étaient rudement affrontés par l'intermédiaire des journaux d'Edmonton. Grant en avait tellement marre de s'entendre dire par Sather qu'il n'était pas en bonne condition physique qu'il a fini par remettre sa démission. Pour Grant, jouer au hockey, c'était faire de son mieux, avoir du plaisir et être respecté. Et voilà qu'il avait cessé de s'amuser. J'ignore comment il s'y est pris, mais Sather a réussi à le convaincre de rester.

En dépit de tout le tort qu'il a pu causer, je demeure persuadé que Sather n'a jamais agi intentionnellement dans ce sens. Pour lui, c'était une question d'éthique. Au cours des 10 années durant lesquelles il a joué dans la Ligue, ce joueur de petite taille, dont le jeu présentait de nombreuses lacunes, a connu six équipes différentes. Comme il était loin de déborder de talent, il a dû apprendre tous les trucs qui lui permettaient de gagner. La victoire représentait pour lui la récompense suprême. Une défaite, et c'était la fin du monde. Son sang bouillait alors dans ses veines; il claquait les portes et se rongeait les sangs.

Il lui arrivait quand même de ne pas trop se prendre au sérieux. Un soir, à New York, je me sentais plutôt mal en point; mon genou me faisait terriblement souffrir. Toute la nuit précédente j'avais gardé mon genou dans la glace et le soigneur, Peter Millar, s'était chargé de me réveiller toutes les heures pour m'obliger à étirer ma jambe. Le lendemain matin, comme j'étais incapable de patiner, j'ai dit à Sather de ne pas compter sur moi.

«Pas question», a-t-il répondu en se dirigeant au pas de course vers la salle d'entraînement; il en est revenu avec deux aspirines qu'il a fixées à mon genou avec du ruban gommé. J'ai éclaté de rire et lui ai assuré que je ferais de mon mieux. J'ai marqué trois buts ce soir-là.

J'admets que Sather pouvait nous motiver énormément. Au cours de ma deuxième année, histoire de nous remonter le moral alors que nous allions affronter les Islanders pendant les séries de fin de saison, il fit amener un appareil de télévision quelques minutes à peine avant la mise en jeu. Il avait fait un montage vidéo de la leçon de hockey que nous avions donnée aux Canadiens, avec comme fond sonore la chanson *The Impossible Dream* chantée par Tom Jones. Nous en avons eu des frissons à faire trembler la ville de New York!

Sather était imprévisible. Tantôt vous l'aviez sur le dos pour moins que rien, tantôt il faisait le clown dans le vestiaire pour détendre les joueurs. Il était tout à fait capable de vous lancer un seau rempli d'eau froide par-dessus la porte de la douche ou de recouvrir discrètement votre brosse à cheveux de crème à raser. Il avait les idées larges. Nous avions le droit de jouer de la musique aussi fort que nous en avions envie, Kurri et moi pouvions jouer au ping-pong presque jusqu'au moment de la mise en jeu et je regardais le match à la télé entre les périodes. Pour toutes ces choses-là, il était l'entraîneur rêvé.

Mais il pouvait aussi adopter un ton méprisant. En ce qui me concerne, il avait décidé que j'en étais à ce point de ma carrière où j'étais susceptible de commencer à mettre la pédale douce s'il ne me talonnait pas sans cesse. Et il le faisait par l'intermédiaire des journaux. Sather savait assez bien s'y prendre avec les journalistes. Ce qu'il voulait voir publier finissait par l'être, mais par contre ce qu'il voulait taire n'était jamais publié. Si je jouais une mauvaise partie, il lui suffisait de dire: «Gretzky a été épouvantable ce soir» pour que ses propos fassent la manchette. S'il affirmait: «Gretzky joue mal», tous nos partisans voulaient aussitôt en connaître la raison. Un jour il m'a accusé d'être trop gâté. Et je n'oublierai jamais la fois où il a déclaré: «Il faudrait que Wayne et Kurri commencent à produire.» Je venais de récolter 13 points au cours des 4 dernières parties!

Janet savait que je n'étais pas heureux de la façon dont j'étais traité. Elle me voyait parfois rentrer à la maison avec les larmes aux yeux alors que je venais d'obtenir quatre ou cinq points. «Tu ne mérites pas ça, Wayne», me disait-elle. Et tous les gens de mon entourage commençaient à me répéter la même chose.

Je suppose que c'était sa manière à lui de gérer l'équipe: rabaisser les meilleurs joueurs pour élever les autres. Mais sa façon d'agir n'était pas justifiable pour autant. Je ne demande pas qu'on me complimente 24 heures par jour, mais il me semble qu'il y a des moments où un entraîneur devrait aller trouver un joueur et lui dire en privé: «Continue. Tu fais du très bon travail.» Chacun a sa fierté. On n'enguirlande pas quelqu'un jour après jour en s'imaginant qu'il n'en souffre pas.

Cette année-là, la popularité de Sather auprès des joueurs n'était pas très élevée, mais il faut dire à sa décharge qu'il était toujours capable de former une équipe gagnante. Il envoya Semenko, le joueur le plus amusant de l'équipe, aux Whalers de Hartford, en échange de Reijo Ruotsalainen, un défenseur finlandais. Sur papier, il s'agissait apparemment d'un excellent coup, mais l'atmosphère au sein de l'équipe s'en trouva transformée en dépit de toutes les qualités de Reijo. Une équipe de hockey, ce n'est pas seulement un ramassis de patins, de bâtons et de rondelles, c'est aussi un groupe de joueurs entre lesquels le courant doit passer correctement. Semenko était un gros morceau de l'équipe, et pas seulement sur la glace.

Malgré tout, nous formions encore une grande équipe. Certes, nous n'avions plus Coffey avec sa rapidité et ses tirs puissants lors des attaques à cinq, mais Craig Simpson était un manieur de bâton hors pair. Nous avons fait la pluie et le beau temps dans la Ligue cette année-là et j'ai même pu prendre un peu de repos... bien malgré moi. M'étant fait sérieusement esquinter le genou alors que nous jouions contre Philadelphie — j'ai été pris en sandwich contre la cage du gardien et me suis légèrement déchiré le cartilage —, j'ai raté les 16 parties suivantes. C'était la meilleure chose qui pouvait m'arriver. N'eût été de ce repos forcé, j'aurais eu l'air d'un mort vivant au moment des séries d'après-saison.

Un mois après mon retour au jeu, je battais le record du nombre d'aides, détenu par Gordie Howe. Nous jouions ce soir-là contre... les Kings! L'ancien record était de 1 049 passes. Je suis vraiment fier de cet exploit. J'ai battu le record en 681 parties, soit 1 086 parties de moins qu'il n'en avait fallu à

Gordie pour l'établir. Vous ne m'entendrez jamais me vanter des buts que j'ai marqués, mais je peux vous parler pendant des heures de mes assistances. Le hockey est un jeu d'équipe et, pour moi, les statistiques concernant les passes sont celles qui en disent le plus long sur un joueur. S'il vous arrive jamais de mettre la main sur la carte d'un pointeur officiel, vous pourrez y lire dans le haut: «VEUILLEZ PRENDRE SOIN DE BIEN INDI- QUER LES PASSES.» Il est rare que la Ligue nationale donne pareille directive et j'y souscris entièrement.

Et qui, d'après vous, a marqué un but sur cette passe historique? Jari Kurri, bien sûr! Le match a été interrompu; Mark Messier et Kevin Lowe m'ont alors remis un bâton en or sur lequel était gravé le nom de chacun des joueurs que j'avais aidé à marquer un but. C'est là le plus beau souvenir de ma collection.

Mais Sather faisait tout pour me contrarier. Un soir, à Buf- falo, il nous a fait réchauffer le banc, à Jari, à Tikkanen et à moi. «Vous ménagez trop vos efforts», nous a-t-il crié. Au total, j'ai eu droit à deux minutes de glace en troisième période. J'étais furieux.

Après la partie, je suis allé le trouver dans son bureau et lui ai dit: «Tu peux dire que je n'ai pas bien joué ce soir, mais ne viens *jamais* dire que je ne donne pas mon plein rende- ment à chaque match. Quand je joue, je le fais à fond de train et tu le sais!»

Il a commencé à se dégonfler. «Wayne, je voulais juste te stimuler un peu. Je suis peut-être trop dur parfois avec toi. Reste ici, je vais aller parler aux journalistes et essayer d'ar- ranger tout ça.»

La moutarde m'est montée au nez. J'étais littéralement hors de moi. Ce dernier coup a marqué la fin de nos relations.

Quand j'essaie de comprendre pourquoi tout a si mal fini avec Sather et Pocklington, il me semble que c'est une ques- tion d'argent qui a tout déclenché. Ils ne cessaient de répéter aux journalistes qu'ils me donnaient un million de dollars par an. Mais ce n'était pas vrai: mon salaire de base se situait bien en deçà de ce montant. Pour gagner un million de dollars, il me fallait remporter le titre du joueur le plus utile à son équipe, le trophée Ross, être choisi sur la première équipe d'étoiles, etc., bref autant d'exploits assortis de primes qui auraient dû rapporter bien plus que le million auquel ils ne cessaient de faire allusion. En fait, au lieu de signifier: «Félicitations pour tous ces trophées!», leur message laissait entendre: «Nous comptons bien que tu les remporteras tous.» Cela me donnait une idée de la mesure à laquelle on m'appréciait.

Au fond, Sather avait un problème avec l'argent. C'était sa plus grande faiblesse. Il ne pouvait admettre que les joueurs en gagnent autant. À l'époque où il jouait au hockey, Bobby Orr gagnait 250 000 dollars et Sather était dépassé de voir des joueurs nettement moins talentueux en recevoir désormais tout autant. Or, comme il était le directeur général de l'équipe, il s'efforçait de maintenir les salaires des joueurs au plus bas niveau possible. À l'époque où les Islanders ont remporté la Coupe Stanley plusieurs fois de suite, on continuait à faire signer à Mike Bossy de faramineux contrats même si sa carrière tirait à sa fin. C'était une façon de le remercier pour tout ce qu'il avait fait pour cette équipe. Dans notre cas, ni Sather ni Pocklington ne semblaient disposés à partager leur fortune. Il est possible que Pocklington n'était pas en mesure de le faire, du fait que nos rentrées de fonds servaient à financer ses autres entreprises. Je suis persuadé que celui-ci exerçait de fortes pressions sur Sather pour qu'il nous donne le moins d'argent possible.

Au cours de la saison précédente, j'avais refusé de signer un contrat qui m'aurait obligé à demeurer avec l'équipe. C'est la raison pour laquelle Sather me harcelait sans cesse et faisait en sorte d'étaler au grand jour la moindre de mes bévues. Ainsi, si je devais quitter l'équipe un jour, il pourrait toujours sauver la face: «Je vous avais bien dit qu'il n'est pas si extraordinaire.» Je voyais clair dans son jeu, mais cela ne m'empêchait pas d'être contrarié chaque fois qu'il me dénigrait dans les journaux. Sather peut dire ce qu'il veut dans le vestiaire des joueurs, mais ça ne regarde personne à l'extérieur.

La vie n'était pas toujours facile à Edmonton et je me serais bien passé de la pression exercée par les médias. Je n'avais pour ainsi dire pas de vie privée. Edmonton est une ville magnifique, mais elle n'a que 600 000 habitants. Plus le public en apprenait sur Janet et moi, plus la ville nous paraissait petite. Quand j'étais plus jeune, je sortais habituellement avec les autres joueurs, mais désormais je fréquentais surtout ma future épouse. Vers la fin, nous nous sentions épiés chaque fois que nous allions au restaurant, dans un bar ou au cinéma. Je devenais paranoïaque parce que je savais qu'on parlerait de nous dans les journaux du lendemain. Avez-vous une idée de ce que cela signifie que d'avoir peur de lire le quotidien du matin? Janet écopait sans arrêt. Les potins n'épargnaient rien: sa coiffure, sa garde-robe, etc. Nous étouffions littéralement. Fort heureusement, le public d'Edmonton était en général bienveillant à notre égard.

En outre, c'était la première fois, depuis ma première année dans la Ligue nationale, que je ne remportais pas le championnat des marqueurs. Et je n'avais pas non plus remporté le titre du joueur le plus utile à son équipe comme je l'avais fait les autres années. Mario Lemieux avait récolté ces honneurs. Certains journalistes ne manquèrent pas d'écrire que Janet avait détourné mon attention de la course au championnat des marqueurs et qu'elle avait nui à mon rendement. Pareil argument me parut tellement stupide que je n'en croyais pas mes yeux. Sa présence à mes côtés m'avait au contraire permis d'améliorer mon jeu en me rendant plus calme.

Telle était la situation. Sather me poussait dans le dos. Pocklington me faisait des menaces parce que je refusais de signer le contrat qu'il me proposait. Les journaux n'épargnaient pas Janet. Mario Lemieux s'efforçait de me voler la vedette. Les murs d'Edmonton commençaient à se resserrer autour de nous. Je n'étais pas très heureux.

Il était temps que les séries éliminatoires débutent.

CHAPITRE 13

La Coupe Stanley
en cinq

Comme d'habitude, nous avons entrepris les séries éliminatoires de 1988 en nous réchauffant aux dépens des Jets de Winnipeg. Puis nous nous sommes attaqués aux Flames de Calgary. Je savais que la coupe Stanley était l'enjeu de cette série. Toute l'année durant, les Flames nous avaient donné du fil à retordre et Hakan Loob, Joe Nieuwendyk et Mike Bullard, lorsqu'ils jouaient en attaque massive, formaient un trio dévastateur.

Quand nous avons battu Calgary 3 à 1, lors de la première rencontre, j'ai déclaré qu'il s'agissait de la plus importante victoire de toute l'histoire de notre équipe. Nous voulions les vaincre à tout prix. J'ai même réussi à marquer un but sur une échappée; la rondelle a effleuré le gant de Mike Vernon et le poteau du but avant de pénétrer dans la cage.

Pendant ce temps, à Edmonton, il se passait quelque chose d'encore plus important. Janet, ne se sentant pas dans son état normal, avait demandé à mon frère Glen de lui procurer un test de grossesse. Nous avions décidé d'essayer d'avoir un enfant — nous devions nous marier peu de temps après et personne ne s'en apercevrait. Janet avait chargé Glen de faire cette commission à sa place pour la bonne raison que si elle s'était rendue elle-même à la pharmacie, elle aurait aussitôt fait la manchette des journaux: «Janet subit un test de grossesse. S'agit-il d'un "accident"?»

Après la partie, elle m'a appelé à Calgary.

«Devine quoi? m'a-t-elle demandé.

— Quoi?

— Tu vas être papa.»

J'étais au septième ciel, tellement excité qu'il a presque fallu m'attacher pour me ramener les pieds sur terre. Je mourais d'envie d'être près de Janet et de coller mon oreille sur son ventre pour essayer d'entendre les battements du cœur de notre enfant. Je savais que je passerais une soirée du tonnerre le lendemain.

Au cours de cette partie-là, deux fois nous avons tiré de l'arrière par deux buts, mais nous étions aussi tenaces que des pous. Il n'y avait pas moyen de nous écraser. Dans cette série, Kurri a joué comme un déchaîné. Nous perdions 4 à 3 et il nous restait seulement quelques minutes à jouer lorsqu'il a subtilisé la rondelle à un défenseur et marqué, obligeant les deux équipes à se rendre en prolongation. Puis Messier s'est vu infliger une punition. Je me suis dit que le moment était plutôt mal choisi. Quand un de leurs défenseurs a lancé la rondelle sur la baie vitrée, j'ai bondi derrière lui pour la reprendre et je me suis précipité vers la ligne bleue adverse. C'est alors que j'ai tiré sans trop savoir pourquoi. Je n'effectue jamais de lancer frappé de cet endroit, mais là j'ai frappé la rondelle aussi fort que j'ai pu. Je n'oublierai jamais la trajectoire qu'elle a suivie par-dessus l'épaule de Vernon. Je crois que c'est le but le plus important que j'ai jamais marqué dans la Ligue nationale. Les Flames étaient devenus une meilleure équipe que la nôtre, mais nous venions de les battre deux fois de suite sur leur propre patinoire.

Je pense que c'est ce qui nous a permis de remporter la Coupe Stanley. Les Flames n'avaient aucune chance de gagner à Edmonton, d'autant plus que leur entraîneur, Terry Crisp, avait pris la décision de garder John Tonelli sur le banc.

Jamais je n'aurais fait une chose pareille, même s'il m'avait volé mon auto. J'imagine que Crisp avait eu maille à partir avec lui, ce qui explique que l'un des meilleurs joueurs de hockey regardait le match en jeans. C'était un spectacle réjouissant pour les Oilers.

Nous avons remporté le troisième match 4 à 2 et le quatrième, 6 à 4, et c'en était fini de cette série. Pour fêter ça, je me suis payé une petite folie: j'ai loué un jet et je suis parti avec Lowe et Messier à Las Vegas, où nous nous sommes amusés pendant quelques jours.

En comparaison de ce que nous venions de connaître avec Calgary, la suite des séries fut d'une facilité déconcertante. Nous avons écrasé Detroit dans quatre des cinq matchs que nous avons joués contre eux, ce qui n'est pas un très grand exploit. Il s'est avéré que plusieurs joueurs des Red Wings avaient été surpris en état d'ébriété; de plus, ils n'avaient pas respecté le couvre-feu et avaient commis quelque autre sottise avant la cinquième partie à Edmonton. Leur entraîneur, Jacques Demers, les a même accusés d'avoir été la cause des déboires de leur équipe.

Il ne nous restait plus qu'à vaincre Boston pour mettre la main sur la Coupe Stanley. S'il y a un endroit où je déteste jouer, c'est bien au Garden de Boston: on s'y croirait dans un sauna, surtout en mai; la patinoire y est trop petite pour mon style de jeu — il n'y a pas assez de place pour bouger; et en plus, c'était l'endroit où jouait Steve Kasper. Personne ne parvenait à me contrer mieux que lui. Je n'aurais pas du tout été surpris si, le jour de mon mariage, je l'avais vu surgir à mes côtés en smoking.

Nous avions deux objectifs: ne pas laisser les Bruins gagner plus d'une partie — aucune équipe n'y était encore parvenue — et gagner la Coupe à l'extérieur. Je ne voudrais pas avoir l'air ingrat, mais nous avions remporté toutes nos Coupes précédentes à Edmonton et, chaque fois, il y avait tellement de partisans sur la patinoire que très vite nous avions perdu le sentiment de l'avoir gagnée en équipe, d'avoir accompli quelque chose ensemble, comme si on nous avait pris ce moment qui nous appartenait. Et il n'était pas possible non plus de retrouver cet instant dans le vestiaire des joueurs où nous étions assaillis par les amis, les parents, les cameramen et les journalistes. Puis nous partions en congé pour l'été et la première chose que les gens nous demandaient se résume à: «C'était bien, mais pouvez-vous recommencer?» C'est pourquoi, cette Coupe-là, nous voulions absolument la gagner pour notre plaisir, dans ce bon vieux Garden de Boston.

Un vieil ami à nous, Andy Moog, gardait les buts des Bruins. J'étais désolé pour lui; il aurait dû être à nos côtés. À l'époque où il était dans notre équipe, Sather avait refusé de le faire jouer lors de parties importantes et Andy, comme tout bon gardien de but, n'avait pu accepter une chose pareille: il avait joué son option en 1987 et s'était retrouvé avec les Bruins.

Nous étions donc en route pour Boston, où j'avais joué plus d'un match dont j'aime mieux ne pas me souvenir. Larry Bird, le célèbre joueur de basket des Celtics de Boston, avait dit un jour: «Il faudrait que quelqu'un dise à Gretzky que le Garden m'appartient.» J'avais trouvé la repartie excellente.

Le quatrième match a été pour le moins étrange. Il avait fait particulièrement doux cette journée-là — cela n'avait rien d'étonnant, on était le 24 mai. Mais à l'intérieur du Garden, on se serait cru dans un four. À cause de la chaleur, il y avait du brouillard sur la glace. Pendant un moment, nous ne voyions presque rien. J'étais obligé de crier: «Hé! Jari, as-tu la rondelle?»

Nous tirions de l'arrière 3 à 2 quand Simpson a égalisé. Puis ce fut la panne électrique totale. Ace Bailey a dit: «Eh bien! il restait juste assez d'électricité dans la cabane pour allumer la lumière rouge et c'est fini.» On ne voyait absolument plus rien. Des gardiens, lampes de poche en main, ont dû nous escorter jusqu'au vestiaire.

Apparemment, un commutateur de 4000 volts avait sauté. Sans doute était-ce un de ceux que Benjamin Franklin avait installés, ironisa quelqu'un. Nous sommes restés assis un certain temps, puis un des jeunes qui travaillaient au Garden est entré et nous a dit: «Ces lumières-là ne se rallumeront pas, ce n'est pas la première fois que ça arrive.» Cela a suffi pour me convaincre et je me suis changé. Quinze minutes plus tard, on venait nous annoncer que le match était annulé. La quatrième partie serait reprise à Edmonton où là au moins, se dit chacun, la note d'électricité avait été réglée. Si vous vous imaginez que nous étions déçus à l'idée de remporter de nouveau la Coupe à Edmonton, vous auriez dû voir la tête des Bruins! Ils étaient obligés de traverser le continent pour jouer devant nos partisans et les regarder fêter notre victoire.

Lors de la reprise de ce quatrième match, nous menions 3 à 2 et il restait 10 secondes à faire en deuxième période quand je fis ma dernière passe en tant que joueur des Oilers — je l'ignorais à ce moment-là, bien sûr. Je traversai la ligne rouge tout en jetant un coup d'œil à l'horloge. Les spectateurs criaient: «Lance, lance!» Pas question. J'ai conservé la rondelle. Puis j'ai pivoté à la ligne bleue et me suis préparé à tirer. «Lance, imbécile!» Je l'ai gardée encore. Puis, à la toute dernière seconde, je l'ai refilée à Simpson, qui se trouvait dans le rectangle du gardien, et il l'a glissée sous Andy Moog. Nous menions 4 à 2.

Nous avons gagné le match 7 à 2, ainsi que la Coupe Stanley. Après l'avoir promenée sur la patinoire, j'ai fait quelque chose d'étrange. Je ne sais pas trop pourquoi, j'ai fait réunir tous les joueurs sur la glace autour de la Coupe afin qu'on puisse nous prendre en photo. Dans le bon vieux temps, les équipes avaient l'habitude d'agir ainsi et j'avais toujours eu envie d'en faire autant. Tout le monde était au centre de la glace pour la photo: soigneurs, joueurs, entraîneurs, dépisteurs et joueurs qui n'étaient pas en uniforme ce soir-là, bref tous ceux qui, d'une façon ou d'une autre, nous avaient aidés à remporter cette Coupe.

J'ignorais que c'étaient mes derniers instants en tant que joueur des Oilers. Quelle merveilleuse façon de terminer ma carrière avec eux! C'est le destin, dirait mon père. J'ai accroché cette photo chez moi et je la regarde très souvent. Cette équipe-là était la plus talentueuse de toutes celles pour lesquelles j'ai joué. Nous avions tout: la vitesse, la force, le talent offensif, le talent défensif; nous formions une équipe formidale. Cette photo a par ailleurs pris une plus grande signification en raison de ce qui s'est produit par la suite.

Sur cette photo, c'est moi qui tenais la Coupe, mais elle avait probablement encore plus d'importance pour un tas de joueurs qui ne l'avaient pas dans les mains. Des joueurs tels que Craig MacTavish et Craig Simpson, qui remportaient leur première Coupe Stanley. Ou encore Kevin Lowe, qui avait joué pendant toutes les séries avec une main dans le plâtre et des côtes brisées, ce dont il n'avait rien dit à personne. Je ne m'en étais aperçu qu'avant la troisième partie à Boston. «Pourquoi ton chandail est-il aussi gonflé?» lui avais-je demandé. «Euh... probablement à cause du rembourrage, me confia-t-il. Je me suis brisé quelques côtes.» En le regardant, je me suis souvenu des allures du vestiaire des Islanders lors de la première série de championnat que nous avions jouée contre eux. C'était donc ça qu'il fallait pour remporter la Coupe Stanley.

J'aperçois Steve Smith sur cette photo. Cette année-là, j'ai gagné le trophée Conn Smythe attribué au joueur le plus utile à son équipe, mais j'aurais souhaité que ce soit Steve qui l'ait; il avait reçu le blâme pour notre élimination dans les séries de 1986, mais personne n'avait été meilleur que lui au cours des séries de 1988.

J'imagine que la Coupe avait beaucoup d'importance pour Peter Pocklington également. Ce soir-là, sur la glace, il m'a affirmé qu'il m'adorait. J'ignorais cependant qu'il était probablement heureux de voir que je ne m'étais pas blessé: cela aurait contrarié ses plans.

Nous étions un peu comme les Packers de Green Bay au football: nous étions dans une petite ville qui, au dire de plusieurs, ne pouvait se permettre d'avoir une équipe professionnelle; nous étions une bande de joueurs qui se serraient les coudes et nous avions une bande de partisans qui en faisaient autant. Nous venions de remporter notre quatrième Coupe Stanley en cinq ans; notre moyenne d'âge était de 25 ans et nous formions une équipe que personne ne pouvait vaincre.

C'était du moins ce que nous pensions.

CHAPITRE 14

Les affaires sont les affaires

À peine deux heures après avoir gagné la Coupe, nous prenions un repas pour célébrer notre victoire. La saison était terminée, nous avions remporté le championnat et je me sentais à la fois transporté de joie et exténué. Ma compagne était à mes côtés, ainsi que mon père et mes amis. Mais quelque part entre l'entrée et la salade, ils m'ont annoncé la terrible nouvelle.

J'étais en train de dire à mon père que Janet et moi avions l'intention d'acheter la vieille maison de Pat Bowlen à Edmonton. Bowlen, le propriétaire des Broncos de Denver, avait décidé de vendre et nous voulions voir si... Je me suis alors rendu compte que mon père me regardait d'une drôle de façon.

«Qu'est-ce qu'il y a? lui ai-je demandé.

—Euh... Wayne..., me répondit-il, je laisserais tomber cette idée si j'étais toi.»

Je n'aimais pas le ton de sa voix.

«Pourquoi?

— On cherche à t'échanger.

— Quoi?

— On veut t'échanger. Je te le jure. J'en ai la preuve. Si tu ne me crois pas, appelle Nelson Skalbania. Il m'a déjà téléphoné plusieurs fois. Je voulais te le dire, mais j'ai préféré attendre pour ne pas t'ennuyer avec ça pendant les éliminatoires.»

Je n'arrivais pas à le croire, mais je savais, rien qu'à regarder mon père, qu'il disait la vérité. L'équipe voulait m'échanger? Cette équipe que j'avais aidée, deux heures plus tôt, à remporter sa quatrième Coupe Stanley en cinq ans? Cette équipe qui possédait la jeunesse nécessaire pour en remporter encore trois ou quatre d'affilée? Cette équipe avec laquelle j'avais cru que je prendrais ma retraite?

C'est étonnant de constater comment on peut perdre l'appétit rapidement.

Comment une telle chose était-elle possible? Janet et moi avions l'intention de nous établir à Edmonton. Elle avait même fait transporter son auto dans cette ville et s'y était fait des amis. Nous étions sur le point de nous inscrire à des cours prénatals. C'était le début d'une nouvelle vie pour nous, et voilà qu'on voulait m'échanger?

Mon univers était tout à coup complètement chambardé. Mais ce qui m'étonnait le plus, c'était que tous ces gens — mon père, Janet, Mike Barnett, Angie Bumbacco — avaient réussi à ne rien me dire de tout ça pendant trois mois. Vous n'avez pas idée de l'exploit que cela représente pour mon père. Au cours de cette période, nous nous parlions deux ou trois fois par semaine. J'étais étonné de voir qu'il n'avait pas explosé avant.

Et maintenant tous ne pouvaient s'empêcher de me raconter tous les dessous de l'affaire. Apparamment, Pocklington cherchait depuis deux ans à m'échanger. Jerry Buss lui avait fait des propositions dans ce sens à l'époque où il était propriétaire des Kings de Los Angeles. Depuis, la liste des équipes intéressées à mes services comprenait les Kings, les Red Wings, les Rangers et les Canucks. Skalbania, qui effectuait un retour sur scène après ses nombreux déboires financiers, était à l'origine de l'offre de Vancouver. Lui et le milliardaire Jimmy Pattison comptaient mettre la main sur 51 p. 100 des actions des Canucks de Vancouver, verser 15 millions de dollars à Pocklington pour mes services et ce dernier devait me verser 2 millions de dollars si j'approuvais la transaction. J'allais être le seul joueur de l'histoire des sports à être propriétaire de lui-même!

Voilà pourquoi Skalbania n'avait cessé de m'appeler pendant des mois. Un des points intéressants de cette offre était que je n'aurais à jouer encore que trois ans si je le désirais, à la suite de quoi je pourrais devenir entraîneur et directeur général. Il n'y avait qu'un léger problème: puisqu'il était techniquement impossible que je sois mon propre propriétaire, ma part reviendrait à mon père jusqu'au moment de ma retraite. Mon père toucherait au total quelque 10 millions de dollars.

Mais de toute façon cette opération ne m'intéressait pas. Je ne voulais pas quitter Edmonton et je n'avais pas envie de devenir entraîneur. Je connaissais Skalbania: il me demanderait de faire le clown et de vendre des billets de saison dans les centres commerciaux de Vancouver. Mais le plus important, c'est que je voulais rester avec mon équipe. Mettez-vous un peu à ma place: seriez-vous capable de quitter tous vos amis les plus proches d'un seul coup?

Je savais ce qui se tramait. Selon les rumeurs qui couraient, Pocklington avait de sérieuses difficultés avec ses autres entreprises (il avait des placements dans le secteur pétrolier, l'industrie de la viande, des projets immobiliers, une société de fiducie et une concession d'automobiles) et il manquait d'argent frais. Il avait été obligé de vendre sa précieuse collection d'œuvres d'art et même de remettre les Oilers en garantie contre un emprunt. Pour lui, mon contrat était un atout. En 1987, j'avais signé un contrat de services personnel avec lui. Lorsqu'il avait commencé à étendre ses entreprises aux États-Unis, il avait décidé de coter les Oilers à la Bourse, de la même façon que les Celtics de Boston l'étaient. Il croyait que ce serait un excellent moyen de récolter des fonds. Après tout, il avait acheté l'équipe pour environ

7 millions de dollars et on disait qu'elle en valait à présent près de 100. Mais pour vendre des actions, il lui fallait se débarrasser de mon contrat de services et faire en sorte que je devienne la propriété des Oilers. Je le tenais, j'avais le bon bout du bâton.

Je l'ai moins obligé à me faire des concessions monétaires qu'à m'accorder des privilèges. Le plus important de ceux-là était que je pouvais partir au bout de cinq ans et devenir agent libre sans aucune restriction. Pareille chose n'est pas censé exister dans la Ligue nationale — l'équipe qui obtient un joueur d'une autre équipe doit céder à cette dernière ses meilleurs choix au repêchage —, mais dans le cas présent je pouvais devenir agent libre sans aucune condition. En 1992, j'aurais pu jouer pour l'équipe de mon choix et signer un contrat selon ma juste valeur marchande; j'aurais été un homme libre.

Bien entendu, Peter voulait que je renonce à un tel droit — cela aurait réduit ma valeur marchande en cas d'échange — et aussi que je signe une clause prolongeant mon contrat. Je lui répondis que j'allais réfléchir à tout cela. Tout ce que je désirais, c'était signer un dernier gros contrat de six ou sept saisons qui m'aurait permis de terminer ma carrière à Edmonton. Mais Peter ne me fit aucune offre dans ce sens. Ce dont il avait besoin, ce n'était pas de Coupes Stanley supplémentaires, mais d'argent comptant — il n'avait même pas à vendre d'autres billets de saison puisque les Oilers jouaient déjà à guichet fermé.

Tout en attendant de ses nouvelles, je passai ma lune de miel à Los Angeles. Un jour, je reçus un coup de téléphone de Bruce McNall, le propriétaire des Kings, qui m'annonça: «Wayne, j'ai reçu l'autorisation de m'entretenir avec toi.»

Ça s'est passé tout simplement comme ça. Ni Peter Pocklington ni personne de l'organisation des Oilers n'avait jugé bon de m'appeler pour me prévenir. C'était comme recevoir une gifle en plein visage. J'avais mis toute ma loyauté au service des Oilers, je m'étais fendu en quatre pour l'équipe et avais été membre de l'une des plus grandes dynasties de l'histoire du hockey, et voilà que j'étais jeté en pâture aux autres équipes.

«Eh bien! que dirais-tu de déjeuner avec moi demain?» me demanda McNall.

Bruce et moi nous connaissions. Nous avions déjà pris quelques repas à Los Angeles en compagnie d'amis communs. Je l'aimais bien. Si vraiment je devais être échangé, l'idée d'atterrir à Los Angeles, où Janet aurait pu poursuivre sa carrière, ne me déplaisait pas.

Bruce m'affirma qu'il était prêt à débourser entre 20 et 25 millions de dollars et à offrir trois choix de première ronde et deux joueurs. En échange, il mettrait la main sur moi et deux ou trois autres joueurs des Oilers.

«Parfait, lui ai-je répondu, pourvu que l'un d'eux soit Marty McSorley.»

Je savais que Sather ne laisserait pas partir des gars comme Kurri, Anderson, Messier ou Lowe. Et je savais que les Kings avaient besoin de bons défenseurs et de joueurs qui ont du cran. Edmonton possédait d'excellents joueurs capables de jouer ce rôle: Pat Hughes, Kevin McClelland, Marty McSorley, Dave Hunter, Mike Krushelnyski, tous des joueurs qui avaient du cœur au ventre et savaient gagner sans se plaindre.

Il n'était évidemment pas question que je parle de tout ça à McSorley ou à Krushelnyski. Ce n'était pas l'envie qui m'en manquait, mais l'affaire aurait commencé à s'ébruiter; toute la ville d'Edmonton s'en serait alors prise à Pocklington et il aurait reculé. J'en ai parlé uniquement à mon père et à ma femme.

Entre-temps, les doutes commencèrent à m'assaillir. Il s'agissait d'une étape importante de ma carrière et elle comportait également un risque énorme. Je sentais que les Oilers pouvaient encore remporter deux ou trois Coupes Stanley et il m'était difficile d'y renoncer. Et si j'allais me casser la figure à Los Angeles? Les Kings ne faisaient rien qui vaille depuis 20 ans. Ils s'étaient classés au dix-huitième rang cette année-là. Que se passerait-il si ma présence ne leur servait à rien?

J'ai passé de longues nuits éveillé à me demander ce qui m'attendait. J'avais à peine 27 ans. Janet m'a affirmé qu'elle m'appuierait quelle que soit ma décision, mais elle a aussi ajouté une chose que je n'oublierai jamais: «Ne sous-estime pas tes capacités.»

Je téléphonai à Coffey.

«Gretz, me dit-il, tu vas regretter les joueurs, tes amis et les partisans, mais tu ne dois pas regarder en arrière. C'est formidable d'aller quelque part avec un défi à relever.»

Je savais que Pocklington ne m'appréciait plus à ma juste valeur. Lors de la cérémonie de remise des trophées, je reçus mon huitième trophée Hart. Ni lui ni Sather ne m'ont félicité; ils ne m'ont même pas serré la main.

Comme si cela n'avait pas suffi pour me convaincre de partir, ce qui se produisit par la suite écarta tout doute de mon esprit. J'étais en réunion dans le bureau de Bruce McNall, à Los Angeles, lorsque sa secrétaire l'interrompit: «Un appel pour vous de la part de monsieur Pocklington.»

McNall branche toujours ses appels sur son amplificateur et nous savions tous deux ce qui allait se produire. Nous nous sommes regardés dans les yeux. Il a pris la communication et j'ai alors eu la désagréable surprise d'entendre tout ce que Pocklington pensait de moi. Il m'accusa d'être égoïste et d'être terriblement imbu de moi-même, et ajouta que mon père lui cassait les pieds. J'ignore où il avait pêché cette dernière invention, car mon père ne l'a jamais appelé pendant tout le temps que j'ai passé à Edmonton.

J'étais maintenant tout à fait décidé à partir. Par ailleurs, plus j'apprenais à connaître Bruce, plus je le trouvais sympathique. Il y avait toutefois un petit problème: Sather refusait de laisser partir McSorley. Très vite, on a eu l'impression que l'opération allait s'écrouler comme un château de cartes. Pocklington évitait de s'en mêler et Sather refusait de céder qui que ce soit. En désespoir de cause, j'appelai McNall.

«Bruce, dites à Peter qu'il n'y aura pas de transaction s'ils ne cèdent pas Marty. Je ne quitte pas Edmonton sans lui.» Je savais que Sather demeurerait inflexible, mais Pocklington pouvait l'obliger à changer d'avis.

Le lendemain matin, McNall appela Pocklington; il lui réclama McSorley et Krushelnyski et exigea que les trois choix au repêchage soient échelonnés et non consécutifs. C'était à prendre ou à laisser.

Pocklington sauta sur l'offre. En retour, McNall lui donna Jimmy Carson, Martin Gélinas — la nouvelle recrue des Kings qui avait été leur premier choix au repêchage. Le plus amusant, c'est que Pocklington n'empocha que 15 des 20 millions de dollars que McNall était disposé à payer. D'ailleurs, pourquoi aurait-il reçu le gros prix? Tout au long des transactions, il n'avait cessé de dire à Bruce que j'étais un joueur terriblement égoïste.

Évidemment, Pocklington a quand même réussi à faire des économies. Il a refusé de me verser les deux millions de dollars qu'il m'avait promis si j'acceptais d'être échangé. «Je ne lui verse pas un sou, tu le feras toi, avait déclaré Peter à Bruce. J'en ai assez de lui donner de l'argent.» Par la suite, tout le monde m'a demandé: «Comment as-tu pu laisser passer deux millions? Tu aurais dû le poursuivre pour ça!» Ce à quoi j'ai répondu: «Le soulagement que j'ai ressenti en rentrant chez moi valait bien une telle somme.»

L'affaire était enfin réglée. Bruce me dit alors: «Wayne, tu rappelles Peter, tu lui demandes à être échangé et la transaction aura lieu demain. Si tu ne l'appelles pas, il pourrait renoncer à conclure l'affaire.»

J'ai donc pris mon courage à deux mains et j'ai appelé Pocklington du bureau de McNall. Il était environ cinq heures de l'après-midi. J'en avais des sueurs au front. Je lui ai dit: «Peter, j'ai beaucoup réfléchi à toute cette histoire. Vous et moi ne sommes plus sur la même longueur d'onde. Je pense avoir donné tout ce que j'ai pu pendant les 10 dernières années et avoir été le plus loyal possible envers vous. Mais je crois qu'il vaut mieux pour tous les deux... Je vous demande de m'échanger. Je voudrais que vous m'envoyiez à Los Angeles.»

Je n'avais pas la gorge serrée, j'avais dépassé ce stade. Une des conditions posées par Pocklington était que je lui demande personnellement à être échangé, et j'acceptais de jouer son jeu. Il me répondit qu'il éprouvait également de bons sentiments à mon égard et qu'il était désolé de me voir partir.

Avant de régler les derniers détails, Bruce me déclara: «Tu m'as déjà dit une fois que ton rêve d'enfant avait été de jouer à Detroit. Si tel est ton vœu, je peux encore me retirer de l'affaire et te laisser partir pour Detroit.»

J'ai su alors que je faisais le bon choix. Je lui répondis que je désirais jouer à Los Angeles et que je ne changerais pas d'avis. Le lendemain matin, McNall envoya une copie signée du contrat par télécopieur à Edmonton. Peter le signa et... le télécopieur de Bruce tomba en panne!

Nous avons failli, l'un et l'autre, faire une crise d'apoplexie. Et si Pocklington changeait soudain d'avis? J'étais prêt à prendre le premier avion et à me présenter devant lui avec le contrat.

Vingt minutes plus tard, à notre grand soulagement, l'affaire était conclue pour de bon. Je faisais désormais partie de l'organisation des Kings. J'ai alors vraiment réalisé qu'une nouvelle vie m'attendait.

Janet et moi en étions étonnés et excités, mais nous ne pouvions parler de tout ça à personne pendant deux semaines. La campagne des Oilers pour la vente des billets de saison battait son plein et Pocklington avait insisté pour garder l'affaire secrète durant cette période.

Bruce, sa femme, Janet et moi sommes sortis ce soir-là. Il nous était difficile de contenir notre joie; nous n'arrivions pas à croire que ça avait marché. Nous tentions de faire comme si de rien n'était, mais à tout bout de champ nous rencontrions une connaissance de Bruce à qui celui-ci demandait: «Trouvez-vous que ce serait une bonne idée si je parvenais à convaincre Wayne de venir jouer à Los Angeles? Est-ce que ça ne serait pas excitant?

— Le convaincre de quitter Edmonton?!... Bonne chance!»

Et nous portions un toast à notre bonne étoile.

La nouvelle de la transaction a commencé à s'ébruiter avant que les deux semaines ne soient écoulées. J'habitais dans la maison d'Alan Thicke pendant qu'il était en Europe. Quelques jours plus tard, Bruce m'appela à une heure du matin — nous venions tout juste de rentrer d'une sortie en ville.

«Nous partons demain matin à sept heures pour Edmonton.

— Je ne suis pas certain d'être prêt», lui répondis-je.

Je ne l'étais pas, mais il fallait bien y aller. Je voyais comme un cauchemar les 12 prochaines heures.

Lorsque notre avion privé atterrit au Canada, la préposée des douanes monta à bord. Elle avait eu vent des rumeurs, car elle nous dévisagea et dit: «Êtes-vous bien certains de ce que vous voulez faire?»

Je regardai Bruce droit dans les yeux et lui demandai: «Bruce, êtes-vous certain que c'est ce que nous désirons faire?»

Nous en avions la certitude. Mike Barnett nous prit en charge et je n'oublierai jamais le trajet de l'aéroport à la ville que j'avais déjà emprunté des centaines de fois.

Nous sommes tout d'abord allés à mon appartement. Je voulais prévenir Lowe, Messier et quelques autres joueurs. Mark m'avait téléphoné huit ou neuf fois pendant les négociations, mais j'avais préféré ne pas le rappeler. Je savais qu'il aurait pu faire des folies et essayer de convaincre Pocklington de renoncer à cette transaction. Messier peut être très persuasif.

Pendant que je téléphonais, quatre policiers d'Edmonton qui avaient été appelés par Mike étaient arrivés chez moi pour assurer ma protection. Comme si la situation n'était déjà pas suffisamment difficile, au moment où je franchissais les portes de la Molson House où devait se tenir la conférence de presse, un spécialiste des relations publiques, un casse-pied engagé par Pocklington, se présenta à moi en me disant qu'il avait pour tâche de me «conseiller» sur ce que j'avais à déclarer au cours de la conférence de presse.

«Je t'ai préparé un discours, déclara-t-il. Peut-être aimerais-tu y jeter un coup d'œil.»

Bruce et Mike étaient estomaqués, mais je savais où Pocklington voulait en venir. Il était de toute évidence inquiet. Je devais déclarer que l'idée de l'échange venait de moi et que lui n'y était pour rien. «Et juste là, ajouta l'agent de presse, le moment serait bien choisi pour mentionner que Janet va avoir un enfant de toi.»

C'était le bouquet. J'explosai: «Disparais de ma vue!»

À cet instant, Pocklington et Sather ont décidé d'avoir un dernier entretien privé avec moi. Je jetai un coup d'œil à Bruce. Il avait l'air inquiet. Je suis persuadé qu'il s'imaginait qu'ils allaient essayer de me faire changer d'avis.

Peter et moi avons pris un siège et nous sommes regardés dans les yeux. Notre entretien s'est déroulé dans le calme. Nous nous sommes échangé des politesses au sujet de toutes les bonnes années passées ensemble. Je lui ai demandé de bien prendre soin de Joey Moss et de veiller à ce qu'il ait toujours un emploi, et il a acquiescé à ma demande. Nous nous sommes serré la main et je suis sorti.

Quand je repense à tout ça, je trouve que la plus grande erreur de Pocklington a été de ne pas me laisser jouer jusqu'à ce que je devienne agent libre. Je refusais de signer un contrat qui ne comportait pas de clause stipulant que je ne pouvais être échangé et Peter refusait de me donner un contrat comportant pareille clause. Nous étions donc coincés tous les deux. Il aurait dû me laisser jouer ces quatre années. Comme le dit si bien Mike Barnett, j'aurais alors été un vétéran de 31 ans ayant passé 14 années dans la même équipe. J'aurais probablement élu domicile à Edmonton. Peter aurait pu dire à ce moment-là: «La porte est là. À toi de dire au gens d'Edmonton que tu veux t'en aller.» Mais ça ne s'est pas passé comme ça.

J'eus ensuite ma dernière rencontre avec Sather. À peine la porte se referma-t-elle sur nous qu'il déclara: «Wayne, si tu ne veux pas que cette transaction se fasse, nous pouvons l'annuler sur-le-champ.»

Malgré nos nombreux désaccords, je ne pense pas que Glen ait jamais voulu m'échanger, mais il avait les mains liées. Il travaillait pour Pocklington et celui-ci devait veiller sur l'état de ses finances. Ce n'était pas plus compliqué. Peter et moi ne pouvions nous entendre et Sather savait que la transaction aurait lieu. Il luttait pour sauver la mise. C'est un homme de hockey d'abord et avant tout, et il le sera toujours. Je me demande cependant comment il a eu le courage de déclarer, à la conférence de presse, qu'il ignorait tout de l'affaire. Il n'arrêtait pas de répéter que cette transaction lui avait «brisé le cœur».

Ce qui ne m'a pas empêché de lui dire: «Je suis déçu de constater que tu ne m'as pas appelé une seule fois pendant tout ce temps. Tu ne m'as pas donné l'impression d'un entraîneur qui tient absolument à garder un joueur.

— Je t'ai appelé, m'a-t-il répondu. Hier soir.»

Nous nous sommes levés. «Glen, ai-je ajouté, tu m'as appris beaucoup de choses, autant sur le hockey que sur la vie. Je ne crois pas qu'il y ait quelqu'un que je respecte autant que toi après mon père.» Et je le pensais. Même si les choses avaient mal tourné entre lui et moi, il m'avait beaucoup apporté. Il avait cru aux chances de succès d'un petit joueur de centre maigrelet qui n'était jamais au bon endroit et qui semblait voltiger de-ci de-là comme s'il était perdu sur une patinoire. Il me donnait énormément de temps de glace, même quand je n'avais que 18 ans. Il savait me comprendre. Si je connaissais une excellente soirée, il se contentait de me jeter un regard et me laissait continuer. Il a transformé le hockey. Il a été le premier entraîneur à utiliser ses meilleurs joueurs offensifs pour écouler les punitions. J'ai pu jouer de nombreuses minutes de cette façon et le nombre de parties que nous avons gagnées ainsi est incalculable. Un autre entraîneur aurait-il réussi à tirer un aussi bon parti de moi? Nous avons versé quelques larmes tous les deux. C'est un homme très sensible et je le suis aussi.

À travers la fenêtre du bureau, je pouvais voir Bruce qui semblait manquer d'air. En sortant de la pièce, je me suis tourné vers lui et lui ai fait un clin d'œil. Tout le Manitoba a dû entendre le soupir de soulagement qu'il a poussé.

Tous les médias étaient présents à la conférence de presse. Sur les réseaux canadiens, les émissions étaient interrompues afin de permettre la transmission en direct de l'événement. Ma femme, qui était restée chez nous, à Los Angeles, la suivait par satellite. Les spectateurs ont pu immédiatement se rendre compte que Pocklington y mettait le paquet. Il affirma que c'était «sans enthousiasme» et «le cœur gros» qu'il avait accédé à ma demande de quitter les Oilers. «Que pouvez-vous faire quand un employé exceptionnel et loyal vous demande de lui permettre de saisir une occasion de progresser dans sa carrière? Vous aimeriez bien ne pas le perdre, mais par ailleurs vous ne pouvez pas l'empêcher d'atteindre ses objectifs.»

Ce fut ensuite à mon tour de parler. J'essayai de demeurer le plus simple possible et de supporter la pression comme je me l'étais promis. C'est alors qu'on me posa la question suivante: «Quels souvenirs garderez-vous d'Edmonton?»

Cette question m'alla droit au cœur. Comme si j'avais été frappé par l'éclair, j'ai réalisé soudain que je laissais derrière moi mes meilleurs amis et la meilleure équipe de hockey au monde. J'allais abandonner Mark, Kevin, Jari, Joey et tous les autres. Quand je m'étais joint à l'équipe, à 17 ans, je n'étais encore qu'un adolescent. J'avais littéralement grandi avec tous ces gars-là et les racines que je coupais étaient profondes. Tout un tas de souvenirs me revenaient à l'esprit; je nous revoyais en train de marquer, de nous féliciter, de nous amuser comme des enfants. Tout pour nous était une occasion de fêter: un but, une victoire, un championnat, un record. Et voilà que tout cela était terminé, du moins pour moi. Je n'ai pas pu m'empêcher de pleurer, j'étais incapable de continuer à parler. Pour quelqu'un qui venait d'obtenir ce qu'il désirait, je n'avais certainement pas l'air des plus heureux.

Nous étions le 9 août 1988, soit 25 jours après mon mariage.

C'est également ce jour-là que des ouvriers se sont présentés chez mes parents pour creuser un trou dans la vieille cour où j'ai appris à jouer au hockey. C'était le cadeau que j'avais offert à mes parents: une piscine.

CHAPITRE 15

Le principe de Peter

Le lendemain de l'échange, Pocklington raconta à un journaliste d'Edmonton que je possédais un «ego de la taille de Manhattan» et que j'étais «un excellent comédien». Il ajouta: «Je suis d'avis qu'il a réussi à merveille à montrer à quel point il était bouleversé.»

À la parution de l'article, Pocklington accusa son auteur, Jim Matheson de l'*Edmonton Journal*, de l'avoir mal cité. Jim répliqua: «Voici l'enregistrement. Si quelqu'un veut l'écouter.»

Peter avait bel et bien fait cette déclaration et son démenti ne faisait qu'ajouter aux mensonges qu'il répandait sur mon compte. Au moment où les rumeurs avaient commencé à circuler au sujet de l'échange, il avait déclaré à la presse: «Les responsables de ces rumeurs disent des conneries.»

Un jour, en 1987, on lui demanda s'il était vrai que les Rangers de New York lui avaient offert 30 millions de dollars pour mes services. Il répondit: «Ils ont offert encore plus que vous ne l'imaginez.

— Qu'est-ce que vous attendez pour faire la transaction dans ce cas-là?

— Il n'y a pas que l'argent qui compte dans la vie», répliqua-t-il.

Je suppose qu'il a changé d'avis depuis.

191

C'est dommage. Je l'aimais bien. À force de détermination, ce fils de représentant d'assurances avait réussi à devenir millionnaire. Il avait fait fortune en Alberta dans le secteur pétrolier, l'industrie de la viande, l'immobilier, l'automobile et grâce aux Oilers. Malheureusement pour lui, je pense qu'il ne connaissait pas grand-chose au hockey.

Un jour, je crois que nous en étions à notre deuxième année dans la Ligue nationale, Pocklington se mit à distribuer des poignées de main dans le vestiaire après une victoire importante. Arrivé devant la case de McSorley, il jeta un rapide coup d'œil au prénom indiqué sur la case et dit: «Excellent travail, euh... Marty.» Puis il se dirigea vers Kevin et lui serra la main en regardant de nouveau vers la case. Malheureusement, seule l'initiale de son prénom y apparaissait: «K. Lowe». Peter y alla donc d'un: «Excellent travail ce soir, Kenny.»

Depuis, chaque fois que Kevin joue une partie du tonnerre, les autres joueurs le taquinent en lui disant: «Voyons voir... deux buts, trois passes et un autre blanchissage. Excellent travail, Kenny.»

Pocklington était réputé pour sa manière de nous motiver en nous offrant des récompenses toutes spéciales, puis en changeant d'idée par la suite. Lorsque j'ai rattrapé Marcel Dionne en tête des marqueurs de la Ligue nationale, en 1980, Peter s'est senti tellement coupable de constater que mon salaire était ridicule par rapport à celui de Dionne qu'il m'a fait cadeau d'une Ferrari. Du moins c'est ce qu'il a déclaré publiquement. En réalité, il avait loué cette Ferrari à mon nom pour trois ans. J'ai dû payer moi-même les plaques d'immatriculation et les primes d'assurance, et il y avait une option de rachat à la fin du contrat. Lorsque je l'ai vendue, j'ai subi une perte de 3 000 dollars. Heureusement qu'il ne m'a pas trop offert de cadeaux de ce genre; sinon j'aurais fait faillite.

En 1987, lorsque j'ai battu le record détenu par Gordie Howe pour le nombre de passes, Peter m'a remis une obligation d'épargne d'une valeur de 50 000 dollars à l'intention de mon premier enfant. Je me suis dit: «Quelle belle surprise!»

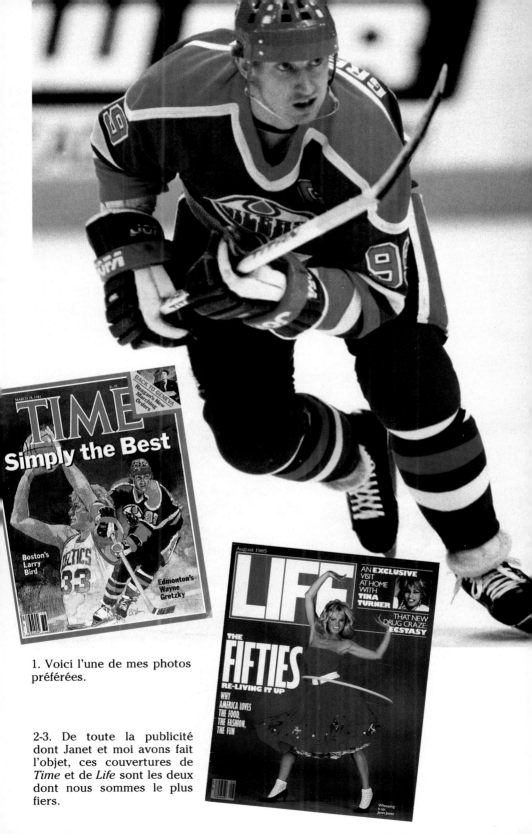

1. Voici l'une de mes photos préférées.

2-3. De toute la publicité dont Janet et moi avons fait l'objet, ces couvertures de *Time* et de *Life* sont les deux dont nous sommes le plus fiers.

4. Un matin, un garçon est venu sonner à ma porte pour me demander de lui remettre une photo autographiée. Comme c'était la seule que j'avais en ma possession, je la lui ai remise, avec la moitié des céréales que contenait encore la boîte.

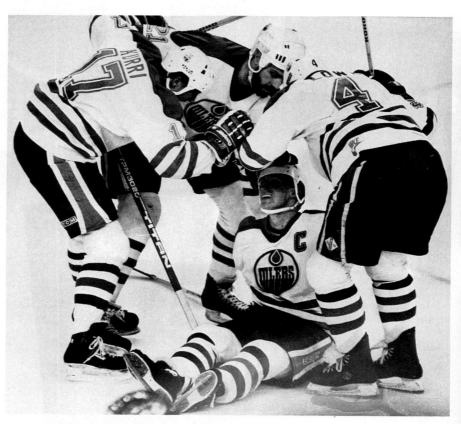

5. Je n'ai jamais connu d'autre équipe où les joueurs étaient aussi près les uns des autres, que ce soit au hockey ou dans tout autre sport professionnel.

6. Messier et moi. Un de mes meilleurs amis.

7. Paul Coffey et moi avions des liens privilégiés. J'étais plus à l'aise avec lui qu'avec la plupart des gens. Même lorsque je me vantais un peu ou que je me montrais égoïste, il savait me comprendre.

8. Notre deuxième Coupe.

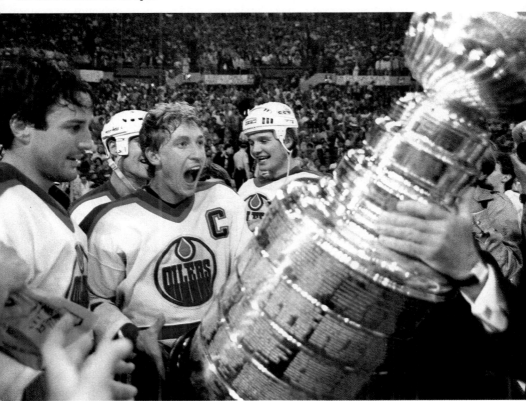

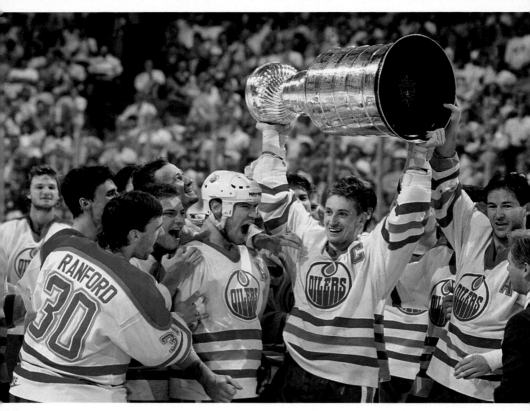

9. Notre troisième Coupe Stanley. J'étais persuadé que nous pouvions en remporter encore une bonne demi-douzaine. Du moins, je le croyais.

10. À mes yeux, les trophées ont toujours symbolisé l'énorme talent de notre équipe et tous les prodiges qu'elle était en mesure d'accomplir.

11. Notre dernière Coupe Stanley. J'ai demandé à ce que tous les joueurs soient réunis autour de moi pour une photo de groupe, ce que je n'avais jamais fait auparavant. Je l'ai fait par instinct.

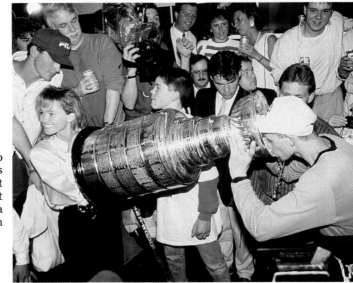

12. Janet me donne un coup de main. Elle savait des choses que j'ignorais. Vingt minutes plus tard, elle et mon père m'annonçaient la mauvaise nouvelle de mon échange.

13. Lorsque nous lui avons annoncé que nous attendions un enfant, ma grand-mère Mary était aussi heureuse que nous.

14. Le plus beau jour de ma vie.

15-16. J'ignorais que cette histoire allait faire autant de bruit. Pocklington a donné un excellent spectacle. Par contre, je peux vous assurer que, contrairement à ce qu'il a pu dire par la suite, les larmes que j'ai versées étaient tout à fait sincères: je savais qu'il me serait difficile de quitter tous les amis que j'avais à Edmonton.

17. Cette photo a été prise cinq heures plus tard, mais j'avais l'impression que des années venaient de s'écouler.

18-19. Ma première partie à Edmonton en tant que joueur des Kings.

20. Marty McSorley est toujours là pour veiller sur moi.

21-22. Tomas Sandstrom et Tony Granato. Avec ces deux joueurs à mes côtés, je suis impatient d'entreprendre de nombreuses autres saisons.

23. Paulina Mary Jean Gretzky. C'est à elle que je dois de connaître toutes les joies d'être papa.

24. Le symbole d'une équipe championne, voilà le sens de cette statue.

25. Mike Barnett et moi. Nous en avons eu des événements à célébrer au cours des années!

26. Derrière le filet. C'est là que j'ai ouvert mon bureau, comme disent mes coéquipiers.

27.

28.

29.

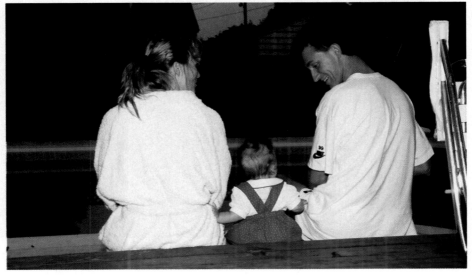

30. Que d'émotions! S'il y a un record que je ne m'attendais pas à battre, c'est bien celui de Gordie Howe. Personne ne remplacera jamais Howe, mais j'avais le choix entre battre le plus important record de tous les temps et prendre ma retraite.

31. J'ai toujours eu l'impression que Gordie Howe et moi partagions un destin similaire. Janet et mon père savaient que cet instant était précieux pour moi.

32. En dix ans, notre tournoi a permis de récolter au-delà de un million de dollars pour l'Institut national canadien pour les aveugles.

33. Mario Lemieux pourrait très bien battre tous mes records un jour ou l'autre.

34. Cette image vous donne une idée de la joie que j'éprouve à Los Angeles. Edmonton me manque, mais j'ai beaucoup d'affection pour mes nouveaux coéquipiers.

35.

Puis j'ai constaté qu'elle ne vaudrait cette somme qu'à l'échéance, soit dans 25 ans. En réalité, elle ne lui avait coûté que 3 500 dollars. Deux ans plus tard, Bruce me fit lui aussi cadeau d'une obligation d'épargne. Sa valeur à l'échéance: 250 000 dollars.

Lorsque nous avons gagné à nouveau la Coupe Stanley, en 1987, il nous a fait cadeau à tous de bâtons de golf et d'un voyage à Hawaii. Mais je me souviens que nous avons dû acquitter la taxe de vente par la suite. Nous avons alors pris la décision de ne plus rien accepter de Pocklington. La plupart d'entre nous avions déjà des bâtons de golf. À quoi pouvait bien nous servir un deuxième ensemble? Nous devions verser de l'argent au fisc pour une chose dont nous n'avions pas besoin.

J'imagine qu'il essayait d'être généreux au fond. Tantôt il pouvait être un chic type, tantôt un pauvre type.

Après que les Oilers eurent remporté leur première Coupe Stanley, en 1984, Pocklington fit remettre à chacun une bague sertie d'un diamant. La taille de ce dernier était proportionnelle à la valeur que revêtait chaque individu à ses yeux. Les bagues des soigneurs et des préposés à l'équipement étaient serties d'un minuscule diamant, celles des joueurs qui avaient réchauffé le banc, d'un diamant à peine plus gros, et ainsi de suite, le diamant le plus imposant revenant à vous savez qui. Pendant cinq ans, on nous avait appris que nous formions une équipe et que personne n'avait plus d'importance qu'un autre. Et voilà que Pocklington se mettait à nous évaluer d'après le nombre de carats. Je n'en sus rien jusqu'au jour où l'entraîneur Muckler m'avoua qu'il avait fait évaluer sa bague. L'appareil de mesure lui réserva une mauvaise surprise et la même chose se produisit dans le cas de notre autre entraîneur, Teddy Green. Tous deux avaient reçu de faux diamants, de même que tous les entraîneurs. Comme manque de classe, on peut difficilement trouver mieux. Sather retourna les bagues à Pocklington pour qu'il les fasse sertir de diamants authentiques. Pour ma part, j'étais si embarrassé que je récupérai les bagues des soigneurs et les fis sertir adéquatement.

Parfois, on aurait dit que Pocklington manquait totalement de jugement. J'avais 20 ans lorsqu'il se présenta comme candidat à la direction du Parti progressiste-conservateur. Il désirait gagner les élections et ne se gêna pas pour se servir de l'équipe à cette fin. Croyez-vous que c'est par hasard que ses étendards portaient les couleurs orange et bleu des Oilers? Il a même déclaré dans les journaux: «Quelle meilleure publicité peut-on trouver que Gretzky et sa bande en éliminatoires de la Coupe Stanley?» Il n'arrêtait pas de me talonner pour que je le suive à Ottawa et que je sois à ses côtés pendant qu'il prononçait ses discours. On ne peut pas toujours dire non à son patron, alors j'ai fini par accepter. Je n'avais pas la moindre idée de la chemise que j'allais porter et j'ignorais davantage à qui irait mon vote. Fort heureusement, il a perdu ses élections.

En rentrant à Los Angeles en compagnie de Bruce McNall, après cette fameuse conférence de presse à Edmonton, je ne pouvais m'empêcher de le comparer avec Peter Pocklington. Bruce ne cherche pas à manipuler les gens; il est direct et honnête. Je m'en suis rendu compte en négociant mon contrat avec lui. Il a suffi de 10 minutes, au cours du vol de retour.

«Combien d'argent veux-tu?» m'a-t-il demandé.

N'oubliez pas que Bruce venait de réaliser cette importante opération avant même de me demander de signer un contrat avec lui. Il avait même dit à Mike Barnett: «Je suis vraiment désolé que nous n'ayons jamais convenu d'une entente; tout s'est passé si vite. Mais je vous promets que Wayne sera aussi bien rémunéré que les joueurs les mieux cotés des équipes professionnelles de Los Angeles.» Il a alors dit une chose pour le moins intéressante: «Vous savez, je viens de débourser 15 millions de dollars pour un joueur dont le contrat actuel lui donne le droit de prendre sa retraite dans deux ans. Dites-moi, Mike, qui a le plus beau jeu.»

Quand Mike Barnett m'a raconté cette histoire, j'en ai eu le souffle coupé. D'une part, il y avait Pocklington qui s'acharnait pour que les termes de mon nouveau contrat ne dépassent pas les cinq années indiquées sur l'ancien. De l'autre, il y avait McNall qui ne s'inquiétait pas de payer 15 millions de dollars pour un contrat susceptible de ne pas dépasser deux ans. Entre les deux, qui choisiriez-vous comme patron?

Aussi, lorsqu'il me demanda combien je voulais, j'aurais très bien pu répondre: «Dans ce cas, ce sera 20 millions par année ou je refuse de jouer pour vous.» Mais il n'était pas question de ce genre de jeu entre nous.

«Je ne sais pas. Payez-moi en fonction de ce que je vaux à vos yeux.

— Fais-moi une suggestion, je n'en ai aucune idée, dit-il. Magic Johnson reçoit trois millions par année. Est-ce que ça te convient?

— Non, non, ai-je répondu. C'est beaucoup trop.»

Ce n'était pas une question d'humilité de ma part; je voulais seulement être raisonnable. Les Kings avaient subi des pertes de cinq millions de dollars l'année précédente. Puisque ma tête et mon avenir étaient en jeu, je voulais éviter de voir les Kings faire faillite et être vendus à un inconnu. Je ne pouvais pas me permettre de dépouiller une équipe qui éprouvait des difficultés à se maintenir en vie.

«Est-ce qu'une participation dans l'équipe ferait ton affaire? demanda-t-il. Que dirais-tu de 10 p. 100 des actions?»

Je refusai. Je ne voulais pas avoir ce genre de souci.

«Versez-moi ce salaire, fis-je en inscrivant un montant sur un bout de papier.

— Mais ce n'est pas assez», répliqua-t-il en inscrivant à son tour un autre montant.

Je ne crois pas qu'il y ait jamais eu plus folle ronde de négociations de toutes les annales du sport organisé. Il prenait ma défense et je prenais la sienne! Nous occupions le mauvais fauteuil.

Nous nous sommes finalement entendus sur la somme de deux millions de dollars par an comme salaire de base. Néanmoins, Bruce n'était pas complètement satisfait de la tournure des événements. Il était prêt à m'offrir encore quelque 300 000 dollars de plus.

«Écoutez, lui ai-je demandé, pourquoi ne distribueriez-vous pas cet argent supplémentaire sous forme de primes d'équipe?» Rogatien Vachon, le directeur général des Kings, finit par trouver la solution. Un certain montant serait réparti entre les membres de l'équipe, à savoir tant si nous participions aux éliminatoires, tant si nous remportions le championnat de l'association Campbell, tant si nous remportions la Coupe Stanley, etc. Je savais que je n'avais pas besoin de plus et j'étais un peu inquiet de savoir ce que penseraient mes coéquipiers lorsqu'ils apprendraient que je gagnais autant d'argent. Peut-être ces primes nous rapprocheraient-elles davantage les uns des autres? Peut-être l'esprit d'équipe avait-il toujours fait défaut aux Kings? Par ailleurs, j'avais comme nouvel objectif d'amener la Coupe Stanley à Los Angeles et de populariser le hockey dans l'Ouest.

Par contre, ce qui importait pour moi dans ce nouveau contrat, c'était le nombre d'années durant lesquelles j'allais jouer. Je n'ignorais pas qu'il devait avoir une durée d'au moins six ans si nous souhaitions convaincre la population de Los Angeles que mon avenir était ici. En outre, comme je déteste argumenter, je ne voulais plus avoir à me soucier de ce genre de question avant longtemps. Nous nous sommes mis d'accord pour huit ans et l'affaire était conclue. Pas question de suite privée, de Ferrari, de services personnels, etc. Je me sentais de nouveau d'un seul morceau.

C'est alors que McNall a fait une chose que je n'oublierai jamais. Il a téléphoné à mon père et lui a promis qu'aucun joueur de hockey ne gagnerait davantage que moi. Si, par exemple, un joueur devait gagner 4 millions de dollars par année, je recevrais aussitôt 4 000 001 dollars. Ce n'est pas inscrit dans mon contrat, mais Bruce m'a donné sa parole et je le crois.

Je ne crois pas avoir jamais rencontré quelqu'un de la trempe de McNall. Depuis que j'ai signé ce premier contrat, nous en avons conclu un nouveau qui me rémunère davantage. C'est lui qui a insisté à ce sujet.

Saviez-vous que son jet a déjà appartenu à l'ex-président américain Lyndon Johnson? Il est doté d'un tas d'instruments de sécurité incroyables. Si l'un des systèmes de navigation tombe en panne, un autre prend aussitôt la relève. Saviez-vous qu'il a déjà payé 420 000 dollars pour une misérable pièce de monnaie lors d'un encan — il avait offert davantage que l'ancien président français Valéry Giscard D'Estaing — et qu'il l'avait aussitôt revendue un million de dollars? Il possède des chevaux, collectionne les pièces de monnaie et c'est un génie financier de première classe. Et pourtant, quand vous conversez avec lui, vous avez l'impression de discuter avec un oncle sympathique.

Bruce et moi allions bien nous entendre. Il ne me restait plus qu'à passer au travers des trois journées suivantes. Lors de la conférence de presse à Los Angeles, c'était la folie furieuse. Un journaliste qui pourtant était habitué à ce genre d'événements affirma qu'il n'avait jamais rien vu de tel. Tous les potineurs venus du Canada accusaient Janet d'être responsable de l'échange. Ils affirmaient qu'elle m'avait obligé à déménager à Los Angeles afin de poursuivre sa carrière à Hollywood. Ils l'accusaient de tous les maux et la comparaient à Yoko Ono qui, j'imagine, a dû enlever John Lennon à ses fans. Tous les journalistes faisaient tout un plat de cette histoire.

Je savais comment les choses allaient se passer. J'avais même prévenu Janet à ce sujet, mais ça ne l'a pas empêchée de mal réagir. Il faut dire qu'elle était enceinte et que sa sensibilité était particulièrement à vif. Nous connaissions tous les deux le fond de l'histoire, et toutes ces critiques nous semblaient un cauchemar.

Elle en a pleuré pendant plusieurs nuits et elle en porte toujours les cicatrices. Nous nous permettons aujourd'hui d'en rire, mais je sais qu'elle est profondément blessée de savoir que les gens peuvent penser de telles choses à son sujet. Le plus injuste dans tout cela, c'est qu'elle avait déjà décidé de sacrifier sa carrière pour moi et notre enfant. Pendant quatre mois, elle était partie à la recherche d'une maison pour nous et s'était fait de nouveaux amis. Il était vraiment injuste que les journaux s'en prennent ainsi à elle, d'autant plus que tout ce qu'ils racontaient était complètement faux.

À la fin, incapable de supporter plus longtemps cette pression, elle téléphona à Terry Jones de l'*Edmonton Journal* et lui révéla la vérité. «Un propriétaire d'équipe ne dépense pas 15 millions juste pour faire plaisir à la femme d'un joueur, déclara-t-elle. C'est Peter Pocklington qui est le grand responsable du départ de Wayne Gretzky d'Edmonton. Je connais le fond de l'histoire. Je connais toute l'histoire.»

Le même jour, Paul Coffey faisait éclater la vérité à son tour à Pittsburgh en déclarant: «Wayne n'avait pas du tout l'intention de quitter Edmonton.» À partir de ce moment-là, en dépit de tout ce qu'il pouvait affirmer, la pression fut sur les épaules de Peter Pocklington.

Il essaya de convaincre les gens qu'il avait agi de la sorte «pour l'avenir» de l'équipe. Mais personne n'était assez stupide pour le croire. Dans une opération visant à assurer l'avenir, il aurait opté pour huit choix de première ronde, pas pour 15 millions en argent comptant. Mais l'argent, il en avait besoin pour se sortir du pétrin.

Toute cette affaire a fait couler beaucoup d'encre au Canada. Selon une connaissance, cette histoire a fait la plus grande manchette jamais parue dans l'*Edmonton Journal* depuis la fin de la Deuxième Guerre mondiale. Le même jour, l'affaire était en première page de l'*Edmondon Sun*; au bas de la page, un encadré indiquait: «AUTRES DÉTAILS À L'INTÉRIEUR. VOIR PAGES 2, 3, 4, 5, 6, 10, 11, 18, 19, 23, 30, 36, 37, 38, 39, 40, 41, 42, 43, 46 ET 47.»

Pour certains Canadiens, les Américains venaient encore une fois de s'emparer de l'une de leurs richesses naturelles. Ils m'accusaient d'être un traître gagné par la cupidité. Je n'ignore pas que ces partisans ne faisaient qu'exprimer leur profonde déception, mais j'aurais préféré qu'ils se dispensent de me juger sans savoir exactement ce qui s'était passé. Un chroniqueur de l'*Ottawa Citizen* y alla même de ses prédictions: j'allais être «englouti vivant» à Los Angeles et, compte tenu du climat de la région, je deviendrais «un parfait inconnu aux côtés de Magic Johnson, des Dodgers et de Hollywood».

Une chose certaine, c'est qu'il y aurait foule pour assister à mes funérailles. Pendant les cinq jours qui suivirent, je retins l'attention de chaque journal et de chaque poste de radio et de télévision de toute la région de Los Angeles.

À la fin, McNall me téléphona pour me demander: «Et alors, comment ça va?

— Honnêtement, je suis claqué.

— Qu'est-ce que tu dirais si nous passions tous une semaine à Hawaii?»

N'avais-je pas pris la bonne décision?

Quand nous nous sommes retrouvés à la plage, nos épouses à nos côtés et un verre de piña colada à la main, je me suis dit que tout semblait aller pour le mieux. Tous les éléments étaient en place. Il ne me restait plus qu'à éviter de devenir le plus grand bide d'Hollywood depuis *Heaven's Gate*.

CHAPITRE 16

«Hockeywood»

Une longue allée sinueuse monte en pente raide jusqu'à la porte d'entrée de notre maison de Los Angeles. Chaque fois qu'un ami canadien me rend visite, il me fait immanquablement la remarque: «Mon vieux, tu n'arriveras jamais à monter jusqu'ici en hiver.»

Bien sûr, j'ai dû m'adapter quelque peu au style de vie de Los Angeles, et notamment à cette maison que nous avons achetée et qui est beaucoup trop grande. J'avais toujours été un rat d'appartement et voilà que je me retrouvais soudain dans une maison de 7 000 pieds carrés, située à Encino, avec une piscine et six chambres à coucher, dont cinq dans lesquelles je n'ai jamais mis les pieds. Les employés étaient également fournis avec la maison. Un jour, pendant la première semaine, j'étais assis à la table de la cuisine quand je me suis rendu compte que nous étions huit dans la pièce. Il y avait deux servantes, deux jardiniers, deux hommes à tout faire et encore deux autres personnes dont j'ignorais les fonctions.

«Qu'est-ce que vous faites?» ai-je demandé à ces derniers. Et ils ont répondu: «Nous nourrissons les poissons.»

Je ne savais même pas que nous avions des poissons. J'ai alors appris qu'il y avait, derrière la maison, un étang rempli de poissons rouges géants ou quelque chose du genre. Je n'ai vu cet étang qu'un seule fois jusqu'à présent.

Un jour j'ai demandé à l'une des servantes: «Je pourrais avoir du café?

— Ah non! a-t-elle répondu. Je ne sais pas faire le café. Dans le pays d'où je viens on ne fait pas de café.

— Et d'où venez-vous?

— De la Colombie.»

Bien entendu. Tout le monde sait qu'il n'y a pas de café en Colombie.

Une autre fois, j'ai vu la seconde servante qui s'apprêtait à traverser le jardin en emportant tous nos draps.

«Où allez-vous avec ces draps? lui ai-je demandé.

— Oh! fit-elle. Nous les envoyons chez le nettoyeur.»

Le cuisinier n'était pas mal non plus. Un soir, avant une de nos premières parties, je l'ai prié de me faire des pâtes, quelque chose qui me soutiendrait jusqu'à la fin du match.

«Je n'ai pas le temps, m'a-t-il répondu. Je dois me rendre à la partie de hockey. Vous ne voulez pas plutôt que je vous fasse un hot-dog en vitesse?»

Où était passé Kevin Lowe juste au moment où j'avais besoin de lui?

Nous avons fini par décider de ne garder qu'un seul employé, un homme appelé Mario, et alors j'ai su que cette ville me conviendrait parfaitement. Certains acteurs et chanteurs craignent de tomber dans l'anonymat à Los Angeles, mais c'est exactement ce qui m'a séduit dès le départ: je pouvais me fondre dans l'anonymat de la foule, j'étais un homme libre. Je pouvais faire des courses, manger au restaurant ou conduire mon auto sans craindre d'être accosté, de voir quelqu'un saisir ma fourchette ou klaxonner pour attirer mon attention à un feu rouge. La plus grande différence entre Los Angeles et Edmonton, c'est que je pouvais enfin regarder les gens au lieu d'être l'objet de leur curiosité.

Et il y en avait beaucoup à regarder. De nombreux Canadiens — plus d'un million — vivent à Los Angeles. Cela fait tout un lot de compatriotes, dont John Candy, mon acteur préféré, et Michael J. Fox, qui a déjà joué au hockey amateur à Vancouver — il était ailier droit — et qui, tout comme moi, désire avoir beaucoup d'enfants.

Alan Thicke, un autre ex-ailier droit, est un de mes meilleurs amis; il jouait à Kirkland Lake. David Foster, le musicien et compositeur canadien qui a écrit une quantité incroyable de musiques de film, est également un ami très proche. Un soir où nous étions dans un petit club j'ai demandé au pianiste: «Auriez-vous une objection à ce que mon ami joue quelques-unes de ses compositions?» Il a accepté. David s'est installé au piano et tout le monde en a eu le souffle coupé. Il a joué le thème des films *St. Elmo's Fire* et *The Karate Kid*, et d'autres morceaux populaires. Quand il a eu terminé, le pianiste a déclaré: «Ce gars-là a tout ce qu'il faut pour réussir.»

Le hockey était soudain devenu à la mode à Los Angeles. Des célébrités connues pour être de chauds partisans des fameux Lakers commençaient à assister à nos matchs. Du jour au lendemain, le nombre de billets de saison vendus passa de 4 000 à 13 000. Le prix moyen des billets ayant plus que doublé, il semblait que Bruce allait très rapidement récupérer ses 15 millions de dollars. Il le méritait. Comme je l'ai déjà dit, les Kings avaient accusé un déficit de 5 millions de dollars l'année précédente.

La question était maintenant de savoir si nous pouvions offrir à ces nouveaux partisans un spectacle digne de ce nom.

Nous étions plusieurs nouveaux venus sur la patinoire. Il y avait Mike Krushelnyski, Jim Weimer que Sather avait laissé partir dans le cadre d'un autre échange, notre vieil ami John Tonelli que nous avions obtenu à titre d'agent libre et Marty McSorley, bien entendu. Pauvre Marty! Je n'avais pas réussi à le prévenir avant la transaction. C'est lui qui, alors qu'il participait à un tournoi de golf dans le Maine, avait appelé Mike Barnett.

«Mike, je viens juste d'apprendre qu'il est question d'échanger Wayne. Donne-moi le numéro de Pocklington. Il faut que je l'empêche de faire ça!

— Marty, lui répondit Mike, tiens-toi bien parce que la transaction a déjà eu lieu...

— Oh non! c'est pas vrai! C'est la chose la plus stupide...

— Et tu pars avec lui!»

Depuis, Marty n'arrête pas de dire que Krushelnyski et moi avons été échangés contre Jimmy Carson et Martin Gélinas et que ses services ont coûté 15 millions de dollars.

J'ai su immédiatement que nous aurions des problèmes à l'aile droite. Il n'y avait aucun joueur susceptible de faire oublier l'absence de Kurri. J'ai joué en compagnie de Sylvain Couturier et de Bob Kudelski, ainsi que de Jay Miller et de Paul Fenton, un joueur rappelé de notre filiale de New Haven.

D'ailleurs il y eut un grand nombre de joueurs qui furent rappelés de New Haven, cette année-là. Notre entraîneur-chef, Robbie Ftorek, avait un faible pour cette ville. Il ne cessait de rappeler des joueurs de là-bas pour jouer sur mon aile droite. Bernie Nicholls n'arrêtait pas de dire à tout le monde: «Eh! les gars, avez-vous entendu parler du concours du Joueur de la semaine qui se déroule à New Haven? L'heureux gagnant remporte un voyage à Disneyland et une semaine sur la ligne de Wayne.»

Lors de notre première défaite, j'ai regardé les autres joueurs et je me suis dit: «Personne n'a l'air trop accablé.» À Edmonton, ç'aurait été l'enfer. Glen Sather aurait déjà été en train de mesurer la corde pour pendre chaque joueur. J'ai compris alors que nous devions commencer par changer les mentalités.

J'ai également remarqué d'autres petites choses qui n'allaient pas. Ainsi, par exemple, il nous était difficile d'être proches les uns des autres. À Edmonton, en raison de la taille réduite de la ville, aucun joueur n'habitait à plus de 20 minutes des autres. À l'époque où je faisais partie des Oilers, une des règles de l'équipe voulait que nous nous retrouvions tous au restaurant au moins une ou deux fois par semaine après les exercices. Mais à Los Angeles, certains habitent à Van Nuys et d'autres à Hermosa Beach, en banlieue. Ils sont à une heure et demie de route les uns des autres. Compte tenu des problèmes de circulation que connaît Los Angeles, personne n'était intéressé à passer l'après-midi à bavarder; tout le monde disparaissait aussitôt les exercices terminés.

L'édifice dans lequel nous nous entraînons à Culver City est l'endroit le plus froid que j'ai jamais connu. Cela ne serait pas très grave dans des villes comme Winnipeg ou Boston, mais là ça l'est parce que quand vous sortez dehors et qu'il fait environ 30 °C, il n'y a rien de mieux pour tomber malade. Pas étonnant que nous détenions le record de rhumes de toute la Ligue. De cette façon, on est sûr de perdre quelques parties de plus.

Je m'entendais très bien avec Ftorek, mais il portait les chandails les plus bizarres de l'histoire du polyester, avec des motifs complètement dingues aux couleurs orange et pourpre. Un soir, il portait un chandail tellement affreux qu'un petit plaisantin affirma que des moutons étaient en train de protester à l'extérieur du Forum. Parmi tous les changements qui survenaient, il semblait que nous ayons un nouveau capitaine adjoint chaque semaine, ce qui fit dire à Bernie Nicholls que les Kings étaient la seule équipe à disposer d'un «A» en velcro, ce qui permettait à Robbie de le faire circuler d'un chandail à l'autre sans qu'il soit nécessaire de le découdre et de le recoudre chaque fois.

Le soir de notre première partie, j'étais nerveux comme je ne l'avais plus été depuis ma première participation au match des étoiles. Le Forum bourdonnait d'activité. On aurait dit un grand cirque. Même Roy Orbison est venu chanter l'hymne national. Nous affrontions les Red Wings et il y avait plein de personnalités connues dans les gradins. On affichait complet. Mickey Downey, chroniqueur au *Los Angeles Times*, inventa pour la circonstance l'expression «Hockeywood». Magic Johnson fit même livrer des ballons. C'était le début d'une nouvelle ère.

C'est quand je suis sous le feu des projecteurs et que tout le monde retient son souffle que je connais mes meilleurs moments. Lorsque j'ai lancé la rondelle pour la première fois, au cours de cette première partie dans ce nouvel uniforme sur cette nouvelle patinoire dans cette nouvelle ville où j'étais devenu le point de mire, j'ai marqué mon premier but. Comme on dit à Hollywood: «Coupez! C'est dans la boîte.»

C'était lors d'une attaque à cinq contre trois. Dave Taylor m'a fait une passe parfaite tout juste à droite de l'embouchure du but et je n'ai eu qu'à lancer la rondelle à l'intérieur. Je venais de battre mon vieil ami Greg Stefan. Le monde est petit. Nous les avons battus 8 à 2 et j'ai encore obtenu trois passes. Luc Robitaille a eu un tour du chapeau et la saison était lancée. Les Kings ont connu le meilleur début de saison de leur carrière, gagnant leurs quatre premières parties.

J'ai su que la fièvre du hockey avait gagné Los Angeles le soir où nous avons reçu les Flyers en même temps que les Dodgers accueillaient les Athletics d'Oakland pour le premier match des séries mondiales de base-ball: nous avons joué à guichet fermé.

Notre rendement à la défensive laissait à désirer, mais nous étions de loin l'équipe la plus prolifique de la Ligue. J'avais beaucoup de plaisir et je crois que les autres joueurs s'amusaient aussi. L'année précédente, ils n'avaient pas joué une seule fois devant des amphithéâtres combles sur la route; cette saison-là cela se produisit à 30 reprises. Le hockey est tellement plus excitant quand il y a des spectateurs pour le regarder.

Tôt ou tard je devais retourner au seul endroit où je n'avais pas envie d'aller. Le 19 octobre 1988, nous jouions à Edmonton. J'appréhendais ce match. Soit nous allions vaincre certains de mes meilleurs amis, soit ils allaient nous écraser et par la même occasion nous ridiculiser, Bruce et moi. D'une manière ou d'une autre, je savais que je ne quitterais pas Edmonton l'âme en paix.

J'aperçus Sather avant la partie et il ne m'adressa pas la parole. Au moins il était honnête. Pour lui, du moment que je faisais partie de l'équipe adverse, je n'existais pas. Il n'est pas du genre à faire semblant. Il refusait de se faire prendre en photo avec moi ou de se comporter comme si nous étions les meilleurs amis du monde, comme le fit Pocklington ce jour-là.

Je me souviens de m'être avancé sur la glace pendant que les Oilers se réchauffaient et d'avoir eu l'étrange impression d'être du mauvais côté de la patinoire.

J'ai obtenu deux aides ce soir-là, mais nous nous sommes fait battre 8 à 6. Messier m'a également fait un beau bleu. J'avais affirmé aux journalistes avant la partie qu'il ne se gênerait pas pour me mettre en échec, et je ne m'étais pas trompé. En fait, il m'est rentré dedans à toute vapeur, a reculé, puis a recommencé. Ce joueur-là est un féroce compétiteur et il était prêt à tout pour remporter ce match. Je ne lui en voulais pas. Mais j'ai compris pourquoi ses adversaires ont un mouvement de recul quand ils l'aperçoivent.

J'ai eu plus de veine lors de ma deuxième visite à Edmonton. Je participais au match des étoiles, mon dixième d'affilée. Kurri et moi nous sommes retrouvés sur la même ligne comme si de rien n'était, un peu comme si je revenais de longues vacances. Tout était comme avant: moins nous touchions à la rondelle, mieux les circonstances jouaient en notre faveur. J'ai marqué un but et obtenu deux passes (dont une sur un but de Kurri), et j'ai mérité la voiture remise au joueur par excellence de la rencontre, dont j'ai fait cadeau à Semenko. Je serais curieux de savoir ce qu'il a pensé lorsqu'il a constaté qu'elle était aux couleurs noir et argent des Kings!

Ce fut une soirée remplie d'émotions. Pendant la première période, j'étais assis aux côtés de Messier, de Lowe et de Kuri comme dans le bon vieux temps. Mais je savais également que ce ne serait plus jamais pareil et j'en éprouvais une certaine tristesse.

Néanmoins, les Kings se défendaient plutôt bien. Au moment de la pause du match des étoiles, notre fiche indiquait 24 victoires, 15 défaites et 1 match nul; c'était de loin la meilleure moitié de saison des Kings depuis longtemps. Bernie Nicholls jouait comme un déchaîné et je ne m'en tirais pas trop mal non plus.

Un soir, dans un match contre Detroit, à la fin de la deuxième période, j'avais récolté cinq points, soit un but (le six-centième de ma carrière) et quatre passes. Mais, à la fin de la période, Steve Yzerman me subtilisa la rondelle et marqua facilement. J'étais si en colère que je brisai mon bâton sur le poteau des buts. Nous menions 5 à 0 lorsque la chose s'est produite, de sorte que ce n'était pas dramatique du tout, mais Ftorek me dévisagea et me dit: «Wayne, tu restes au banc. Je ne peux pas accepter un tel geste.»

Je demeurai à l'écart du jeu pendant deux changements de ligne en troisième période, puis je sautai sur la patinoire et obtins une nouvelle passe. Des rumeurs incroyables s'étaient mises à circuler. Selon les journalistes, Ftorek m'aurait dit: «Wayne, je vais t'apprendre comment te comporter.» Et j'aurais répondu: «Robbie, notre objectif est de gagner la Coupe Stanley. Si tu veux faire la morale, retourne à New Haven.»

Je n'ai bien sûr jamais rien dit de tel.

Ftorek a également fait d'autres choses bizarres. Je savais qu'il y avait des joueurs talentueux dans notre équipe, tel Doug Crossman qui avait fait partie d'Équipe-Canada en 1987. Mais la saison progressait et il n'avait jamais l'occasion de jouer. Robbie avait décidé de laisser Brian Maxwell, son entraîneur adjoint, à qui il semblait faire totalement confiance, s'occuper de tout ce qui concernait la défensive. Mais Maxwell ne faisait jamais jouer Crossman et personne ne savait pourquoi.

Par contre, Ftorek possédait l'art d'enseigner le hockey et il faisait des merveilles avec les jeunes. C'est un type qui avait un faible pour les laissés-pour-compte. Il ne craignait pas de donner aux jeunes de notre filiale de New Haven une chance de jouer. Malheureusement, c'était devenu chez lui une mauvaise habitude.

J'admire la compassion que Ftorek avait à l'endroit des jeunes, mais je doute que de privilégier les joueurs moins talentueux permette d'amasser beaucoup de points dans la Ligue nationale. Nous avions de toute évidence besoin d'un entraîneur-chef capable de s'occuper des vétérans et de diriger ses autres entraîneurs. Ftorek n'était pas ce type d'homme. De plus, il détestait affronter les journalistes et ceux-ci le lui faisaient payer cher. Très vite, ils se lancèrent dans une guerre à finir avec Ftorek et ils réussirent à avoir sa peau. Nous avions pourtant eu une bonne saison, même si je ne pouvais m'empêcher de penser qu'un entraîneur plus expérimenté aurait pu nous permettre d'aller encore plus loin. Certains aimeraient croire que Ftorek et moi étions des ennemis jurés, mais ce n'était pas le cas. Nous étions de bons amis. Le soir où j'ai battu le record de Gordie Howe, Ftorek a été le premier à m'appeler pour me féliciter.

Nous avons terminé la saison avec une fiche de 42 victoires, 31 défaites et 7 matchs nuls et nous nous sommes classés au deuxième rang dans notre division. Nous avions accumulé 12 victoires et 23 points de plus que la saison précédente. Dans le classement général des équipes, nous sommes passés du dix-huitième au quatrième rang. Il s'agissait de l'un des plus spectaculaires revirements de l'histoire du hockey et de l'une des saisons les plus satisfaisantes de ma carrière. Et le meilleur était encore à venir.

Nous avons entrepris les séries éliminatoires en affrontant... les Oilers. Mes sentiments étaient partagés. Je voulais à tout prix gagner, mais je ne voulais pas que mes copains, les détenteurs de la Coupe Stanley, perdent. J'ai détesté chaque minute de cette confrontation. J'avais passé neuf ans en compagnie de ces joueurs et pourtant, pendant 15 jours, nous ne nous sommes pas adressé la parole une seule fois. C'était terrible.

La série commença à Los Angeles et tout ce que j'avais pensé de bien de Grant Fuhr se révéla exact. Deux fois il arrêta mes tirs à bout portant. Nous avons perdu 4 à 3. Mais notre gardien, Kelly Hrudey, ne se défendait pas mal non plus. Il a pris les choses en main pour nous aider à remporter le deuxième match 5 à 2. Nous nous sommes ensuite rendus à Edmonton où nous avons subi un blanchissage dans la troisième partie. Messier nous asséna le coup de grâce. Il fit une passe parfaite d'un bout à l'autre de la patinoire à Jimmy Carson, qui marqua le but gagnant. Nous perdions 2 parties à 1 et Pocklington commençait à faire son cirque auprès des reporters. «Les gens d'Edmonton m'ont affirmé dès le début que c'était un excellent échange», se vantait-il.

Messier nous battit de nouveau dans la quatrième partie. Les deux équipes étaient à égalité 3 à 3 et il ne restait qu'une minute à jouer lorsqu'il fonça sur Hrudey, en dépit du fait que Taylor était sur son dos. Il décocha un tir, Steve Smith s'empara du retour et fit pénétrer la rondelle dans la cage.

Ce soir-là, alors que nous rentrions en avion à Los Angeles en tirant de l'arrière 3 parties à 1, je me suis levé et j'ai dit à tout le monde: «Maintenant nous les tenons comme il faut!» J'étais probablement le seul à y croire.

Nous avons remporté la cinquième partie 4 à 2, ainsi que la sixième 4 à 1 à Edmonton. Dans cette partie, nous perdions 1 à 0 lorsque Allison a égalisé grâce à un jeu superbe derrière le filet. Puis Weimer nous a donné les devants 2 à 1 en marquant le but qui devait nous assurer la victoire.

Il y eut donc une septième rencontre. C'était notre chance d'éliminer ceux qui avaient remporté la Coupe Stanley deux années de suite. À Los Angeles, c'était le délire total. Certains, qui avaient passé des années à croire que la glace ne servait qu'à préparer des daiquiris, se promenaient avec des fanions aux couleurs des Kings accrochés à l'antenne de leur Jaguar. Tout le monde était en transe. À l'exception, cela va de soi, de Mario, le seul domestique que nous avions gardé. La seule chose qui intéresse Mario, c'est de finir son travail le plus vite possible pour pouvoir entendre, écouteurs aux oreilles, un orateur lire la Bible en espagnol. Je n'ai jamais vraiment su s'il avait une idée de ce que je fais. Comme je m'apprêtais à me rendre au Forum, ce soir-là, il m'arrêta pour me demander: «Où allez-vous, Wayne?

— Eh bien! je m'en vais à l'amphithéâtre, Mario. C'est la septième partie ce soir.

— Ah bon! C'est parfait.»

Au moins il ne me réclamait pas de billets. J'avais déjà déboursé 7000 dollars pour des billets de série — ne croyez pas qu'ils nous sont remis gratuitement.

Cinquante-deux secondes à peine s'étaient écoulées en première période que je marquais le premier but de la soirée, un boulet que Fuhr ne vit pas venir. Dès cet instant, ce fut la folie furieuse. Kurri égalisa. Chris Kontos nous redonna l'avance. Simpson égalisa de nouveau. Puis Nicholls nous redonna l'avantage et Kevin Lowe égalisa encore. La marque était de 3 à 3 et il restait quatre minutes à jouer en deuxième période lorsque les Oilers furent privés de deux hommes à cause de punitions. J'atteignis Nicholls qui décocha un tir à bout portant. Nous menions 4 à 3.

Nous aurions pu porter la marque 5 à 3 au début de la troisième période, mais John Tonelli frappa la tige centrale à l'arrière du but et la rondelle rebondit à l'extérieur de 20 pieds. Toutes les reprises ont montré qu'il y avait bel et bien eu but, mais cela s'était produit si rapidement que le juge de but n'avait rien vu. L'arbitre, Andy Van Hellemond, s'en était sûrement rendu compte, mais il se contenta de donner une punition aux Oilers pour avoir retenu. (En langage de hockey, on donne le nom de «Revlon» à ce type de punition qui permet de camoufler une mauvaise décision.) En attaque à cinq, notre défenseur Dale DeGray marqua un but rapidement. On aurait dû accorder une passe à Tonelli.

Lorsque je réussis à marquer le dernier but de la soirée dans un filet désert alors qu'il restait une minute et demie à jouer dans le match, nous menions 6 à 3 et le sort des Oilers était joué. Bruce McNall fêtait ses 39 ans ce soir-là et on aurait dit qu'il allait pleurer. Certains ont affirmé par la suite que nous avions été chanceux de remporter cette série, mais ils oubliaient que nous avions battu Edmonton au cours de nos trois dernières rencontres pendant la saison.

Après le match, j'ai pu enfin m'entretenir avec Messier et Lowe, mais je ne savais quoi leur dire. Je comprenais ce qu'ils pouvaient ressentir. Ils nous tenaient 3 parties à 1 et avaient laissé passer leur chance. Personne ne peut s'imaginer ce qu'ils ont eu à subir. Tout au long de la semaine, l'enjeu de cette série n'avait pas été uniquement le hockey; les Oilers avaient subi une énorme pression de la part des médias à cause de cette histoire d'échange.

Les Flames de Calgary nous ont balayés dans la série suivante, mais je crois que c'était le même phénomène que celui qui s'était produit lorsque, à leur deuxième saison dans la Ligue nationale, les Oilers avaient éliminé les Canadiens pour se faire battre ensuite par les Islanders. On ne peut pas faire des miracles à répétition quand on manque d'expérience.

Malgré le fait que je n'avais récolté que 168 points cette saison-là, comparativement aux 199 de Mario Lemieux, on m'attribua pour la neuvième fois le trophée Hart à titre de joueur le plus utile à son équipe, ce qui ne plut pas du tout à Mario. «Tout fonctionne de travers dans cette Ligue, déclarat-il aux journalistes. Autrefois on attribuait le trophée au meilleur joueur ou au meilleur marqueur. Je ne vois pas pourquoi les choses devraient être différentes.» Je crois que Mario n'a pas été très bien cité. Il lui arrive parfois de mal s'exprimer en anglais. Mais cela n'avait pas d'importance. Ce trophée Hart fut ma plus douce récompense, du fait que ma réputation avait été mise en jeu. J'étais également heureux de la contribution que j'avais apportée à ma nouvelle équipe. Je crois que c'est ce dont les athlètes ont le plus besoin: soutenir une cause et prouver sans cesse leur valeur au reste du monde.

Et, surtout, j'avais prouvé ma valeur à Peter Pockington. Il n'aurait jamais cru que je pouvais faire ma marque à Los Angeles. C'est la raison profonde pour laquelle il avait accepté de me céder aux Kings. Il n'aurait jamais accepté de m'échanger à une équipe susceptible de concurrencer les Oilers. Il m'avait envoyé à la pire équipe de notre division avec la conviction que je les aiderais à sortir de la médiocrité mais sans plus. Je crois qu'il nous a tous sous-estimés.

CHAPITRE 17

Quel triste spectacle!

Le hockey est le seul sport d'équipe au monde qui incite les joueurs à se battre. J'ignore pourquoi on ne fait rien pour arrêter ce jeu de massacre. Le hockey est un jeu rapide et excitant qu'on prend plaisir à regarder. Alors pourquoi est-il nécessaire de faire couler le sang aussi souvent? Est-ce que le spectacle est meilleur lorsque deux joueurs se tapent dessus au lieu de marquer des buts?

Si un joueur en blesse un autre par accident en brandissant son bâton, il est chassé pour le reste de la partie. Alors, quand deux joueurs se tapent dessus intentionnellement et jusqu'à épuisement, pourquoi ne les punirait-on pas aussi sévèrement? Où est la logique dans tout cela? En fait, les deux mêmes joueurs peuvent récidiver sans pour autant être expulsés du match!

À Edmonton, certains joueurs des Oilers avaient même suivi des cours de boxe. Ce fut notamment le cas de Marty McSorley, de Dave Semenko et de Kevin McClelland. Je ne peux pas les en blâmer. Si la Ligue continue à permettre aux joueurs de se mutiler, autant qu'ils soient en mesure de se défendre.

Évidemment, vous pensez que je veux éliminer les bagarres sur la glace parce qu'il n'y a pas un seul joueur dans la Ligue que j'arriverais à battre et vous avez raison. Je crois avoir participé à trois batailles dans ma vie et elles se sont toutes trois terminées par un verdict nul.

Quand une bataille éclate sur la glace, je me précipite aussitôt sur un petit joueur. Ils sont faciles à repérer parce qu'eux aussi viennent directement vers moi. Aucun d'entre nous n'a envie de porter des prothèses dentaires pour le reste de ses jours. Avant chaque partie, j'annonce à mes coéquipiers le nom du joueur de l'équipe adverse avec lequel je compte me «battre» si une bagarre survient. J'avais pris l'habitude de m'en prendre à Pierre Larouche, ou à Thomas Gradin des Jets de Winnipeg. À présent, je me précipite sur Jari Kurri. Nous nous tenons par les épaules comme si nous nous battions et nous échangeons des propos du genre: «Vas-tu participer à mon tournoi de golf de bienfaisance? Comment va la famille? Et les affaires? Attention! les voilà qui viennent sur nous!» Puis, quand tout est terminé: «Ça m'a fait plaisir de te revoir.»

La fois où je suis allé le plus loin, c'est quand j'ai eu à affronter Doug Lécuyer des Black Hawks de Chicago. Il n'arrêtait pas de me harceler et de me donner des coups. J'ai jeté mes gants et je l'ai frappé. Je ne crois pas lui avoir fait mal. En fait, je pense qu'il a été plus surpris qu'autre chose. Il s'est alors emparé de moi, m'a jeté sur la glace et m'a dit: «Bouge pas. J'ai pas l'intention de te frapper.» Je lui ai répondu: «Ça me convient parfaitement.» Et ça s'est arrêté là. Nous avons tous les deux écopé de cinq minutes de punition pour notre petit tour de valse.

Les gens me demandent toujours si les joueurs se battent pour vrai. Oui, ils le font pour vrai. Sinon, je participerais plus souvent à ces batailles.

Je n'ignore pas que les bagarres attirent certains spectateurs, et peut-être même de nombreux spectateurs. Mais combien de personnes n'assistent pas aux matchs de hockey à cause de la violence de ce sport? À Los Angeles, certains m'ont affirmé que c'était leur cas. Et je trouve ça déplorable. Si nous voulons que le hockey devienne un sport pratiqué sur tous les continents, il faudrait d'abord convaincre le public nord-américain que c'est un sport magnifique. Or, personne n'en sera jamais convaincu tant que les séquences de match diffusées aux nouvelles du sport montreront davantage de bagarres que de buts.

Avez-vous déjà remarqué que les batailles tendent à disparaître pendant les séries éliminatoires? C'est à ce moment-là que les spectateurs peuvent assister aux meilleurs matchs de hockey. C'est bien la meilleure preuve que les bagarres sont inutiles au hockey. Dans la Ligue de hockey mondiale que certains se proposent de mettre sur pied, il sera totalement illégal de se battre et les joueurs pourront choisir de porter un casque protecteur ou non. Je crois que les partisans peuvent mieux s'identifier à un joueur qui ne porte pas de casque et lui sont, par conséquent, plus fidèles.

Mais dans le monde archaïque de la Ligue nationale, les bagarres continuent. Ce qui me décourage le plus, c'est que je n'ai pas encore réussi à faire progresser cette cause malgré tout ce que j'ai pu déclarer à ce sujet. Chaque fois que j'en parle aux dirigeants de la Ligue, ils évoquent les études démontrant que les spectateurs veulent du sang.

Je suis bien conscient que de nombreux postes sont en jeu, mais, contrairement à la croyance populaire, il y a moins de joueurs qui sont dans la Ligue uniquement pour leurs qualités pugilistiques. Ainsi, Marty McSorley pourrait en faire partie même s'il était illégal de se battre, et il en serait de même pour Dave Semenko. Je suis d'ailleurs profondément convaincu que même eux n'aiment pas se battre. Ils n'ont pas fait leurs classes dans les rangs Pee Wee, Bantam et Junior uniquement pour devenir des Mike Tyson sur patins dans le grand circuit. Je ne connais pas un seul enfant qui patine sur un étang glacé en se disant: «Et voici Paul en finale de la Coupe Stanley! Le voilà qui assomme son adversaire!»

Je pense qu'il faudrait commencer par éliminer les bagarres dans les rangs juniors, où tout joueur impliqué dans une bataille serait immédiatement expulsé du match et suspendu pour deux parties. C'est à ce niveau qu'il faut agir. Il faut cesser de faire l'élevage d'animaux enragés. J'en ai assez de voir des jeunes de 14 ans jeter leurs bâtons et leurs gants pour engager un combat. Un tel comportement n'a rien à voir avec le hockey.

Je me demande parfois si ceux qui ont le pouvoir de régler ce genre de problèmes — et bien d'autres problèmes encore — sont conscients des conséquences de leur inaction. Je crois qu'ils sont trop préoccupés par les questions financières. L'anecdote suivante illustre bien cet état de choses. En 1982, après une saison extraordinaire, je reçus une invitation pour participer au *Tonight Show* de Johnny Carson. Nous étions à Toronto et avions une journée de congé. Je me dis que je pourrais me rendre à Los Angeles en avion, assister à l'émission et revenir à temps pour la partie. Il y avait cependant un léger problème: je devais changer d'avion à Chicago où il venait d'y avoir une tempête de neige et où il était par conséquent impossible d'atterrir ou de décoller. Compte tenu de l'importance de l'affaire, je me dis: «Pourquoi ne pas louer un avion et effectuer un vol direct jusqu'en Californie?» Je pensais que la Ligue nationale prendrait les dispositions appropriées. Après tout, combien de joueurs de la LNH avaient eu la chance de passer à l'émission de Johnny Carson? C'était, à mon avis, une occasion en or de faire de la promotion pour le hockey et de rendre service à la Ligue. C'est le genre de publicité gratuite qui peut rapporter beaucoup.

J'appelai donc les bureaux de la Ligue et exposai mon projet. On me répondit qu'on n'était pas intéressé. J'offris de payer de ma poche la moitié du coût de location du jet, mais cela ne changea absolument rien à la décision.

Il arrive parfois que les partisans aient à souffrir des maladresses de la Ligue. À l'occasion du match des étoiles de la saison 1989-1990, la Ligue mit en vente des billets pour assister à l'entraînement qui avait lieu la veille du match. Les gradins étaient remplis et on ne pourrait qu'applaudir une telle initiative. Sinon qu'on négligea d'avertir tous les joueurs. Or, comme il s'agissait d'un exercice facultatif, nous étions sept à briller par notre absence. J'en fus peiné car je mets toujours un point d'honneur à remplir mes obligations.

L'annonceur de l'endroit déclara: «Mesdames et messieurs, Wayne Gretzky n'est pas avec nous aujourd'hui et nous ignorons où il se trouve. Il est le seul à connaître les raisons de son absence.» J'aimerais remercier cet individu pour ces paroles; il a sûrement beaucoup de classe. Les partisans étaient tellement en colère le soir de la partie qu'ils ne cessèrent de me huer chaque fois que j'avais la rondelle en ma possession. Que j'aie été interviewé pendant deux heures au réseau NBC cet après-midi-là et que j'aie fait de la publicité pour la partie, la ville-hôte et la Ligue, cela n'avait de toute évidence aucune importance.

Autre exemple: l'entente concernant les joueurs soviétiques. Je n'arrive toujours pas à comprendre pourquoi les équipes de la Ligue nationale versent des centaines de milliers de dollars à la Fédération sportive soviétique pour qu'elle libère ses joueurs. S'ils veulent jouer chez nous, c'est parfait, ils sont les bienvenus, mais personne n'a jamais versé 500 000 dollars à mes parents pour me libérer. Pourquoi une équipe du New Jersey ou de Calgary paierait-elle entre 300 000 et 400 000 dollars aux Soviétiques pour avoir des joueurs de 30 ans alors qu'une équipe junior ne reçoit que 40 000 dollars pour une future vedette de la LNH?

Les clubs juniors éprouvent d'énormes difficultés à se maintenir à flot et je parle en connaissance de cause puisque j'en ai eu deux, une à Belleville et, actuellement, celle de Hull. Cette dernière est certes la meilleure équipe canadienne au niveau du hockey junior et pourtant je continue à perdre de l'argent. Voilà maintenant trois ans que je suis propriétaire des Olympiques de Hull et ils ont remporté trois championnats. Résultat: j'ai essuyé des pertes de 337 000 dollars. Le président de la Ligue m'a fait parvenir quantité de lettres me demandant de ne pas en souffler mot, mais c'est la pure vérité. Les collèges américains attirent beaucoup de bons joueurs parce que les jeunes ont la chance d'étudier et de se préparer à une carrière pour le cas où ils n'arriveraient pas à se tailler une place comme hockeyeur. Je trouve cela parfaitement logique, mais si les équipes de hockey junior commencent à fermer boutique, notre sport national est en sérieuse difficulté. Le hockey junior, c'est l'épine dorsale du hockey au Canada.

Il ne faut pas croire que la Ligue nationale se porte beaucoup mieux. Les équipes établies, telles que Montréal, Chicago et Toronto, y jouissent d'une énorme influence. Presque chaque fois qu'un conflit se présente, ces équipes sont certaines d'avoir le dernier mot alors que les équipes plus récentes, comme Los Angeles, se retrouvent perdantes, notamment en ce qui concerne l'établissement du calendrier des parties.

À titre gracieux, voici mon plan pour permettre à la LNH de redorer son blason:

1. Mettre fin aux bagarres sur la glace. Il suffit de les déclarer illégales, c'est tout. Tout joueur impliqué dans une bataille devrait être chassé du match.

2. Prendre de l'expansion. La Ligue nationale aura une équipe dans la région de San Francisco l'an prochain. C'est parfait. Il faut maintenant qu'elle s'étende jusqu'à Seattle, Houston et, pourquoi pas, Milwaukee.

3. Donner un nouveau nom aux conférences. Ça fait esprit de clocher que de les appeler conférence Prince-de-Galles et conférence Campbell. Et que dire des divisions Adams, Norris, Smythe ou Patrick. C'est déjà assez compliqué d'expliquer l'utilité de la ligne bleue. Il suffit de parler de conférences de l'Est et de l'Ouest.

4. Réorganiser les conférences. Tout le monde jette la pierre au président John Ziegler pour les difficultés qu'éprouve la LNH, alors qu'il fait du très bon travail. Le véritable problème, c'est que certains des propriétaires ne regardent que les intérêts de leur équipe, au détriment du sport lui-même. Ainsi, le système de classement des équipes est ridicule, mais il est fait de telle façon que Toronto et Chicago sont à peu près toujours certaines de participer aux séries éliminatoires. Il faudrait plutôt mettre 10 équipes dans une conférence et 11 dans l'autre. Actuellement, nous rencontrons les équipes de notre conférence huit fois au cours de la saison — ce qui est beaucoup trop — et les autres équipes seulement trois fois. Si ces changements étaient acceptés, nous les affronterions respectivement six et trois fois. Les spectateurs auraient l'occasion de voir évoluer davantage de joueurs, ce qui renforcerait l'intérêt du public. Il faut laisser tomber les divisions et ne rien modifier au système des séries éliminatoires, de sorte que les deux champions de chaque conférence s'affronteraient pour la Coupe Stanley.

5. *Implanter le système des agents libres.* Pourquoi pas? Ce système n'a fait de tort à aucun autre sport professionnel. Il a, au contraire, renforcé le base-ball, et on est en train de l'adopter au football. Regardez un peu les Packers de Green Bay. Ils ont rebâti leur équipe en grande partie grâce à des agents libres. Si les joueurs étaient disposés à faire la grève pour obtenir leur liberté, je me joindrais à eux. Les partisans l'ignorent, mais ce serait le meilleur moyen de rendre le jeu plus intéressant.

6. *Instituer un congé d'une semaine.* À la fin de février, les joueurs sont si exténués que les propriétaires et les spectateurs n'en ont plus pour leur argent. Avant le début de la saison, les propriétaires nous envoient d'un bout à l'autre du pays pour participer à des matchs hors concours. Au milieu de la saison, il y a la partie des étoiles (qui comporte une journée supplémentaire de compétition où les joueurs doivent démontrer leurs talents et à laquelle ils sont tenus de participer sous peine de ne pas prendre part au match), puis les séries éliminatoires à la fin de la saison. Cela signifie parfois plus d'une centaine de parties de hockey. Combien d'années retranchent-elles à la carrière d'un joueur? Il faut permettre

aux joueurs de se reposer. Chaque équipe devrait avoir droit à cinq jours de repos consécutifs (en excluant le temps nécessaire aux déplacements) en janvier ou en février. Si deux seules équipes marquent un temps d'arrêt à la fois, il n'est pas nécessaire d'interrompre les activités de la Ligue. À leur retour au jeu, les joueurs pourraient donner un meilleur rendement et tout le monde en aurait alors pour son argent.

7. *Permettre aux joueurs de participer à l'établissement des règlements.* Dans la Ligue nationale, les personnes qui font les règlements n'ont généralement jamais joué au hockey. Ainsi, la Ligue a réussi à établir un règlement l'an dernier qui oblige les joueurs à n'utiliser que des patins, des bâtons et des gants sur lesquels les logos des «fournisseurs officiels» apparaissent. Ils sont tenus d'utiliser l'équipement «officiel» parce que la Ligue avait besoin d'une nouvelle source de revenus. Un joueur qui désire utiliser tout autre type d'équipement est obligé d'en dissimuler la marque de commerce. D'après vous, combien de temps les joueurs vont-ils continuer à recevoir des bâtons taillés sur mesure si le nom de leurs fournisseurs doit être enlevé avant la partie? Évidemment, nous pourrons toujours nous contenter de l'équipement «officiel»...

Quand il est question d'argent, la Ligue peut poser des gestes assez surprenants. En 1988, une compagnie japonaise était disposée à verser un million de dollars à Bruce McNall pour nous permettre de nous entraîner au Japon pendant 10 jours et de jouer deux matchs hors concours, toutes dépenses payées. Apparemment, le Comité international de la Ligue nationale a refusé cette offre. Elle ne supportait pas l'idée de ne rien retirer de l'affaire. Qu'importait le fait que McNall avait englouti des millions et risqué d'autres millions pour établir une concession de la LNH dans un marché où la concurrence provenant d'autres équipes professionnelles de haut calibre était forte? Qu'importait même le fait que McNall ait accepté, en fin de compte, de partager le gâteau?

8. Offrir un meilleur salaire aux arbitres. L'arbitre le mieux coté de la Ligue nationale gagne environ 85 000 dollars. Un juge de ligne en reçoit 30 000. Si on souhaite obtenir un arbitrage de meilleure qualité, il faut être prêt à y mettre le prix. À un tel salaire, qui est intéressé à s'interposer entre deux pugilistes sur patins?

9. Redonner les droits de télédiffusion des matchs au réseau ESPN. Le jour où la Ligue nationale a accordé sa préférence à Sports Channel America plutôt qu'à ESPN, elle a encore une fois choisi la rentabilité à court terme. Sports Channel a offert plus d'argent, certes, mais a-t-on idée du nombre de spectateurs que la Ligue a perdus à cause de cette décision? Car qui regarde Sports Channel? Un foyer sur dix aux États-Unis. Tandis que ESPN, qui détenait les droits de la LNH avant d'être détrôné par la surenchère de Sports Channel, se rend dans 51 millions de foyers. De toute évidence, la décision de la Ligue nationale visait à permettre aux propriétaires d'équipes de garnir leurs goussets, et non pas à rendre le hockey plus populaire. C'est désolant.

10. Participer aux Jeux olympiques. Tous les trois ou quatre ans, les meilleurs joueurs de la Ligue nationale renoncent à sept semaines de leurs vacances d'été pour participer à un tournoi international, à savoir la Coupe Canada. J'admets que l'Association des joueurs en retire d'énormes bénéfices, surtout parce que les joueurs ne sont rémunérés que de manière symbolique. Mais la Coupe Canada a vu le jour principalement parce que les professionnels de la Ligue nationale n'avaient pas le droit de participer aux Jeux olympiques. Depuis que les règlements à cet égard ont été assouplis, c'est la LNH qui s'obstine dans son refus. Si nos vedettes pouvaient participer aux Olympiques, elles auraient la chance de s'y faire remarquer dans de nouveaux marchés, de créer un intérêt nouveau pour le hockey et de gagner de nouveaux spectateurs. Le hockey pourrait même devenir un sport national aux États-Unis et les réseaux de télévision se bousculeraient alors au portillon.

Quelqu'un a-t-il des objections?

CHAPITRE 18

Monsieur Hockey

C'est curieux comme tout semble toujours me ramener à Edmonton: d'abord le match des étoiles en 1988, puis les séries éliminatoires cette même année, et enfin, en août 1988, le dévoilement d'une statue en mon honneur devant le Northlands Coliseum. Néanmoins, c'est en octobre 1989 que se produisit la plus extraordinaire de toutes les coïncidences.

Mais commençons par l'histoire de cette statue. Le conseil municipal d'Edmonton a eu l'idée, à la suite de mon échange, d'organiser une fête en mon honneur. Je m'y suis opposé et n'ai cessé de refuser toutes les invitations en ce sens. Mais les dirigeants de la Ville ne se sont pas avoués vaincus pour autant. J'appréciais leur sollicitude, mais je leur demandai d'attendre que je prenne ma retraite. J'ai déjà suffisamment de difficulté à amener les gens à me considérer comme un être normal, sans qu'en plus ma statue les regarde de haut chaque fois qu'ils vont au Coliseum. Leur première idée fut de donner mon nom à une cascade artificielle. Pas question, leur fis-je savoir. Ils ont ensuite voulu rebaptiser une rue en mon honneur. L'idée ne m'enchantait pas davantage. Après tout, je suis un joueur de hockey, pas un politicien. C'est alors qu'on me proposa l'idée d'une statue. On me demanda mon avis sur l'aspect qu'elle devait avoir et je répondis que, si vraiment ils tenaient à ériger une statue, je souhaitais qu'elle représente ce qui comptait le plus à mes yeux, à savoir que nous formions une équipe championne. On m'affirma qu'on réfléchirait à ma suggestion.

Malheureusement, le jour où la Ville fut prête à procéder au dévoilement, la direction des Oilers déclina l'invitation d'y participer. Sather affirma que c'était «contre la politique de l'équipe» d'honorer un de ses anciens joueurs avant que celui-ci ait pris sa retraite. Le club n'existant que depuis 12 ans, on peut se demander combien d'occasions du genre se sont présentées...

Pour ma part, j'avais déjà donné ma parole à la Ville que je participerais à la cérémonie et il n'était pas question de revenir sur ma décision. Mais je me suis bien promis de ne plus jamais retourner à Edmonton pour quelque cérémonie que ce soit. Si la direction des Oilers décide un jour de retirer mon chandail ou d'organiser une fête quelconque en mon honneur, elle le fera sans moi. Elle était parfaitement libre de ne pas participer à cette journée spéciale, mais moi je me sens parfaitement libre de refuser toute autre invitation du genre.

La veille du dévoilement, j'ai assisté aux funérailles de l'une de nos meilleures amies, Susan Mah, la fille du propriétaire de mon restaurant préféré à Edmonton. Susan est l'une des personnes les plus aimables et les plus vaillantes que j'ai connues. Elle a été terrassée par le cancer dans les meilleures années de sa vie. Cette histoire me rendait d'autant plus mal à l'aise à l'idée de voir ma statue érigée dans la ville. Pourquoi n'aurait-elle pas droit à une statue elle aussi?

Par ailleurs, j'étais préoccupé par les menaces de mort qui planaient sur moi. Un imbécile avait juré de me tuer le jour de mon mariage à Edmonton, alors que je faisais encore partie de l'organisation des Oilers. Je portais dorénavant les couleurs d'une autre équipe, on m'avait accusé d'avoir manqué de loyauté envers les Oilers et même d'avoir contribué à les éliminer pendant les séries d'après-saison. Une grande parade était prévue et je devais prendre place à côté de Janet dans une décapotable. Je craignais pour ma vie et celle des membres de ma famille.

En dépit de la politique des Oilers, tous mes amis étaient là pour la cérémonie: Messier, Lowe, Semenko, Dave Hunter, Charlie Huddy, Steve Smith et beaucoup d'autres pour qui l'amitié passe avant la politique d'un club. La parade se déroula sans anicroche et, quand nous arrivâmes à l'aréna, je reçus un choc. Il était plein à craquer. Il y avait même des gens assis par terre. Je commençais à devenir un peu nerveux.

J'étais ému de ce contact direct avec les gens. Pocklington et certains journalistes avaient tenté de leur faire croire que j'avais abandonné les Oilers, mais, au bout du compte, les partisans s'étaient tournés du côté de la vérité. Ils ne disaient plus que mon épouse m'avait entraîné, mais parlaient plutôt d'entraîner Pocklington hors de la ville pour le lyncher. Leurs acclamations vinrent en quelque sorte me dédommager pour les nombreuses heures d'angoisse que j'avais connues à me demander si la bienveillance des partisans à mon égard s'était envolée depuis que Pocklington avait fait publier tous ces mensonges dans les journaux.

Même des gens qui avaient cru à toutes ces accusations sont venus me trouver ce jour-là pour me dire combien ils en étaient désolés. Comme je les comprenais! On est toujours porté à croire que tout ce qui est imprimé dans les journaux est vrai. Et lorsqu'un journaliste entend une déclaration juteuse dans la bouche de Pocklington, il est difficile de ne pas la publier.

Je savais combien cette histoire d'échange m'avait bouleversé, mais je ne m'étais pas rendu compte jusqu'à quel point elle avait également bouleversé les partisans des Oilers. Au beau milieu de toute cette affaire, Janet m'avait dit que je devais m'estimer heureux de voir que les partisans éprouvaient des sentiments, même si c'était de la colère, car c'était la preuve qu'ils avaient de l'affection pour moi et qu'ils ne voulaient pas me perdre. Elle était persuadée qu'ils changeraient d'idée un jour. À ce moment-là, j'avais eu du mal à y croire. Mais ce jour-là à Edmonton, voyant qu'ils étaient tous là pour m'accueillir, j'ai su qu'elle avait dit vrai.

J'eus un coup au cœur lorsqu'on me remit une photo qui représentait trois enfants jouant au hockey sur un étang avec, à l'arrière-plan, la silhouette des gratte-ciel de la ville. L'un des trois enfants rentrait chez lui pendant que les deux autres lui faisaient des signes de la main. Je me vis laissant Messier et Lowe derrière moi.

Puis on procéda au dévoilement de la statue. Haute de six pieds, elle était en bronze et me représentait en train de soulever la Coupe Stanley à bout de bras. Ce fut l'un des moments les plus émouvants de ma vie. Lorsque je la regardai, je me sentis moins embarrassé que je ne l'aurais cru. J'étais transporté de joie, car elle représentait ce que toute notre équipe avait accompli. J'en étais fier. On annonça qu'elle serait érigée à un endroit où je savais que Sather et Pocklington doivent passer tous les jours. J'espère qu'ils y jetteront un coup d'œil à l'occasion et se demanderont ce qui aurait pu arriver s'ils n'avaient pas démantelé cette équipe.

Je n'avais plus qu'à prononcer un discours — je demandai à Joey de le faire à ma place — et c'était fini. J'étais soulagé de pouvoir me sentir moi-même de nouveau. J'ai cette ville-là dans le sang. C'est là que j'ai connu les meilleures années, que je me suis fait les meilleurs amis et que j'ai emmagasiné mes meilleurs souvenirs. Je m'y sens toujours comme chez moi.

Quand j'étais jeune, je voulais être la copie conforme de Gordie Howe. Je voulais jouer, parler, lancer, marcher, manger, rire comme lui, et même lui ressembler physiquement. Il était de loin mon joueur préféré. J'avais accroché au mur de ma chambre une de ses photos autographiées. Une fois, j'ai même demandé au coiffeur de me faire exactement la même coupe que la sienne; je l'ai obligé à me raser les cheveux aux endroits de la tête où Howe avait perdu les siens et à replacer les autres par-dessus, tout à fait comme lui... Si on avait pu me donner des rides et m'enlever quelques dents, j'aurais été le plus heureux des enfants.

À part quand ma mère arrivait à me le subtiliser pour le laver, je portais mon authentique chandail numéro 9 des Red Wings de Detroit, qui me faisait tant suer et me donnait constamment des démangeaisons. Aujourd'hui, quand je vois un jeune porter un chandail numéro 99, je lui donne une rondelle ou un autre souvenir, parce que je me souviens de ce que représentait pour moi l'honneur de rencontrer Gordie Howe quand j'avais cet âge.

La première fois que je l'ai rencontré, j'avais 11 ans. Il me remit un trophée au cours d'un banquet du club Kiwanis. Tout de go il me dit: «Fiston, continue de t'exercer avec ton tir du revers. Un jour, ce lancer-là aura beaucoup d'importance pour toi.»

Ce jour-là, Howe me tira sérieusement du pétrin. J'avais averti les organisateurs que j'étais absolument incapable de prononcer le moindre discours. Il va sans dire que le maître de cérémonie me présenta aux participants comme si j'allais leur adresser la parole. J'étais sur le point d'éclater en sanglots quand Howe me murmura à l'oreille: «Avance-toi jusqu'au micro et dis-leur simplement que tu te sens un peu perdu quand tu n'as pas tes patins aux pieds, puis va-t'en.» Je m'approchai donc du micro... et tombai en panne sèche. Gordie Howe prit alors la parole et déclara: «Quand on a accompli un exploit comme vient de le faire ce garçon, il n'est pas nécessaire d'ajouter quoi que ce soit.»

Gordie Howe était d'un calme imperturbable. Non seulement il était un joueur de hockey exceptionnel, mais il avait toujours l'air décontracté avec ses cheveux parfaitement lissés et son regard perçant. J'adorais voir un joueur lui donner un coup bas. Il ne répliquait pas aussitôt — ce qui n'aurait pas été «cool» — mais plus tard, au moment où l'autre s'y attendait le moins. Howe lui appliquait alors une solide mise en échec qui le mettait K.-O.

Gordie Howe n'avait pas son pareil pour enseigner le hockey. Une fois il fit une démonstration époustouflante de ses talents de manieur de bâton. Utilisant la seule extrémité de son bâton qu'il avait tourné à l'envers, il fit glisser la rondelle d'un bout à l'autre de la patinoire sans qu'un seul des enfants lancés à ses trousses réussisse à la lui enlever. Puis il s'immobilisa contre la bande et retourna son bâton à l'endroit, soulevant du même coup la rondelle qui semblait collée au bout du bâton. Il l'avait fixée là à l'aide d'un clou!

Mon rêve de jouer un jour aux côtés de Gordie Howe s'est réalisé en 1979, lors de la partie des étoiles de l'AMH. Je ne m'attendais pas vraiment à jouer beaucoup et je me trouvais un peu ridicule à cause de la taille gigantesque du chandail qu'on m'avait donné. Il aurait pu convenir à Semenko, mais certainement pas à moi. Howe s'en est aperçu et m'a dit: «Suis-moi.» Nous sommes retournés dans la salle du soigneur et il s'est mis à coudre mon chandail à l'aide de fil et d'une aiguille de manière qu'il soit mieux ajusté à ma taille. J'ai conservé ce chandail, qui porte encore les traces du raccommodage effectué par Gordie Howe.

C'est alors que l'entraîneur de la partie, Jacques Lemaire, s'est approché de moi pour me dire: «Tu joueras au centre aux côtés de Gordie et de son fils Mark.» Alors que nous étions assis au banc, je me tournai vers Howe et lui dis: «Ça me rend vraiment nerveux de penser que je joue ici ce soir.» «Moi aussi», répondit-il en bâillant et en s'étirant les muscles. Je pouffai de rire et cela eut pour effet de me détendre. Il ajouta: «Écoute, aussitôt que la rondelle est en jeu (lors de la mise en jeu initiale), tu la passes au défenseur. Il va te la renvoyer, puis tu la lances dans mon coin et tu te places devant le filet.» C'est exactement ce que nous avons fait et il nous a suffi de 10 secondes pour marquer. Si j'avais joué toute ma vie en compagnie de Gordie Howe, j'aurais déjà accumulé 3 000 points!

La même année, une fois la saison terminée, nous nous sommes retrouvés tous les deux dans l'équipe des étoiles de l'AMH au cours de la série qui nous opposa au Dynamo de Moscou. Un des joueurs soviétiques ne cessait de m'accrocher et de me donner des coups de bâton. Je ne savais plus que faire pour l'éviter. Howe m'a alors dit: «À notre prochain tour sur la glace, dès que tu le vois venir, attire-le du côté droit de la patinoire et enlève-toi du chemin.» C'est ce que j'ai fait. En me retournant, j'ai vu le joueur en question assis sur la glace, le souffle coupé. J'ignore ce que Howe lui a fait au juste, mais je suis bien content de ne pas en avoir été témoin.

J'ai toujours eu l'impression que lui et moi étions en quelque sorte liés par le destin. Le jour même où je remportais mon premier trophée Hart, Gordie Howe prenait sa retraite. À la fin de ma première saison avec les Kings, j'étais à 13 points du record détenu par Howe, qui était de 1 850 points. Mais, pour être honnête, j'éprouvais des sentiments contradictoires à ce sujet. S'il y a un record que je n'étais pas certain d'avoir envie de battre, c'était bien celui-là. Il est le meilleur joueur de tous les temps, et une voix en moi me disait que les générations futures devaient se souvenir de lui comme celui qui avait récolté le plus de points.

Sans compter que Gordie Howe représentait bien davantage que cela. Il a remporté le trophée Hart à six reprises. Il a joué au cours de cinq décennies différentes. Pendant 20 années consécutives, il s'est classé parmi les cinq meilleurs marqueurs de la LNH. Il avait 48 ans lorsqu'il a été nommé le joueur le plus utile à son équipe dans l'AMH. Au golf, Jack Nicklaus a remporté le tournoi des Maîtres à 46 ans, mais a-t-il été choisi le joueur de l'année à 48 ans? À 51 ans, Howe participait encore à un match des étoiles. Moi, quand j'aurai cet âge-là, je ne jouerai certainement plus au hockey! Je serai sur une plage à regarder Gordie Howe jouer.

Quoi qu'il en soit, mon choix était clair: ou je battais ce record ou je laissais tomber le hockey. Avant la publication du calendrier 1989-1990, je calculai que j'obtiendrais probablement mon quatorzième point de la saison au cours du sixième match. Lorsqu'on me montra le calendrier, un frisson me parcourut. La sixième partie aurait lieu à Edmonton.

Mais je semblais avoir eu de fausses prémonitions. La cinquième partie se déroulait à Vancouver, et il me fallait encore quatre points pour égaler le record. De toute évidence, personne ne s'attendait à ce que je récolte quatre points contre les Canucks: Gordie Howe assista à la partie, mais il n'avait pas revêtu son habit. Mes parents, eux, ne se sont même pas présentés au match. Ils ont eu raison, mais je récoltai néanmoins trois points ce soir-là, dont le but gagnant avec une seconde à faire dans le match.

Tout semblait donc indiquer que le grand événement allait se produire à Edmonton plutôt qu'à Los Angeles, au grand déplaisir de ma femme et de Bruce McNall. Je leur dis qu'ils n'avaient qu'à s'en prendre à Rogatien Vachon, notre directeur général. Pourquoi lui? Parce qu'il gardait les buts adverses ce fameux soir du 6 avril 1980 où Gordie Howe avait joué sa dernière partie dans la LNH. Si Vachon avait laissé pénétrer deux buts de plus, nous aurions pu battre le record à Los Angeles.

Une fois à Edmonton, je m'enfermai dans ma chambre et décrochai le téléphone. Tout le monde voulait parler de cette situation pour le moins cocasse. J'admets que l'occasion était trop belle. J'étais de retour à Edmonton pour tenter de battre le plus important record du monde du hockey dans un nouvel uniforme pendant que Peter Pocklington s'efforçait d'en rire. Sans compter que la veille, Jimmy Carson, le joueur clé de l'échange qui m'avait amené à Los Angeles, avait quitté les Oilers. Où que vous soyez, il faut croire qu'il y a toujours des coins d'ombre.

Le match commença et je fis rapidement une passe qui me permit d'égaler le record. Encore un autre point et j'établissais une nouvelle marque. Comme il se devait, chaque fois que je sautais sur la glace, Tikkanen se faisait un malin plaisir de me marmonner à l'oreille: «Vas-y, Gretz, t'es capable! Tu peux le battre le record. Es-tu sûr d'y arriver?»

Au cours de la deuxième période, Jeff Beukeboom me frappa durement, mais loyalement. Ce n'était rien de personnel. D'ailleurs, Beukeboom est un des joueurs des Oilers qui s'étaient présentés au dévoilement de la statue en dépit des ordres de Sather. N'empêche que j'en ai été sonné pendant un bon bout de temps.

Nous tirions de l'arrière 4 à 3 lorsque Webster a demandé un temps d'arrêt alors qu'il restait trois minutes à jouer dans le match. Les partisans d'Edmonton commencèrent à scander *Gretz-ky! Gretz-ky!* Webster me garda dans le jeu pour le reste du match, en partie à cause du record, mais également parce que nous avions besoin d'une victoire.

Il restait environ une minute à jouer lorsque notre défenseur Steve Duchesne bloqua une tentative de dégagement de la part de Kevin Lowe et garda la rondelle dans le territoire des Oilers. En temps normal, j'ai l'habitude de me poster derrière le filet en pareille circonstance mais, pour une raison quelconque (peut-être étais-je encore ébranlé), je décidai de me placer devant le but. Au fond, peut-être ces événements-là sont-ils planifiés d'avance par une autorité supérieure, comme dit mon père. Quoi qu'il en soit, même mes erreurs semblent se retourner en ma faveur lorsque l'enjeu revêt une telle importance. La rondelle sautilla par-dessus le bâton de Lowe, rebondit sur le genou de Dave Taylor et apparut devant moi. Elle m'attendait, comme si elle savait que nous avions rendez-vous avec l'Histoire. Je n'ai eu qu'à la lancer du revers par-dessus le gardien des Oilers, Bill Ranford, qui était étendu de tout son long sur la glace. La rondelle pénétra dans la partie supérieure du filet.

J'ai tout d'abord pensé: «Nous avons égalisé!» Une fraction de seconde plus tard, un éclair me traversa l'esprit: «Le record!» Je me suis mis à virevolter sur mes patins comme un fou, à la recherche du premier joueur dans les bras duquel je pourrais me jeter. Heureusement, ce fut Larry Robinson, qui mesure 6 pieds et 4 pouces.

On interrompit la partie et on invita mon épouse, Bruce McNall, mon père, Gordie Howe et son épouse à se présenter sur la patinoire. Howe m'adressa ses félicitations à l'oreille. Messier me remit un bracelet en or serti de diamants au nom des Oilers. Larry Robinson et Dave Taylor me remirent ensuite un hologramme en cristal de la part des Kings. Puis le président de la Ligue nationale, John Ziegler, me fit cadeau d'un plateau en argent sur lequel les écussons de toutes les équipes de la Ligue avaient été gravés, y compris celui des Devils du New Jersey. Je me suis alors levé et j'ai du mal encore aujourd'hui à me rappeler ce que j'ai déclaré. Je crois que c'était simplement: «C'est le plus beau jour de ma vie.»

Ce n'était pas tellement à cause des cadeaux que du caractère unique de l'événement. Par une chance absolument inouïe, j'ai battu le record le plus important de ma vie alors que les êtres qui m'étaient les plus chers et qui avaient eu le plus d'influence sur moi, bonne ou mauvaise, étaient à mes côtés sur la glace. Ils étaient tous là, y compris Sather, qui avait eu suffisamment confiance en moi pour me laisser jouer même quand j'étais tout jeune.

Il y avait également un autre joueur dans les estrades ce soir-là: Krushelnyski. Comme il ne devait pas être du voyage à l'étranger avec nous, à cause du plâtre qu'il portait à la main, il s'était débrouillé par ses propres moyens pour assister au match. Cela me toucha beaucoup. Krushelnyski mesure 6 pieds et 2 pouces et pèse environ 210 livres, mais au moment où j'ai marqué le but, il avait l'air d'un petit garçon avec ses larmes aux yeux. Il a failli me faire pleurer aussi.

On m'a immédiatement demandé de faire une pub du genre: «Après un tel exploit, quoi de mieux que de s'envoler pour Disneyland!» Mais je refusai. Je ne voulais pas faire de publicité au beau milieu d'une partie de hockey. Lorsque vous célébrez un exploit ou que vous vivez vos moments les plus précieux, je ne crois pas que ce soit le temps de songer à vos contrats publicitaires.

Mais pour en revenir à la partie, Webster me garda sur la glace pour la période supplémentaire. J'étais un peu triste pour Messier et Lowe parce que je sentais que nous allions gagner, et c'est ce que nous avons fait. Devinez qui marqua le but gagnant? Robinson fit une passe à Tonelli le long de la bande derrière le but et ce dernier me la refila. D'un tir du revers, je la projetai dans le coin du filet, par-dessus la mitaine de Bill Randford, et nous remportions le match. La soirée était presque trop parfaite.

Deux tirs du revers qui avaient donné deux buts. En fait, quand j'y pense, j'ai presque toujours marqué mes buts les plus importants à l'aide d'un tir du revers, dont mon premier but dans l'AMH, mon premier but dans la LNH, et à présent ces deux-là. Vous aviez parfaitement raison, monsieur Howe.

À la fin de la partie, mon père avait l'air d'avoir couru le marathon. J'ignore s'il pourra supporter encore longtemps ce genre d'émotions.

«Wayne, fit-il en s'allumant une cigarette, comment fais-tu pour accomplir des miracles comme ça?

— C'est simple, p'pa. Il fallait que nous gagnions.»

À notre partie suivante à Los Angeles, deux soirs plus tard, Bruce McNall avait encore d'autres surprises en réserve pour moi. Il me remit tout d'abord une peinture de LeRoy Neiman qui me représentait dans l'uniforme des Kings. Puis il fit remettre 1 850 pièces de monnaie en argent à Gordie Howe et me donna à moi 1 851 pièces de monnaie en or, le tout valant quelque 300 000 dollars. Et vous savez quoi? Je ne reçus jamais de compte de taxe à ce sujet. McNall s'en chargea.

Une autre chose étrange se produisit. Si je n'avais pas battu le record à Edmonton, je l'aurais probablement fait deux soirs plus tard à Los Angeles, soit le jour du fameux tremblement de terre de San Francisco. Qui aurait eu le cœur à la fête dans un tel moment?

De retour dans la chambre des joueurs à Los Angeles ce soir-là, je trouvais un télégramme qui m'était adressé. Il se lisait comme suit:

FÉLICITATIONS POUR AVOIR FRANCHI CETTE IMPORTANTE ÉTAPE DE VOTRE CARRIÈRE. MAIS N'ALLEZ SURTOUT PAS CROIRE QUE VOUS ÊTES DANS UNE CLASSE À PART POUR AUTANT. AU GOLF, J'AI DÉJÀ JOUÉ 1 851 COUPS... EN 18 TROUS!

UN FIDÈLE ADMIRATEUR, JOHN CANDY.

CHAPITRE 19

Éclopés 4, Flames 2

Ce nouveau record a été l'un des points culminants d'une saison remplie de tant de hauts et de bas que je n'avais aucune idée de ce qui allait se produire par la suite.

Au moment de la pause du match des étoiles, notre jeu était terriblement décevant et nous nous maintenions avec peine en quatrième position. Des changements s'imposaient. Rogatien Vachon échangea mon bon ami Bernie Nicholls dans le but de refaire l'alignement et de remettre l'équipe sur le chemin de la victoire. La situation était délicate. Bernie était mon meilleur ami dans l'équipe. Nous nous ressemblons beaucoup. Quand j'appris qu'il était sur la liste des joueurs susceptibles d'être échangés, je plaidai sa cause auprès de Vachon, mais rien n'y fit.

C'est vous dire combien les rumeurs voulant que je sois directeur général adjoint étaient ridicules. Certains journalistes écrivirent que Bruce McNall venait me consulter avant de rencontrer Vachon pour discuter transactions. La réalité était tout autre. Il arrivait parfois que McNall et Vachon me posent des questions au sujet d'un joueur, du genre: «Est-ce qu'un tel peut jouer hors l'aile?» Après tout, je suis dans la Ligue nationale depuis 12 ans, j'ai donc eu l'occasion d'affronter des tas d'adversaires. Mais les rumeurs concernant mon rôle dépassaient les limites du raisonnable. On alla même jusqu'à dire que mes coéquipiers craignaient de faire des gaffes de peur que je ne demande à ce qu'ils soient échangés.

De toute évidence, Vachon n'a pas tenu compte de mon avis dans le cas de Nicholls, qui fut envoyé aux Rangers de New York en échange de Tomas Sandstrom et de Tony Granato, deux ailiers droits. Même si j'étais contre l'idée, je ne fus pas surpris d'apprendre la nouvelle de l'échange. Et les choses se sont probablement déroulées pour le mieux. Les Rangers ont hérité d'un excellent marqueur et d'un nouveau leader. En échange, nous avons mis la main sur deux joueurs de 25 ans capables de marquer des buts, rapides et forts à la défensive.

Bernie Nicholls fulminait. Pendant huit ans, il avait joué pour une équipe qui n'allait nulle part et, maintenant que les choses allaient mieux, on l'échangeait. Il s'en est pris à pratiquement toute la direction des Kings sur le réseau NBC, à l'occasion du match des étoiles en janvier.

À croire que ses paroles nous ont porté malheur. Après la pause de la partie des étoiles, notre jeu était si médiocre que nous aurions tous mérité de faire un stage à New Haven. Allan Malamud, du *Los Angeles Times*, nous affubla du nom de «Queens», et il écrivit à mon sujet: «À la façon dont il joue, son surnom devrait être ramené à celui de Demi-Merveille.» De Larry Robinson, que nous avions persuadé de mettre fin à sa retraite, Malamud affirma qu'il faisait partie de la légende du hockey.

Notre plus grave problème était que nous n'arrivions pas à réunir tous nos meilleurs éléments au même moment. Kelly Hrudey, notre gardien, fut absent presque toute la saison à cause d'une mononucléose. La grippe fit perdre 10 livres à Robinson, cependant que Granato et Sandstrom n'arrêtaient pas de se faire blesser. Le plus longtemps que Granato, Sandstrom et moi avons joué ensemble sur la même ligne, ce fut cinq matchs d'affilée. Pendant cette courte période, nous avons récolté 39 points, soit près de 8 points par partie. Cela me rassura. Je suis persuadé que notre ligne peut être aussi efficace que celle que Jari Kurri, Esa Tikkanen et moi formions à Edmonton. Sandstrom est une vedette européenne dont le style se rapproche de celui de Kurri. Quant à Granato, il est une vraie peste comme Tikkanen, mais en plus talentueux sur le plan offensif.

C'est d'ailleurs à cause des Oilers que nous avons été si longtemps privés des services de Sandstrom. Le 1er mars, les Kings et les Oilers ont participé à la plus importante bataille de l'histoire du hockey, du moins si l'on fait le compte du nombre de punitions accordées. C'est une des choses les plus tristes auxquelles il m'ait été donné d'assister, et il s'agissait, malheureusement, d'une bagarre typique de celles de la Ligue nationale.

On sentait que les coups allaient pleuvoir. Les Oilers venaient de subir une dure défaite à Calgary et nous étions au beau milieu d'une saison difficile. J'ignore exactement comment cela a commencé, mais je sais que mon ex-coéquipier Glenn Anderson était impliqué dans cette histoire. Il frappa Sandstrom si fort que celui-ci eut un os de la joue fracturé et la cornée éraflée. Il demeura absent plusieurs semaines. Il s'ensuivit une mêlée générale et Marty McSorley devint fou furieux. Marty a conservé des liens d'amitié solides avec bon nombre de joueurs des Oilers, mais personne ne l'aurait cru ce soir-là. C'est la même chose quand mon copain Mark Messier me met en échec: il frappe dur. Et c'est pareil avec Kevin Lowe. Marty et moi sommes d'excellents amis, mais si je devais être échangé à une autre équipe, il n'hésiterait pas à me mettre durement en échec.

Il ne se priva donc pas de servir une bonne leçon aux Oilers ce soir-là. Il voulait leur montrer clairement qu'il ne faisait plus partie de leur organisation. Et je crois que je voulais leur transmettre le même message, car je m'en suis mêlé moi aussi. J'ai sauté sur Steve Smith dans l'espoir de l'empêcher de marteler Brian Benning. Le sang coula ce soir-là. Nos deux équipes ont établi un record pour le nombre de minutes de punition (356 au total) et n'ont guère fait avancer la cause que je défends, à savoir l'abolition des combats dans la Ligue nationale.

Par la suite, nous avons commencé à mieux jouer. C'est alors que, le 17 mars, j'ai subi une blessure à l'aine. J'ai raté deux parties. Lorsque je suis revenu au jeu, contre les Rangers de New York, Alan Kerr est venu m'écraser par derrière contre Ken Baumgartner et m'a fait atrocement mal au dos. Je n'ai même pas vu venir Kerr; j'ai tout juste eu le temps d'entendre Baumgartner me crier: «Lève la tête!» C'était un coup bas, si vous voulez mon avis, un de ces coups que les arbitres feignent de ne pas voir. Au football, il est interdit de plaquer quelqu'un par derrière. C'est non seulement illégal, mais aussi dangereux. J'espère sincèrement que notre Association des joueurs prendra les dispositions appropriées pour faire abolir ce type de mise en échec.

Quoi qu'il en soit, je dus rester à l'écart du jeu pour le reste de la saison. Au moment où notre équipe entreprit les séries éliminatoires en affrontant les détenteurs de la Coupe Stanley, les Flames de Calgary, on ne savait pas encore si j'allais pouvoir jouer. Je n'avais jamais raté une seule partie des séries de toute ma carrière, mais une telle éventualité paraissait inévitable cette fois. Je me déplaçais comme un vieillard. Ma fille Paulina était persuadée que je voulais rigoler, mais en réalité mon dos m'élançait terriblement. Tous les jours, je recevais des traitements pendant une heure le matin et une heure l'après-midi. Notre équipe s'envola pour Calgary sans Larry Robinson et moi. La plupart des journalistes en tirèrent la conclusion que les Kings étaient en sérieuse difficulté. Il faut dire que nous avions perdu six des huit parties que nous avions jouées contre les Flames au cours de la saison.

Pourtant, lors du premier match, notre équipe joua l'une des meilleures parties de toute son histoire. Nous tirions de l'arrière 3 à 1 en troisième période, mais nous avons remonté la pente pour finalement l'emporter 5 à 3. C'était non seulement l'une des remontées les plus spectaculaires de l'histoire des Kings, mais aussi une victoire d'une grande importance puisque l'équipe l'avait remportée en l'absence de deux de ses leaders. Peut-être Robinson et moi étions-nous la cause des déboires de notre équipe au fond?

Les Kings perdirent la deuxième rencontre à Calgary, comme il fallait s'y attendre, et ils rentrèrent à Los Angeles. La troisième partie approchait et je n'avais toujours pas joué une seule minute. Il n'était pas question que je joue, mais il n'était pas question non plus que je ne le fasse pas. L'enjeu était trop important. J'ai songé à ce que j'éprouverais si je ne jouais pas et c'était encore plus atroce que les douleurs que je ressentais au dos. J'ai alors décidé de faire une tentative. J'ignore pourquoi, car à ce moment-là la chance semblait s'obstiner à me faire faux bond. Ce jour-là, Frankly Perfect, l'un des pur-sang dont Bruce McNall et moi-même sommes propriétaires, se brisa la cheville lors d'une course à Santa Anita, mettant ainsi fin à sa carrière.

Pour me pencher, je devais incliner tout le torse vers l'avant, mais la chance m'est revenue dès le début de la partie. J'ai pris le retour de lancer de notre recrue, Rob Blake, qui deviendra une supervedette, croyez-moi; j'ai fait une passe à Sandstrom et il a marqué. Les deux équipes se sont retrouvées en prolongation et Granato nous a permis de l'emporter en marquant un but superbe alors que nous étions en désavantage numérique. Jamais je n'ai autant apprécié un sac de glace que celui qui me soulagea le dos cette nuit-là. Nous les avons massacrés 12 à 4 dans la quatrième partie. Notre ligne, composée de Granato, de Sandstrom et de moi, récolta 15 points. Nous nous sommes ensuite envolés pour Calgary, où nous avons perdu la cinquième partie. Mais nous menions toujours 3 à 2 dans la série.

Notre jeu était intensif et notre équipe n'avait qu'un seul objectif: gagner. Tout le monde était enfin en bonne santé et cela paraissait dans notre jeu. J'étais absolument convaincu que nous pouvions remporter la sixième partie à Los Angeles.

Alors qu'il ne restait que quatre minutes à jouer dans le match, les choses s'annonçaient pourtant plutôt mal: nous tirions de l'arrière 3 à 2. Si nous devions retourner à Calgary pour un septième match, nous serions dans l'eau bouillante. Il fallait donc les éliminer maintenant ou jamais. C'est alors que j'ai perdu la plus importante mise en jeu de toute ma vie.

Joel Otto, des Flames, a été plus rapide que moi. Il s'est immédiatement emparé de la rondelle et il a tenté de la pousser derrière lui. Elle a frappé une de ses jambières pour rebondir devant moi. Il peut m'arriver de perdre une mise en jeu à l'occasion, mais je ne raterai pas mon coup deux fois de suite si l'on m'en donne la chance. J'ai bondi sur la rondelle et l'ai passée à Steve Duchesne, qui l'a projetée derrière Mike Vernon et nous a permis d'aller en prolongation. «Est-ce de la chance ou de l'habileté? devait demander Otto par la suite. C'est à croire que son talent lui porte chance.» Tu n'y es pas, Joel, c'était de la chance purement et simplement.

C'est finalement mon ami Mike Krushelnyski qui a marqué le but gagnant. Mike est le type de joueur que l'équipe songe à échanger en février mais qui est choisi sur la première équipe d'étoiles en avril. Il donne sa pleine mesure quand l'enjeu est important, et c'était le cas ce soir-là. Nous étions en deuxième période supplémentaire. C'était une des parties les plus serrées et les plus excitantes que j'ai connues. Krushelnyski a plongé pour intercepter la rondelle, qui se trouvait à 15 pieds devant le filet des Flames, et il a réussi à la soulever pardessus le gant de Mike Vernon. Je n'ai aucune idée de la façon dont il s'y est pris, compte tenu du fait que Kevin McClelland, avec ses 215 livres, se trouvait par-dessus lui pendant tout ce temps.

C'était la deuxième année consécutive que nous éliminions les détenteurs de la Coupe Stanley au cours de la première ronde éliminatoire. C'était comme un baume réconfortant après une saison médiocre. Déjà mon dos allait beaucoup mieux.

C'est à ce moment-là, bien sûr, que les Oilers en ont profité pour nous éliminer en quatre parties dans la ronde suivante. Mais cela ne m'a pas inquiété pour autant, vu le nombre misérable d'effectifs qui restaient dans l'équipe. Neuf joueurs étaient blessés, y compris votre humble serviteur, qui avait encaissé un dur coup de côté administré par Steve Smith au cours de la troisième partie. L'état de mon dos s'étant aggravé, je dus demeurer à l'écart du jeu pour le reste des séries. Il ne nous restait même plus assez de joueurs valides pour la quatrième partie. Nous n'aurions même pas pu remporter un tournoi Pee Wee...

J'imagine que, pour plusieurs personnes, notre défaite contre les Oilers a dû en dire long au sujet de notre équipe, de mon rôle au sein des Kings, de l'échange qui m'avait amené là et que sais-je encore. Bien des gens pensent que les Kings ont brûlé leurs cartouches. Que nous n'avons pas su saisir notre chance la première année où je suis arrivé à Los Angeles. Que nous ne remporterons jamais la Coupe Stanley et que je ne mériterai plus jamais le titre de joueur le plus utile à son équipe.

Ce sont des paroles en l'air de la part de gens qui aiment bien susciter la controverse. C'est comme lorsqu'on me demande ce que je pense du fait que les Oilers ont remporté la Coupe Stanley en 1990 et que Mark Messier a mérité le trophée Hart à titre de joueur le plus utile à son équipe cette année-là. J'imagine qu'ils s'attendent à ce que je sois jaloux (encore ce mot!), ou que j'en éprouve de la colère ou des regrets. Mais la vérité est tout autre. J'ai regardé les séries finales et je me suis réjoui pour les joueurs. J'aurais mieux aimé, bien sûr, que mon équipe puisse mettre la main sur la Coupe, mais les Oilers étaient mon deuxième choix. Et deux semaines plus tard, le jour de la remise du trophée Hart, Janet et moi étions aux côtés de Mark Messier, nous faisant du mauvais sang pour lui. Lorsqu'on a annoncé que c'était lui qui l'avait gagné, je vous jure que j'étais aussi ému que lorsque je l'ai remporté en 1989. Et quand il s'est dirigé vers l'estrade pour recevoir son trophée et qu'il a éclaté en sanglots, Janet en a fait autant et moi aussi. Tout le reste n'avait aucune importance pour nous.

Quand je me suis mis à pleurer lors de la conférence de presse au cours de laquelle on a annoncé mon échange avec les Kings, ce n'était pas seulement parce que j'étais attristé à l'idée de laisser de bons amis derrière moi, mais aussi parce que je savais que je renonçais à plusieurs Coupes Stanley à venir. Je suis convaincu que ce ne sera pas la dernière des Oilers non plus. Ils pourraient en remporter deux autres avant longtemps.

Les liens entre les membres de cette équipe étaient si étroits que je n'ai jamais rien vu de semblable dans aucune autre équipe professionnelle, et il en est encore ainsi. Prenez le cas de Danny Gare. Danny est un vétéran et un type super qui a passé presque toute la saison avec les Oilers mais que Sather a remercié tout juste avant le début des séries éliminatoires. La plupart des joueurs se doutaient bien que Gare ne jouerait plus jamais dans la Ligue nationale, ce qui signifie qu'il venait de perdre sa dernière chance de jamais remporter une Coupe Stanley. Que croyez-vous que les joueurs des Oilers ont fait? Ils se sont cotisés pour lui payer le billet d'avion qui lui a permis d'assister au dernier match contre Boston, l'ont invité dans le vestiaire et, une fois la Coupe en leur possession, ont veillé à ce qu'il s'abreuve copieusement à même le trophée. Voilà ce qui fait que les Oilers continuent de gagner.

Mais en dépit de toute la tristesse que j'éprouvais de quitter Edmonton, j'étais enthousiasmé à l'idée de contribuer à rendre le hockey plus populaire à Los Angeles et dans l'ouest des États-Unis, et de permettre aux Kings de remporter la Coupe Stanley. Oh! je sais bien que nous n'y sommes pas parvenus encore. Mais n'oublions pas que Rome ne s'est pas bâtie en un seul jour. Pas plus que l'équipe d'Edmonton d'ailleurs. Un jour, les Kings auront leur place au soleil de Los Angeles, croyez-moi.

CHAPITRE 20

En guise de remerciements

Je sais exactement comment je veux tirer ma révérence. J'imagine mon dernier match: les deux équipes sont à égalité et il reste 10 secondes à jouer dans la partie. C'est alors que je fais une passe sur le but gagnant — de préférence, je voudrais que la rondelle pénètre dans le filet après avoir rebondi dans le dos d'Esa Tikkanen, mais c'est peut-être beaucoup demander... Puis je fais un dernier tour de patinoire en portant la Coupe Stanley à bout de bras, je donne ma dernière conférence de presse, je prends un dernier verre dans le vestiaire des joueurs, je vais dîner dans mon restaurant préféré de Los Angeles, je commande ce qu'il y a de meilleur sur le menu et je lève mon verre à cette nouvelle vie qui commence pour moi.

Le nouveau contrat que j'ai signé en 1990 me permet de jouer pendant neuf autres saisons si je le désire. J'aurai alors 39 ans. Mais si je ne suis plus en mesure de jouer, je ne me rendrai pas jusque-là. Je ne voudrais surtout pas me faire dire quand je dois prendre ma retraite. Je sais bien que ce ne sera pas facile. Mais je ne veux pas m'accrocher inutilement.

En attendant, je me sens en pleine forme et la retraite n'est pas pour demain. J'ai l'impression d'avoir rajeuni à Los Angeles, ce qui devrait me permettre de prolonger ma carrière de quatre ou cinq ans. Et puis j'aime le hockey plus que jamais.

Je rêve parfois que je transporte la Coupe Stanley dans le Forum de Los Angeles. Je me souviens avec précision du moment où j'ai pris la Coupe Stanley pour la première fois; c'est probablement mon souvenir le plus cher. Quand j'étais jeune, j'observais attentivement tous les grands joueurs lorsqu'ils s'emparaient de la Coupe. Encore aujourd'hui, je revois Jean Béliveau quand il la prend et la soulève au-dessus de lui. J'ai dû répéter des dizaines de milliers de fois dans ma tête la manière dont moi je m'y prendrais. Et lorsque mon rêve est devenu réalité, ce fameux soir de mai 1984, je pouvais sentir un courant électrique me parcourir l'échine.

Les gens me posent toujours des tas de questions au sujet de tous les records que j'ai établis. C'est sûr qu'ils comptent beaucoup pour moi, mais je sais que la plupart d'entre eux seront battus tôt ou tard. Lorsque Gordie Howe a établi tous ses records, personne ne s'attendait à les voir battus un jour, et voilà qu'on répète la même chose à mon sujet. Un joueur se présentera qui les fracassera tous, et ce pourrait fort bien être Mario Lemieux. Je crois qu'il est en mesure de battre n'importe lequel de mes records, mais, à mon avis, le plus dur à rattraper sera celui des 50 buts en 39 parties. Je pense qu'il n'est pas trop difficile d'atteindre le plateau des 200 points en une saison et que la série de 51 parties avec au moins un point ne sera pas trop dure à surpasser non plus. Mario y est presque arrivé déjà. À mon avis, il est capable de rééditer une bonne partie de mes records si son dos peut guérir et s'il cesse de fumer. Je sais que cela ne me regarde pas, mais je pense qu'il est impossible de fumer et de rester aussi en forme qu'un athlète doit l'être. N'empêche que c'est un vrai plaisir de regarder Mario jouer. La saison 1989-1990 était vieille d'à peine trois semaines lorsqu'il a commencé une série de parties avec au moins un point et rien ne semblait pouvoir l'arrêter. Vers la trentième partie, j'ai pensé que mon record allait bientôt être relégué aux oubliettes. De plus, il ne se contentait pas d'un seul point par match: il en récoltait trois ou quatre à la fois. Mais il a eu une hernie et on voyait que son dos le faisait souffrir. Vers la quarante-deuxième partie, mon ex-coéquipier du temps des Oilers, Paul Coffey, qui joue désormais pour les Penguins, me confia: «Il souffre énormément. Je ne sais pas comment il fait pour tenir encore le coup.»

Je savais exactement ce qu'il éprouvait. Quand je le regardais, je ne pouvais pas m'empêcher de grimacer en me rappelant la déchirure à l'épaule avec laquelle j'avais dû jouer pendant les neuf dernières parties de ma série record. La pression que vous font subir vos proches et les médias est toujours terrible lorsque vous êtes sur le point de battre un record, mais elle est encore plus difficile à supporter quand vous savez que tout ce que votre corps réclame, c'est un bain glacé. Enfin, après avoir porté sa série à 46 parties, Mario joua deux périodes contre les Rangers de New York, mais il fut incapable de continuer tellement la douleur était vive. Sa série venait de s'arrêter.

Vous ne le croirez peut-être pas, mais l'idée de savoir que Mario pourrait battre mon record me laissait complètement indifférent. D'une part, je considère qu'il est un excellent joueur, en plus d'être un de mes amis, et, d'autre part, mon record pourrait toujours demeurer comme la plus longue série depuis la première partie de la saison. D'ailleurs, Mike Barnett ne cesse de me rappeler que mon record devrait comprendre plus de 51 parties. J'avais récolté des points dans neuf parties consécutives à la fin de la saison précédente, ce qui donne un total de 60. Dans tout autre sport professionnel, qu'il s'agisse du base-ball, du basket-ball ou peu importe, les séries de ce genre se poursuivent la saison suivante. Ce n'est pas comme si on vous avait blanchi en cours de route. C'est tout simplement que la saison a pris fin trop tôt!

Le hockey vous enseigne à faire preuve d'humilité. Un jour, au Temple de la renommée du hockey, à Toronto — j'adore cet endroit; même si on m'y enfermait par accident toute une nuit, je n'aurais pas le temps de tout voir —, je me tenais debout en face d'un portrait gigantesque de moi en compagnie de Howe. Soudain, un visiteur me tape dans le dos et me lance, sur un ton d'impatience: «Pourriez-vous vous pousser un peu? Je voudrais prendre une photo de Gretzky et de Howe.»

Je suis fier de certains de mes exploits. Dans toute l'histoire de la Ligue nationale, je me classe au premier, second, troisième, quatrième, cinquième, sixième et septième rang pour ce qui est du nombre de passes en une saison. Je suis heureux d'avoir mené la Ligue ou terminé sur un pied d'égalité au premier rang pour ce qui est du nombre d'aides pendant chaque année où j'ai joué. C'est le genre d'exploit qui vous rend particulièrement sympathique aux yeux de vos coéquipiers.

Et je n'ai pas dit mon dernier mot. J'aimerais être le premier joueur de l'histoire à franchir le plateau des 2 000 passes. Cela m'en ferait environ 850 de plus que tout autre joueur. Je crois que je peux marquer 800 buts également. C'est exactement le nombre que je voudrais avoir atteint en terminant ma carrière. Gordie Howe en a 801.

J'aimerais participer un jour aux Jeux olympiques. J'ignore comment la chose serait possible, compte tenu du calendrier de la LNH, mais s'il y avait moyen de trouver une solution quelconque à ce problème, j'en serais le premier heureux.

À propos de désirs, il y a une chose que j'ai toujours eu envie de faire: dresser la liste des joueurs avec et contre lesquels j'ai joué et qui, selon moi, formeraient la meilleure équipe d'étoiles. Mon choix ne s'appuie pas seulement sur leur talent, mais aussi sur ce qu'ils ont accompli pour rendre ce sport plus populaire, sur la classe dont ils ont toujours su faire preuve et sur leur capacité de résister à la pression:

PREMIÈRE ÉQUIPE

Gardien: GRANT FUHR. Il a remporté quatre Coupes Stanley.

Défenseur: LARRY ROBINSON. Le plus chic type que je connaisse.

Défenseur: PAUL COFFEY. Il excelle même à la défensive.

Avant: MARK MESSIER. L'adversaire le plus déterminé que je connaisse.

Avant: MARIO LEMIEUX. Il pourrait très bien devenir le meilleur joueur de hockey de l'histoire.

Avant: GORDIE HOWE. Qui d'autre pour compléter un tel trio offensif?

DEUXIÈME ÉQUIPE

Gardien: BILLY SMITH. Avec ou sans ses coups de bâton.

Défenseur: DENIS POTVIN. Le cœur des Islanders de New York, c'était lui.

Défenseur: KEVIN LOWE. Pour son courage.

Avant: JARI KURRI. Le Finlandais capable de compléter un jeu.

Avant: STEVE YZERMAN. Il a de la classe et ne fait pas de bruit inutilement.

Avant: GUY LAFLEUR. Il avait du flair.

Ces joueurs-là ont complètement transformé le hockey. Je crois avoir également apporté ma contribution dans ce domaine. J'ai modifié l'image que les gens se faisaient des joueurs de petite taille. Quand je suis arrivé, on me répondait inévitablement: «Tu ne fais pas le poids. Les autres vont te démolir.» Mais je crois avoir démontré que la taille n'est pas un facteur important. Le hockey est un sport basé sur la finesse et la vitesse. Et quand un règlement bannira ces bagarres idiotes qui se produisent sans arrêt, le jeu sera encore plus rapide.

Je pense avoir également modifié la perception que les gens se faisaient du jeu de position. Le jeu ne se déroule plus

tellement à l'aile. J'ai démontré qu'il n'est pas toujours nécessaire de prendre le manuel de base du hockey au pied de la
lettre. Un joueur doit être constamment en mouvement; il doit
pouvoir faire fi de certaines règles établies. J'espère avoir
prouvé que le nombre de buts marqués n'est pas la seule
chose qui compte au hochey et avoir réussi à faire comprendre aux jeunes, comme Magic Johnson et Larry Bird l'ont
fait au basket-ball, qu'il est aussi important de faire des
passes.

J'aimerais bien laisser encore ma trace. Je veux amener la
Coupe Stanley à Los Angeles. Cette ville-là a remporté tous les
grands trophées de championnat sauf celui-là. Elle le mérite.
Los Angeles est le meilleur endroit au monde pour les sports
professionnels. Et si je réussis à ramener une Coupe à Los
Angeles, songez à ce que cet exploit aurait comme effet sur la
popularité de ce sport en Amérique. Je sais que le hockey
peut faire un malheur aux États-Unis. Chaque fois que Janet et
moi emmenons un invité assister à sa première partie de hockey, il en ressort en s'exclamant: «C'était superbe! J'ai adoré
ça!»

Je peux déjà voir l'effet de mon arrivée à Los Angeles. Je
roulais dans Beverly Hills un jour lorsque je tombai sur des
enfants qui jouaient au hockey en patins à roulettes. Je sui-
vais mon épouse qui était au volant de sa voiture. Elle baissa
sa glace et leur lança: «Eh! les enfants! regardez qui est dans
l'auto derrière moi!» J'ai dû m'arrêter et signer des autographes à la ronde, mais j'ai adoré l'expérience. Après tout, ce
n'est pas tous les jours qu'on joue au hockey en patins à roulettes à Beverly Hills!

Évidemment, ce n'est pas tout le monde qui apprécie cette
nouvelle fièvre du hockey. Certaines personnes qui œuvrait
déjà dans le monde du hockey avant mon arrivée ne sont pas
trop heureuses de la situation. Quelqu'un est venu me trouver
un jour pour me dire: «Merci, Wayne. À cause de toi, les billets
pour assister aux matchs coûtent plus cher, il est plus difficile
d'avoir du temps de glace et les magasins de sport ont vendu
tout leur meilleur équipement.»

Mon autre rêve serait d'être propriétaire d'une équipe de la Ligue nationale. Malheureusement, il faut disposer d'un capital d'environ 40 millions de dollars; il faudrait que je gagne à la loterie. Je sais par contre que je n'ai nullement envie de devenir entraîneur ou directeur général.

Si je ne parviens pas à mettre la main sur une équipe de la LNH, j'aimerais implanter une équipe de la NBA à Toronto. C'est une idée à laquelle je travaille en compagnie d'un groupe d'investisseurs. Les gens de Toronto adoreraient le basket-ball et je prendrais volontiers part à un match, ne serait-ce que pendant quelques minutes.

Mais s'il y a une chose que je ne ferai jamais lorsque je serai à la retraite, c'est aller à la pêche comme tous les autres joueurs le font. Je déteste ça. Il n'y a qu'une seule excursion de pêche dont j'ai gardé un bon souvenir. J'avais reçu une limousine pour avoir remporté le titre de joueur de l'année. Cela peut sembler extraordinaire de gagner une auto ou une limousine, jusqu'au jour où cela vous arrive réellement. Jusqu'à présent, j'en ai reçu 13 en cadeau et je les ai toutes données, pour la plupart à mes frères et sœurs. Qu'est-ce que j'aurais bien pu faire d'une limousine? Engager un chauffeur qui m'aurait conduit tous les soirs à la patinoire? Je n'étais donc pas très emballé à l'idée de me promener en limousine. La saison était terminée et mon père manifesta le désir d'aller à la pêche. «Parfait, lui ai-je dit, je veux bien t'accompagner, mais à condition de pouvoir pêcher à ma façon.»

Le lendemain matin, je suis arrivé en limousine en compagnie de Mike Barnett. Mon père n'en revenait pas. Nous sommes partis en direction du lac mais, au lieu de prendre la route habituelle, nous avons emprunté la voie réservée aux véhicules tout-terrain, nous frayant un chemin à travers les broussailles, les arbres et les hautes herbes. Nous sommes enfin sortis à toute vitesse du sous-bois, avons mis le cap sur la plage, appliqué les freins — deux pneus se trouvaient dans l'eau — et baissé les glaces teintées suffisamment pour laisser passer les cannes à pêche. Nous n'avons rien attrapé, mais je m'en foutais complètement.

Je crois que je pourrais être une vraie mère poule. Vous ai-je raconté l'histoire de la naissance de ma fille? Je vous avoue que cela a été l'événement le plus excitant de ma vie, rien de moins. Paulina Mary Jean Gretzky est née le 19 décembre 1988, à 11 h 15 du matin, au centre hospitalier Cedars-Sinai de Los Angeles. Elle mesurait 21 pouces et pesait 7 livres et 13 onces. Elle est venue au monde le jour où notre équipe devait se rendre à la patinoire en famille à l'occasion de Noël. J'ai demandé à Janet la permission d'y emmener Paulina. Je crois que si elle avait pu se lever, elle m'aurait étranglé.

J'ai assisté à l'accouchement, mais j'avoue que j'ai retenu mon souffle. J'étais tellement nerveux que, pendant les 10 premières minutes, je n'arrivais pas à actionner ma caméra vidéo. C'est finalement l'anesthésiste qui s'en est chargé. Quand le bébé est arrivé, nous étions tous les trois en larmes, Janet, Paulina et moi. Ma femme et moi pleurions de joie de constater que, grâce au ciel, notre enfant était en parfaite santé. Nous avons passé tellement de temps avec Joey et tante Ellen que nous ne pouvions pas nous empêcher de songer qu'un «accident» aurait pu se produire. J'étais tellement survolté que je passai la nuit assis dans la chaise située à côté de mon lit. Lorsque je me rendis à l'entraînement le lendemain, j'avais le dos encore plus voûté qu'à l'accoutumée.

Tout de suite après la naissance de Paulina, le frère et la mère de Janet, mes frères, ma mère, des parents, des amis, tout le monde accourut voir l'enfant. Dans leur précipitation, ils en oublièrent Janet. Sauf tante Ellen. Dès qu'elle pénétra dans la chambre, elle se précipita vers ma femme, qui, comme vous pouvez l'imaginer, était épuisée, et lui demanda: «Est-ce que ça va?»

Je n'en reviens pas de voir à quel point Paulina ressemble à sa grand-mère Mary. Malheureusement, celle-ci est décédée une semaine avant sa naissance. Elle est restée dans le coma pendant environ 10 jours, mais comme nous connaissions les résultats de l'échographie, j'ai eu le temps de lui dire que nous attendions une petite fille. Paulina a les mêmes expressions. Malheureusement elle ressemble aussi à mon père: s'il y a trop de gens dans les alentours, elle est incapable de dormir. Elle possède toutefois un atout qu'aucun d'entre nous n'a: elle a la double nationalité canadienne et américaine.

La venue de Paulina n'a évidemment pas manqué de faire couler beaucoup d'encre au Canada. D'autant plus que nous avons refusé de faire paraître dans la presse une photo d'elle avant qu'elle n'ait quelques jours et que ses rides ne se soient un peu estompées. Cela en a évidemment encouragé certains à faire des spéculations. Un journal eut même le culot de laisser entendre que je n'étais pas le père de l'enfant (je n'en reviens toujours pas) en reprenant une rumeur selon laquelle nous refusions de faire publier une photo du bébé parce qu'il était noir!

La naissance de Paulina a été un événement tellement excitant dans notre vie (je l'appelle Magoo) que Janet et moi avons décidé d'avoir quatre ou cinq enfants. Nous n'avons d'ailleurs pas perdu de temps puisque notre deuxième enfant, un garçon nommé Ty Robert, est né quelques jours avant que les présentes lignes ne soient écrites (juillet 1990). J'ai bien hâte de pouvoir tous les conduire qui à son cours de ballet, qui à son exercice de base-ball, qui à un tournoi de tennis, et peut-être même à une partie de hockey... s'ils en ont envie. Quelqu'un peut-il m'indiquer comment s'attirer les faveurs d'une cigogne?

Bref, comme je le disais, je sais quand la fin approche. Aussi, avant de terminer ce livre, je voudrais dire quelques mots au sujet de certaines personnes qui n'attirent pas particulièrement l'attention des médias, comme ma tante Ellen. Comme j'ai été élevé avec elle, je sais que le meilleur moyen d'approcher les gens qui souffrent d'une incapacité quelconque, c'est encore de demeurer naturel. Grâce à Ellen, je n'éprouve aucun malaise à la vue de personnes handicapées, ce qui explique pourquoi j'aimais beaucoup la compagnie de Joey Moss, le préposé au vestiaire des Oilers. Et c'est pourquoi je pense que je m'en tire passablement bien dans les hôpitaux et les foyers pour handicapés. Notre équipe reçoit souvent des appels du genre: «Nous avons cinq enfants qui souffrent de mongolisme et qui aimeraient assister à un match.» Le club me téléphone aussitôt.

Je crois par ailleurs que ce trait me vient de ma mère. Elle s'occupait de tante Ellen exactement comme de ses autres enfants. Ma mère ramassait ses affaires, essayait de lui inculquer une certaine discipline, l'emmenait faire des promenades. Je me souviens qu'un jour elle était tout excitée parce que nous avions décidé de préparer son lunch pour l'école. Elle ne cessa d'en parler pendant toute la soirée et la matinée du lendemain. Elle avait hâte d'emporter son lunch, de se rendre à l'école et de le manger aux côtés de ses camarades. Mais lorsque ma mère lui rendit visite ce midi-là, elle fut surprise de constater que tante Ellen était assise dans son coin, les mains vides alors que ses camarades dévoraient leur repas à belles dents.

«Pourquoi Ellen ne mange-t-elle pas? demanda ma mère au surveillant.

— Oh! elle l'a déjà fait, répliqua celui-ci. Elle a tout mangé avant d'arriver à l'école.»

Le problème, c'est que, contrairement à un enfant normal, elle ne grandira jamais. Malgré sa bonne volonté, elle met ma mère à rude épreuve. Pourtant, chaque fois que je fais parvenir des billets à mes parents pour qu'ils prennent des vacances en Floride ou à Hawaii, ils refusent d'y aller. Ils restent auprès de ma tante Ellen. Ma mère est ainsi faite qu'elle ne s'occupe jamais d'elle-même.

Lorsque je pense à Joey et à tante Ellen, ou encore à mon frère Glen et à son grand cœur malgré ses pieds en mauvais état, je ne puis m'empêcher de songer que je suis privilégié. Bien sûr, j'ai dû trimer dur, comme tout le monde, mais je suis parfaitement conscient du fait que mes talents sont un don du ciel. Je n'ai pas besoin de me faire dire combien j'ai de la chance. Je n'ai qu'à jeter un regard sur Janet et Paulina pour savoir que je suis un veinard.

Je suis également reconnaissant à des tas d'autres personnes, dont mes partisans. Je ne connais aucun autre athlète qui ait eu autant d'appui que moi. Chaque fois que quelqu'un m'offre son soutien, je sais l'apprécier. Quand on me demande un autographe, je sens que je compte aux yeux des gens.

Je tiens également à remercier mes coéquipiers, anciens et nouveaux, que nous ayons ou non remporté ensemble la Coupe Stanley. J'ai eu un immense plaisir à jouer au hockey avec vous. J'ai parfois l'impression d'avoir passé ma vie à tenter de fuir les innombrables cérémonies auxquelles j'ai été invité. Car ce qui compte le plus pour moi, ce ne sont ni les trophées, ni la Coupe Stanley, ni les records, ni l'argent. Non, le plus important a toujours été et sera toujours le sport lui-même. Et personne n'a jamais mieux joué au hockey que vous, mes amis.

Je voudrais remercier Mike Barnett, qui est non seulement un excellent agent mais aussi un merveilleux ami. J'ignore où j'en serais sans lui, mais j'aime mieux ne pas y penser.

Je voudrais dire un merci tout spécial à ma mère, qui a fait fi de ses propres besoins pour mieux satisfaire les nôtres et qui, après notre départ à tous, a pris tante Ellen en charge tout en sachant que ce ne serait pas la plus facile des tâches. Je ne crois pas que j'arriverais à être aussi altruiste.

Je suis bien sûr reconnaissant à mon père de m'avoir enseigné le hockey, mais je lui dois surtout de m'avoir appris à être juste et loyal, à poser les gestes appropriés, à respecter les gens et, par-dessus tout, à être un homme. Mais la leçon n'a pas été trop pénible, je n'ai eu qu'à l'observer.

Je tiens enfin à remercier Janet. Lorsque je prendrai ma retraite, elle aura mis en veilleuse ses ambitions professionnelles pendant huit ans. Elle se sera sacrifiée pour moi et j'espère pouvoir lui rendre la pareille. Au fond, toutes les victoires, tous les records et tous les moments heureux que j'ai pu connaître dans ma carrière sont bien secondaires quand je les compare aux deux présents les plus précieux qu'elle m'ait offerts: Paulina Mary Jean et Ty Robert.

Ce n'est pas moi qu'on devrait surnommer la Merveille.

Statistiques de la carrière professionnelle
de Wayne Gretzky

* a mené la Ligue

1976-77 — Peterborough OHA

PJ	B	A	PTS	PUN		PJ	B	A	PTS	PUN
3	0	3	3	0	Éliminatoires	—	—	—	—	—

1977-78 — Sault-Sainte-Marie OHA

PJ	B	A	PTS	PUN		PJ	B	A	PTS	PUN
64	70	112	182	14	Éliminatoires	13	6	20	26	0

1978-79 — Indianapolis/Edmonton AMH

PJ	B	A	PTS	PUN		PJ	B	A	PTS	PUN
8	3	3	6	0	Éliminatoires	—	—	—	—	—

1978-79 — Edmonton AMH

PJ	B	A	PTS	PUN		PJ	B	A	PTS	PUN
72	43	61	104	19	Éliminatoires	13	10*	10	20*	2

1979-80 — Edmonton LNH

PJ	B	A	PTS	PUN		PJ	B	A	PTS	PUN
79	51	86*	137*	21	Éliminatoires	3	2	1	3	0

1980-81 — Edmonton LNH

PJ	B	A	PTS	PUN		PJ	B	A	PTS	PUN
80	55	109*	164*	28	Éliminatoires	9	7	14	21	4

1981-82 — Edmonton LNH

PJ	B	A	PTS	PUN		PJ	B	A	PTS	PUN
80	92*	120*	212*	26	Éliminatoires	5	5	7	12	8

1982-83 — Edmonton LNH

PJ	B	A	PTS	PUN		PJ	B	A	PTS	PUN
80	71*	125*	196*	59	Éliminatoires	16	12	26*	38*	4

1983-84		Edmonton LNH			Éliminatoires				
PJ	B	A	PTS	PUN	PJ	B	A	PTS	PUN
74	87*	118*	205*	39	19	13	22*	35*	12

1984-85		Edmonton LNH			Éliminatoires				
PJ	B	A	PTS	PUN	PJ	B	A	PTS	PUN
80	73	135*	208*	52	18	17	30*	47*	4

1985-86		Edmonton LNH			Éliminatoires				
PJ	B	A	PTS	PUN	PJ	B	A	PTS	PUN
80	52	163*	215*	46	10	8	11	19	2

1986-87		Edmonton LNH			Éliminatoires				
PJ	B	A	PTS	PUN	PJ	B	A	PTS	PUN
79	62*	121*	183*	28	21	5	29*	34*	6

1987-88		Edmonton LNH			Éliminatoires				
PJ	B	A	PTS	PUN	PJ	B	A	PTS	PUN
64	40	109*	149	24	19	12	31*	43*	16

1988-89		Los Angeles LNH			Éliminatoires				
PJ	B	A	PTS	PUN	PJ	B	A	PTS	PUN
78	54	114	168	26	11	5	17	22	0

1989-90		Los Angeles LNH			Éliminatoires				
PJ	B	A	PTS	PUN	PJ	B	A	PTS	PUN
73	40	102*	142*	42	7	3	7	10	0

TOTAL		LNH			Éliminatoires				
PJ	B	A	PTS	PUN	PJ	B	A	PTS	PUN
847	677	1302	1979	406	138	89	195	284	56

TOTAL		AMH			Éliminatoires				
PJ	B	A	PTS	PUN	PJ	B	A	PTS	PUN
80	46	64	110	19	13	10	10	20	2

TOTAL		HOCKEY PROFESSIONNEL			Éliminatoires				
PJ	B	A	PTS	PUN	PJ	B	A	PTS	PUN
927	723	1366	2089	425	151	99	205	304	58

Membre de la deuxième équipe d'étoiles de l'OHA (1978)

Choisi recrue de l'année dans l'OHA (1978)

Membre de la deuxième équipe d'étoiles de l'AMH (1979)

Choisi recrue de l'année dans l'AMH (1979)

A remporté le trophée Hart (1980, 1981, 1982, 1983, 1984, 1985, 1986, 1987, 1989)

A remporté le trophée Lady Byng (1980)

Membre de la deuxième équipe d'étoiles de la LNH (1980, 1988, 1989)

Membre de la première équipe d'étoiles de la LNH (1981, 1982, 1983, 1984, 1985, 1986, 1987)

A remporté le trophée Art Ross (1981, 1982, 1983, 1984, 1985, 1986, 1987, 1990)

A établi un nouveau record de la LNH pour le plus grand nombre d'aides au cours d'une même saison (1981, 1982, 1983, 1985, 1986)

A établi un nouveau record de la LNH pour le plus grand nombre de points au cours d'une même saison (1981, 1982, 1986)

A établi un nouveau record de la LNH pour le plus grand nombre de buts au cours d'une même saison (1982)

A remporté le trophée Lester B. Pearson (1982, 1983, 1984, 1985, 1987)

A établi un nouveau record de la LNH pour le plus grand nombre d'aides au cours d'une même année pendant les séries éliminatoires (1983, 1985, 1988)

A établi un nouveau record de la LNH pour le plus grand nombre de points au cours d'une même année pendant les séries éliminatoires (1983, 1985)

A remporté le trophée Connie Smythe (1985, 1988)

A remporté le trophée Emery Edge (1984, 1985, 1987)

Choisi joueur de l'année Chrysler-Dodge/LNH (1985, 1986, 1987)

Index

Table des matières

CRÉDITS DES PHOTOS